Esmeraldo Tuntenfisch

Die meisten Männer sind lesbisch...

Sexpertisen
zum Thema
Lesben- und Schwulen-Forschung

Verlag
Christoph Brunner

Berlin 2013

...und viele eben nicht... muß man zwangsläufig ergänzen, vorausgesetzt, man versteht den Hintergedanken dieses Bonmots. Denn Eines ist glasklar:
➲ Nur Frauen können lesbisch sein, falls sie sich gegenseitig lieben.
Die Männer stecken im gleichen Dilemma. Also merke:

Die meisten Frauen sind schwul, d.h. sie stehen auf Männer, Gott sei dank![1]

Das zu wissen ist doch für die Männer sehr viel schmeichelhafter als die Benachteiligung, daß sie eben auch von anderen Menschen angeschwult werden können – eben von Männern. Ebenso glasklar:
➲ Nur Männer können schwul sein, falls sie sich gegenseitig lieben.

Die wenigen Typen, die auf Bi stehen oder sich Bi fühlen, lassen wir erst einmal außen vor, sie werden an anderer Stelle ausgiebig gewürdigt.

ISBN 978-3-906206-01-1

ISBN: 978 - 3 - 906206 - 01 - 1
© 2013 Verlag Christoph Brunner, Basel
Dieses Buch wurde gedruckt bei CCS von der Osten GmbH, D-79539 Lörrach
Bestellungen / Orders to: ChristophBrunner@hotmail.com

---

[1] *...und viele eben nicht.* Das zeigt eindeutlig der Lesbianismus mit seinen Emanzen und Suffragetten.

Widmung

Meinem Freund Harald zur Beherzigung

Inhaltsverzeichnis

Vorwort 7

1 Einleitung 10

2 Rosa-lila Forschung 12
2.1 Definitionsprobleme 12
2.2 Wörter sind die größten Feinde des Menschen 28
2.3 Der Klatsch um ein Geheimnis 32
2.4 Coming out and going public 44
2.5 Völkerkunde 47
2.6 Volkskunde, die Kunde des schwul-lesbischen Volkes 50

3. Bilder sagen mehr als viele Worte 56

4. Mutter Kirche und Vater Staat 66

5. Ihr Kinderlein, kommet... 72
5.1 Schmuddelkinder brauchen Zuwendung 78
5.2 Schmuddelgeschichten aus der Kinderbibel 80
5.3 Da hilft nur Beten! 85

6. Die böse Krankheit der bösen Onkel Doktors 96
6.1 Litanei der Schwulen 107

7. Komm doch mal rüber auf die andere Seite! 124

8 Ein bißchen Bi schadet nie... 139

9 Der Lesbianismus 146

10. Zahlenspiele 165
10.1 Dunkelziffern, das Kreuz der Statistik 165
10.2 Schwulenprozente 168
10.3 Das Märchen vom Größenwahn 176

11. Im Folterkeller der Geschichte   190

12. Juristisch sauber hingeferkelt   205

13. EGO N. und W. ALTER 230

14. Nachwort 245

Literaturauswahl   246

Vorwort

Fazit des Ganzen: Manche Männer sind schwul, manche Frauen sind lesbisch, der Rest ist hetero. Ein paar sind Bi. Der Rest fällt unter „ferner liefen" (vgl. Kap. 7). Soviel zur Definitionsproblematik. Die anderen Problembereiche werden sich im Laufe des Buches ergeben und eingehend studiert. Schwule sind demnach rosa (Der ‚Rosa Winkel' des 3. Reiches hat dazu Pate gestanden), Lesben sind lila (warum auch immer, vielleicht – so der Volksmund – „der letzte Versuch"?) Damit ist dieses Buch ein entscheidender und wichtiger Beitrag zur „Rosa-Lila Forschung" (wobei das Lila leider etwas zu kurz kommt, weil so ergreifend wenig geforscht wurde und demnach auch vorhanden ist).
Es stellt auch einen Meilenstein dar:

> *Ich halte es für ungemein verdienstvoll und will im allgemeinen noch hinzufügen, daß es für spätere Forscher gewöhnlich sehr leicht ist, Irrtümer der ersten Bearbeiter irgend eines Gebietes nachzuweisen, daß aber gerade den letzteren, selbst wenn vieles sich später als falsch herausstellt, das Hauptverdienst zugesprochen werden muß, falls sie nur genügend Anregung für weitere Studien gegeben haben.* [2]

Über die Hilfen, die ich dabei erfahren habe, nimmt mir ein verdienstvoller Forscher die Worte aus dem Mund:

> *Das Material für die vorliegende Arbeit habe ich auf verschiedenen Wegen erhalten. In erster Linie habe ich meine Aufmerksamkeit der alten und neuen Literatur zugewendet; deren Kenntnis wurde mir wesentlich durch das Entgegenkommen der Königlichen Bibliothek in Berlin[3] erleichtert, die mir zu meinen Studien die einschlägige Literatur bereitwilligst zur Verfügung stellte.[4]*

Im gleichen Werke werden auch die Leser genannt, die mein Werk unbedingt einsehen und benutzen sollten:

---

[2] Moll 185, Anm. 1
[3] heute: Staatsbibliothek zu Berlin; nicht zu vergessen: Humboldt-Universitätsbibliothek und FU Bibliothek
[4] Schreibt jemand im Jahre **1898**: Moll vii

> Es wird in gleicher Weise den Arzt, den Polizeibeamten, den Untersuchungsrichter, den Staatsanwalt und den Verteidiger, den Historiker, den Psychologen, den Anthropologen, den Soziologen, den Erzieher der Jugend und der Gesellschaft, den Gesetzgeber aufklären und zu Erwägungen anleiten.[5]

Wenn DAS kein Versprechen ist...

Schließlich möchte ich ich mich „outen": Ich schreibe nicht wie ein Blinder von der Farbe, sondern ich weiß, wovon ich rede:
Ich bin – Gott sei Dank! – (für ultra-orthodoxe Theologen: Gott sei's geklagt!) bisexuell und konnte mich deshalb auf beiden Foren (hetero- sowie homosexuell) sachkundig machen und kann demnach darüber sachbezogen sprechen.
Das unterscheidet mich segensreich und verdienstvoll von dem Theologen MARTIN STEINHÄUSER. Er schreibt ein Werk von 482 Seiten über „Homosexualität als Schöpfungs-erfahrung" und darin über sich selbst:

> Die vorliegende Untersuchung... konzentriert sich... auf homosexuelle Männer.

Na, gut und schön, aber was ihm dabei im Wege steht, ist

> ...der starke Erfahrungsbezug der Homosexualitätsdiskussion, meine Selbstreflexion als männlicher und noch dazu „manifest heterosexueller" Autor. Schon indem der letztgenannte Aspekt nicht verschwiegen wird, setzt sich ein Räderwerk von Wahrnehmung, Wertung und Zielvorstellung in Bewegung.[6]

Damit gibt der Autor zu erkennen, daß er tatsächlich verklemmt und theologisch verspachtelt sein selbst und frei gewähltes Thema beackert. Als „männlicher Autor" ist er halt einseitig – wie ich auch, aber ich kann nichts dafür, daß auch ich männlich bin. Als „manifest heterosexueller Autor" sollte er jedoch besser die Finger von einem Thema lassen, von dem er kaum mehr als etwa die Hälfte versteht.
Er schreibt eben, wie oben angedeutet, als Blinder von der Farbe.
Das erinnert mich an eine Ethnologin, die ausgerechnet im allertiefsten Neuginea über die geheimsten Initiationsriten junger Papua-Jünglinge schreibt oder besser gesagt: fabuliert, denn in ein Männerhaus ist diese

---

[5] Moll iv
[6] Steinhäuser, 20

Dame sicher nicht gekrochen, das hätten Stamm und Häuptling ihr niemals erlaubt, und päderastische Kontakte hat sie daselbst wohl auch nie beobachten können, geschweige denn gehabt[7].

Berlin, 29. Oktober 2013   Esmeraldo Tuntenfisch

---

[7] Bleibtreu-Ehrenberg, Gisela. Mannbarkeitsriten. Zur institutionellen Päderastie bei Papuas und Melanesiern. Frankfurt/M u.a. 1980 (Ullstein Materialien. 35066.)

1 Einleitung

Zum Auftakt ein hübsches Gedicht, betitelt „Die Homosexualität".

Wenn dich dein Geist und dein Instinkt
geschlechtlich zu dir selber zwingt,
den Mann zum Mann, das Weib zum Weib,
den Vorder= zu dem Hinterleib,
so bist du homosexuell,
teil ganz und gar und teils speziell.

Ich habe diesen Trieb gefunden
bei Affen, Negern wie bei Hunden,
bei Schweinen wie bei Generalen,
bei Deutschen wie bei Orientalen,
bei schlappen Menschen wie bei strammen,
dagegen selten nur bei Ammen,
dieweil die keine Kinder kriechen
allein vom Taschentücherriechen.

Nach Schopenhauer wird fast jeder
nach vierzig solch ein Volksvertreter,
noch hab' ich also etwas Zeit
für diese Angelegenheit.
Doch viele sind auch so geboren,
so trifft man's häufig bei Tenoren,
allein Caruso lächelnd spricht:
Nein, das begreif' ich jetzt noch nicht!

Da so bei Menschen wie bei Tieren
sich die Geschlechter annullieren,
ist dieses seltsame Empfinden,
dies in sein eignes Ich Verschwinen
natürlich, wie so viele Sachen,
die wir nur im Geheimen machen
mit wahrhaft diebischem Vergnügen
und öffentlich auf's strengste rügen.

Denn darin heucheln wir fast alle,
drum soll man auch im Liebesfalle
mit Christenliebe mild bedecken,
wenn zwei sich gleichgeschlechtlich necken;
denn wer sie stört beim Stelldichein,
ist meistenteils das größte Schwein. [8]

---

[8] Weber, A. O. Mehr Licht! Gereimte Satiren. Berlin o.J. (um 1910), 44-45

Definitionsprobleme
Grieche fingert an einem Jugendlichen herum
(nach einem rotfigurigen Vasenbildfragment um 500 v. Chr. zu Boston)

2 Rosa-lila Forschung

2.1 Definitionsprobleme

> Motto:
> Jeder Homosexuelle ist ein Philosoph für sich.
>
> Bloch, 555

Der 35jährige Psychologiestudent Riff verliebt sich in sein iBook mit der Bemerkung:

> *Schon mit so manchem süßen Labtop auf Ebay geflirtet und dabei echte Lustgefühle empfunden... Mein Macintosh ist für mich männlich. Ich lebe sozusagen also eine schwule Beziehung.*[9]

So schwierig wird es bei der **Homosexualität** - ja, wir haben es befürchtet... Da definiert man fröhlich vor sich hin, gewiß auch im Sinne des angeschwulten Macintosh:

> *Sexuelle Erfahrungen gehören einerseits zu dem intimsten, verletzlichsten und deshalb schützenswertesten Bereich menschlicher Erfahrung. Anderer-seits wollen sie gerade da, wo ihre sexuelle Mitmenschlichkeit als „gelingend" empfunden wird, die Privatheit abgeschlossenen Lebens überschreiten und sozialformend ausgeifen. Hierin deutet sich die Frage nach der realen wie symbolischen „Fruchtbarkeit" sexueller Erfahrungen als ein wichtiges Kriterium ihrer sozialethischen Beurteilung an.*[10]

Aufklärung tut not, behauptet ein Sexbuch und ein Theologe:

> *Zunächst muß ein Irrtum beseitigt werden: Homosexuell hat nichts mit homo = Mann zu tun, sondern ist griechischen Ursprungs Homoios heißt „gleich", „ähnlich". Homosexuell bedeutet also „gleichgeschlechtlich". Es gibt ebenso homosexuelle Frauen wie Männer.*[11]

---

[9] DER SPIEGEL 19 (2007),160
[10] Steinhäuser 321
[11] Neubert 2, 62

> *Im psychiatrischen, später auch behavioristischen Interesse entstand einst der griechisch-lateinische Wortzwitter „Homosexualität", um aus der nivellierenden Namenlosigkeit von „Sodomie" und „stummer Sünde", sowie aus dem Odium des „Hinterladers" oder des „zu kurz Gekommenen" herauszuführen... oft im Kontext von Wissenschaftlichkeit, neuerliche Hilfsbegriffe wie etwa „Homophilie", „Homotropie" oder „Homoerotik".[12]*

Und schon tröstet ein Fachbuch:

> *Grundsätzlich ist jeder Mensch durch alle möglichen Reize erregbar, warum also nicht durch den homosexuellen? In ihrer vorgefaßten „biologischen" Tendenz vernachlässigen diese Autoren die psychologische Fragestellung und vermeiden daher ängstlich, zur Frage der Normalität und Abnormität homosexueller Kontakte Stellung zu nehmen.[13]*

Die Definition ist schwierig, bis unmöglich:

> *Auch das Wort ‚homosexuell' wird eines Tages als überholt betrachtet werden. Es ist ein höchst unglücklicher Ausdruck, der verschiedenen Personen verschiedene Begriffe vermittelt und dadurch beträchtliche Verwirrung verursacht.[14]*

Auch die Ursachenforschung ist kompliziert:

> *Vieles können wir mittlerweile plausibel erklären. Nur mit der Homosexualität haben wir Probleme.[15]*

Dabei ist die Ausgangslage doch so günstig, wenn man den Ausführungen eines Sexualwissenschaftlers trauen darf:

> *Die ungeheure Überlegenheit der homosexuellen Liebesbeziehung rührt genau daher, daß alles jederzeit möglich ist, daß die Organe sich suchen und verbinden [NB. Wie*

---

[12] Steinhäuser 18-19
[13] Rattner 138
[14] Caprio 12
[15] Faust, Wolfgang Max. Dies alles gibt es also. (Stuttgart 1993), 57

geht **das** denn??], *ohne das Gesetz der exklusiven Ausgrenzung überhaupt zur Kenntnis zu nehmen.* [16]

Und schon hagelt es Schwierigkeiten:

Für den heterosexuellen Mann ist es meist unmöglich, sich in homosexuelle Empfindungsweise hineinzuversetzen oder gar an homosexueller Betätigung Geschmack abzugewinnen, der heterosexuellen Frau fällt dies ohne Zweifel viel leichter, ja Zärtlichkeiten und Liebkosungen spielen auch zwischen normalen, heterosexuellen Frauen eine Rolle, die uns das Verständnis für das leichte Auftreten pseudohomosexueller Neigungen erleichtert. [17]

Die Homosexualität ist wirklich ein kompliziertes Problem. Es gibt viele voneinander abweichende Anschauungen über ihre Ursachen und ebenso über die Möglichkeiten, sie zu verhüten und zu heilen. Über eines ist man sich aber einig: Die Schwierigkeiten können nur vergrößert, nie aber behoben werden. [18]

Dieses Problem wird sich auch der vorliegenden Untersuchung in den Weg stellen, wenn es z.B. darum geht, zu erhellen, welches sexuelle Verhalten LUTHER mit der Bezeichnung „stumme sund" eigentlich meint. [19]

BLEIBTREU-EHRENBERG rechnet nicht nur die Selbstbefriedigung, sondern „alles, was mit Sodomie irgendwie zusammenhängt", unter den spätmittelalterlichen, gebräuchlichen Ausdruck der „stummen Sünde". „Es kann sich um Homosexualität, um Bestialität, um heterosexuellen Analverkehr oder nur um eine Art heterosexuellen Geschlechtsverkehrs handeln, der anders als in der einzig von der Kirche als sittlich möglich bezeichneten Form (bei der die Frau unten liegt und sich passiv verhält) durchgeführt wird"... Insofern könnte BAYERS Übertragung des Ausdrucks „stumme sund" mit „Selbstbefriedigung" in LUTHERS Traktat „Vom ehelichen Leben" zu kurz greifen – obwohl LUTHER selbst, wie die hier

---

[16] Steinhäuser 317, Anm. 816
[17] Bloch 582
[18] Caprio 300
[19] Steinhäuser 89, Anm. 147

> *angeführte Auslegung von Röm 1 zeigt, diese Übertragung nahelegt.* [20]

Und in der Auslegung zum Römerbrief schlägt Luther putzige Kapriolen:

> *„Denn gleichwie der Adel des Leibes... in der Keuschheit und Enthaltsamkeit oder wenigstens (!) in seinem rechtmäßigen Gebrauche besteht, so liegt die Schändung in seinem widernatürlichen Mißbrauch. So wie ein goldenes Gefäß dann geadelt wird, wenn es zum Gebrauch für edlen Wein genutzt wird, aber dann geschändet wird, wenn es als Behälter für Kot und Unrat dient, so ist unser Leib (in dieser Hinsicht) entweder zu einer ehrbaren Ehe bestimmt oder zu einer noch tugendsameren Keuschheit... Denn wenn es zum Gechlechtsverkehr innerhalb desselben Geschlechts oder mit dem anderen Geschlecht* [sic!] *kommt, dann trägt diese Befleckung einen anderen Namen"* – welchen, verrät Luther hier nicht. [21]

Und endlich outet sich auch die Evangelische Kirche:

> *Nicht nur Christen erkennen in diesem Aspekt der Homosexualität schuldhaftes Handeln der Kirche und werden deshalb die „stumme Sünde" der Homosexuellen als „stumm-machende Sünde" heterosexueller Selbstgerechtigkeit ansprechen.* [22]

Und den Verehrern des klassischen Griechenlands wird klar:

> *Sicher ist die gleichgeschlechtliche Liebe kein Verbrechen, sondern Aus-druck einer Sonderphysiologie, die wohl vom Ganzen her als relativ harmlos beurteilt werden muß, da sie noch nie zur Geburt minderwertiger Volks-genossen geführt und dort die Lebenden ernstlich geschädigt hat, wo sie mit falschen Vorstellungen verknüpft und von seelischen Verführer-Naturen ausgebeutet wird. Freilich haben die Hellenen das mögliche Positive der Homoerotik*

---

[20] Steinhäuser 381, Anm. 957
[21] Steinhäuser 379, Anm. 953
[22] Steinhäuser 418

> überschätzt. Nichtsdestoweniger hat sie diesem Volke wenig geschadet... [23]

Natürlich wurde das Schwulsein auch als Perversion, Aberration oder Deviation etikettiert.

> *Diese Ausdrücke bezeichneten ursprünglich in der mittelalterlichen Theologie 'Häresien, Formen falschen Glaubens'. Im 19. Jahrhundert wurden alle diese bis dahin rein theologischen 'Sünden' medikalisiert: sie wurden von der Psychiatrie als (sexuelle) Krankheiten bezeichnet und damit verweltlicht.* [24]

> *Homosexualität „ist... physische, psychische, soziale Krankheit, die Erscheinung der Perversion, der Dekadenz, des Zerfalls."* [25]

Degeneration, Deviation, Effemination, Sexualdimorphinismus, Autoerotismus, Uranismus, Lesbianismus (vgl. gleichlautendes Kapitel !) und wie solche -ionen und -ismen alle heißen mögen. Manche Ausdrücke waren so doppeldeutig, daß sie von streitenden Parteien wechselseitig an den Kopf geschmissen wurden: 'Sexismus' ist die Minderbewertung eines Geschlechtes durch das andere (so ein doppelt aufgeklärtes Lexikon).
Man fächerte es wissenschaftstheoretisch auf und schuf Untergruppen:

> *Dieser* (gemeint: Walter Bräutigam) *hatte sie* (die Homosexualität) *in seinem 1967 erschienenen und später weit verbreitetem Werk ‚Formen der Homosexualität' eingeführt, wobei er näherhin zwischen „neigungshomosexuellen (das heißt „echter", irreversibler Homosexualität), „entwicklungshomosexuellem" (vorübergehende Phasen im Jugendalter), „pseudo-homosexuellem" (Kompensation fehlender heterosexueller Möglichkeiten, zum Beispiel unter kasernierten Umständen) und „hemmungshomo-sexuellem" (Kompensation von Ablehnungserlebnissen durch das andere Geschlecht) Verhalten unterschied.* [26]

Aber damit nicht genug:

---

[23] Keyserling, Hermann. Das Buch vom persönlichen Leben. Stuttgart, Berlin 1936, 72-73; er vertritt dabei eindeutig Nazi-Ideologie und verfällt sogar in deren Vokabular.
[24] Lexikon 180
[25] Steinhäuser 95, Anm. 157
[26] Steinhäuser 103

> *AARDWEG definiert Homosexualität als gefühlsmäßige Neigung zu Personen des eigenen Geschlechts bei gleichzeitiger Verminderung des Interesses am anderen Geschlecht. Sogenannte Not- und Entwicklungshomosexualität sind dabei ausgeklammert, Pädophilie ist inbegriffen; Bisexualität könne höchstens als Pansexualität im Freudschen Sinn für bestimmte Entwicklungsphasen akzeptiert werden.[27]*

Und dann definiert man auch noch das Wesen:

> *...denn das Wesen homosexuellen Verlangens sei ja in Wirklichkeit **unerfüllte Sehnsucht**; eine Kette innerlicher Dramen werde sich deshalb anschließen. Streit, Eifersucht und Untreue seien somit ein Teil der zwanghaften Struktur des Dramas.[28]*

Und dann schaut man noch genauer hin:

> *Der Homosexuelle ist im Grunde eine Spielart des intoleranten Menschen: er kommt nicht darüber hinweg, daß Frauen „anders" sind als Männer, und „anders" heißt für ihn schlechter. Diese angsthafte Wertung bestimmt sein phobisches Verhalten gegenüber dem zweiten Geschlecht.[29]*

Und dann findet man sogar positive Seiten an den Schwulen:

> *Aber Homosexuelle wissen sozialisationsbedingt ungleich mehr über Heterosexualität als Heterosexuelle über Homosexualität und tragen die ungleich größeren Lasten in ihren Bedürfnissen nach Mitteilung, Austausch oder Rat.[30]*

Für die Ärzte der Anfangszeit der Sexologie war das Thema so widerlich, daß sie sie nur äußerst zögerlich erforschten:

---

[27] Steinhäuser 115,, Anm. 223
[28] Steinhäuser 119-120
[29] Rattner 132
[30] Steinhäuser 395

> *Wir haben es bei der konträren Sexualempfindung mit Erscheinungen zu tun, die vielen Ärzten widerlich erscheinen, und mancher hält es noch für seine Pflicht, wenn er etwas darüber schreibt, sie durch Phrasen über Sittlichkeit etc. bei seinen medizinischen Lesern zu entschuldigen, daß er das Gebiet berührt.* [31]

Entsprechend mußten sie die Ergebnisse ihrer Studien verrätseln. Die Sexforscher der frühen Anfangszeit griffen auf das umfangreiche Vokabular zurück, das Griechen und Römer hinterlassen hatten. Sie zogen auch das Mittelalter hinzu oder erfanden frohen Mutes eigene Worte: **morbus** (eigtl. „Krankheit" als spezielle Bezeichnung für Homosexualität); **amor lesbicus** (lesbische Liebe), **commaculatio** (gegenseitige Befleckung unter Männern) u.dergl.

Aus christlichen Quellen stammen **peccatum, crimen contra naturam** (Seuche, Verbrechen wider die Natur), daher auch die deutsche Neubildung conträrsexuell. Aus der Antike waren **vir cum viro** (Mann mit Mann); **manustupratio** (Onanie); **masturbatio** (desgl.)[32] **immissio** (Einführung), **injectio** (Einwurf); **pedicatio** (Analverkehr) u.a.m. Dabei spielt offenbar die Haut eine Rolle:

> *Nach HIRSCHFELD faßt sich die Haut der Urninge meist wärmer an als die ihrer Umgebung. Er führt die im Volke verbreitete Bezeichnung „warmer Bruder" (auch das Wort schwul = schwül bedeutet ähnliches) auf diesen Umstand zurück, und leitet die lateinische Bezeichnung „homo mollis" (= weicher Mann) von der Weichheit der Haut und Muskulatur ab (eher wohl von der ganzen effeminierten, verweichlichten Natur des Urnings).* [33]

Das alles diente zur Beschreibung der „polymorph perversen Lust", womit die Forscher die Menschen quälten - beschreibt der Ausdruck doch eigentlich ein „erfülltes Sexualleben" und wird definiert als

> *eine Lust, die wie bei einem Kleinkind über den ganzen Körper verteilt und nicht auf den Penis zentriert ist.* [34]

Freilich, der Schreiber hat nur Buben im Kopf, denn das gilt nicht für Mädchen!

---

[31] Moll 438
[32] aus „heftige Bewegung" (turbatio) „des männlichen Geschlechts(teiles)" (mas), hat also mit „Hand" nichts zu tun
[33] Bloch 552
[34] Wenn ich nicht 326

Die haben für ihn bestimmt eine zusätzliche *sexerotische Anziehung.*[35]
Man faselte also von **un crime contre nature**, was zierlicher anmutete als „widernatürliche Unzucht", oder der **aberration of the sexual instinct**, der „Verirrung des sexuellen Instinkts". Man übersetzte den an sich schon dichterisch geprägten Ausdruck 'Das dritte Geschlecht' in ein vornehmeres **le troisième sexe.** ERNST VON WOLZOGEN hat übrigens diesen Begriff erfunden für seinen Roman über Backfische, die sich daselbst zu Blaustrümpfen mauserten[36]. Und weil wir gerade von Blaustrümpfen sprechen, verfiel irgendein Forscher auf den affigen Ausdruck **L'amour bleu** für schwulen Sex. Zum Dritten Geschlecht schreibt ein Fachmann:

> *Der Ausdruck „drittes Geschlecht" macht aber auf den Leser den Eindruck, als bestehe die Menschheit aus Männern, Frauen und Homosexuellen, und dem ist nicht so.* [37]

Daneben gibt es sogar ein ‚viertes Geschlecht':

> *So nennt V. HOFFMANN in einem schlechten Roman „Das vierte Geschlecht" (Berlin 1902) die* **nicht**-*homosexuellen Weiberfeinde.*[38]

Einen noch viel affigeren Ausdruck habe ich im Lexikon gelesen. Aus Rache an dem deutschen Begriff „Franzosenkrankheit" für Syphilis erfanden die Franzosen das bildschöne Wort **Berlinese** für Homosexualität, in Erinnerung an den Eulenburgprozeß und andere Schwulen-Prozesse der Kaiserzeit. Neuere Ergebnisse sprechen auch von einem *intermediärem Geschlecht.* [39]
Neuestes Ergebnis der Wissenschaft ist die Auseinanderdröselung dieses seltsamen Phänomens in *'ego-syntonic and ego-dystonic homosexuality'*, worüber die Entdecker ROSENHAN und SELIGMAN so selig sind, daß sie die Rosen ihres Ruhmes schon greifbar nahe han, o jemineh! Sie schreiben doch tatsächlich:

> *Da dies eine neue Kategorie ist, ist wenig über ihre Behandlung bekannt.*

Aber eifrig versichern sie, und das ist dann wohl die Hauptsache:

---

[35] Schnabl 193
[36] Wolzogen, Ernst von. Das dritte Geschlecht. Berlin o. J. (um 1890)
[37] Caprio 54
[38] Bloch 532, Anm. 1
[39] Caprio 54

Homosexualität selbst mag veränderbar sein, wenn das Individuum es stark wünscht, es zu ändern.[40]

'Mann' mag es oder mag es vielleicht auch nicht. Und damit die Feministinnen nicht gleich wieder schimpfen: 'frau' mag's und mag's vielleicht auch nicht... Übrigens, sie werden ohnehin schimpfen, weil ich unfairerweise nur Kolleginnen auseinanderrupfe. Nur dumme Hühner lassen viele Federn und nur Gänse machen viel Federlesens. Oder so ähnlich. Als alter Macho stehe ich halt zu meinen Schwächen und Neigungen... Eben typisch Mann!

Als Betroffener spricht man denn lieber in einfachem Deutsch: Er ist in dieser Hinsicht; er ist „so"; er ist „so einer"; oder „so eine". Man treibt „es", „auch in dieser Form". Und mit einem Mal war „'s" so weit.

Die Masse der Bezeichnungen erstreckt sich auf die schwule Tätigkeit, und den Täter und das Tätigwerden. Sie reichen vom trutzigen Auftrumpfen bis zum sanft säuselnden Um-Verständnis-Bitten. Wertfrei sind die Bezeichnungen allemal nicht, eindeutig freilich auch nicht. Und das seltsamste daran ist: sie beschreiben „*die Sexualitäten*"[41]

In jenen Kreisen der Schwulität spricht man - beachte die Steigerung - von normal, stinknormal und kürzt ab als stino oder stinko (verbandelt mit stinken, womit sonst?).

Daneben gibt es die Koseform Heti, der wie der tibetanische Schneemensch Yeti klingt, und seine Mehrzahl Hetis (für Heterosexuelle) oder auch Heten[42]. Selbst eine Hetera ist schon gesichtet worden[43].

Normalos rächen sich mit schwul (von: schwül) und gesteigert stockschwul, abgekürzt: stoschwu. Beides gilt übrigens nur für Mannsbilder.[44]

Frauen sind lesbisch, feministisch, Emanzen, unweiblich entartet u.dergl. Es wird auch schon von einer 'Quotilde' gesprochen von wegen der Frauenquote.[45]

Schwul bildet aber auch Unschwul nach dem Muster Wohl - Unwohl, und das wiederum meint einfach bloß: Normal.

Lasset uns hier die schwulen Eigenschaften auflisten, dem Bürger zur Lehr', dem Forscher zur Ehr'!

>geschlechtsneutral, verschieden orientiert, generell variabel, gleichgeschlechtlich, negativ, abnorm, krank, schuldhaft sündig, sexistisch, unnatürlich, widernatürlich, wider-

---

[40] Rosenhan 383
[41] Lesben 106
[42] Jung 194
[43] Lesben 85
[44] das war nicht immer so; MOLL schreibt 1899, daß die Bezeichnung „schwul" ausdrücklich nur für Lesben gebraucht wurde, vgl. Moll 526
[45] desgl. 146

wärtig, antinatürlich, auf Männer bezogen, mit narzistischen Zügen, impulsiv, egozentrisch, oberflächlich, verspielt, unzuverlässig, launisch, infantil, neurotisch, unselbständig, unreif

Übrigens, alle diese genannten Eigenschaften können auch Frauen haben oder zum Beispiel Kurdenkinder oder Kosovoalbaner! Man verzeihe mir den Ausrutscher in die moderne Zeitgeschichte! Denn eigentlich sind sie sexuell neutral.
Das gilt ebenso für das im vorvorigen Jahrhundert benutzte Wort „vernünftig" oder „echt":

> *Es bedeutet also: X. ist auch vernünftig, soviel wie: X. ist auch Urning; Y ist unvernünftig heißt: Y ist kein Urning... so bezeichnen sie sich auch als „echt". Mit dem Ausdruck „echt" suchen sich die Urninge besonders von den Mitgliedern der männlichen Prostitution zu unterscheiden.*[46]

Nun aber richtig drauflos geschimpft:

> abartig[47], abwegig, amoralisch, unzüchtig, jenseits der Grenze, am jen-seitigen Ufer, auf dem andern Ufer, der anderen Seite, dem anderen Dampfer, lasch, weibisch, invertiert [N.B. hier die Erinnerung an das Tier!], homoerotisch, geschlechtlich anormal, homophil, abnorm, abweichend, andersherum, sexgierig, sexgeil, außenseiterisch...

Ein ganzes Feuerwerk wird abgefackelt, wenn es um die Bezeichnungen der Täter geht. Alle Sprachschichten, Plattheiten und Höhenflüge sind erlaubt. Leidenschaftliche Schimpfwörter bis hin zu wissenschaftlichen Kennungen. Von diesem Conträrsexuellen bis zu jenem Möchte-gern-Bi-Mann sind alle Typen vertreten: Macho, Großkotz, Chauvi und Spießer. Sie werden eben differenziert angesprochen, auch als *Kernhomosexuelle*[48], *Entwicklungs- oder Neigungshomosexuelle* [49]. Der CDU aber gebührt der Schillerpreis: In

---

[46] Moll 194-195
[47] ein Sexfachbuch spricht ausdrücklich von „*abartigen Verhaltensweisen (Homosexualität)*". Sexuologie, 98
[48] Starke 79
[49] desgl. 290

Niedersachsen *habe eines der Mitglieder gar 'bewußt die Ehelosigkeit gewählt', sei also –igittigitt – homosexuell.*[50]
Für die weiblichen Gegenstücke reicht die männerfixierte Phantasie leider nicht so recht aus: Tribadie, sapphische Liebe, lesbische Liebe, lesbisches Laster, Lesbianismus (vgl. dieses Kapitel!), amor lesbicus, Sapphismus, Korophilie (Neigung der Frauen zu Mädchen) [bitte nicht verwechseln mit K<u>opro</u>philie, vgl. Lexikon!] und Androphobie (die „Furcht vor dem Mann", ja, ja...) Sie beziehen sich meist auf die arme, unschuldige Dichterin SAPPHO und ihrer Heimatinsel Lesbos, und man sagt ihr nach, daß sie 'so' war, doch „*selbst das ist sehr zweifelhaft*"[51]
Entsprechend komisch sind die Ableitungen für die Tussen oder Tussis:

> Lesbe, Emanze, Feministin, Sub-Frau, Tribade (von griechisch tribein „sich reiben"), Dioning (nach PLATONS Gastmahl, in dem zufällig und ganz beiläufig eine Dione vorkommt; es wird aber auch für Schwule und sogar für Heteros gebraucht[52]), Urninde (nach Gott Uranus, männliches Pendant dazu: Urning), im Wörterbuch findet man sogar das poetische Wort *Adamstöchter*[53]

Fast alle sind zum Aussterben verurteilt. Wertfrei nennt man (Mann!) sie einfach:

> Schwester, Tante, Tunte, Trine oder Zicke

Hier setzt sich endlich die Ambisexualität[54], oder besser: das Ambisexuelle durch (doch, ein sehr schönes Fremdwort, nicht?) und ist „für beide Geschlechter gleich geltend" - allerdings, ist der *Ambisexuelle*[55] nun ein verweiblichter Mann oder ein vermännlichtes Weib? Daneben gibt es das nicht weniger hübsche Wort Aequisexualität. Denn Tante, Trine, Schwester

---

[50] DER SPIEGEL 4 (1994). 37
[51] Dietz 245
[52] Bloch 562; vgl. dazu Moll 315, Anm. 1: „ULRICHS nannte die Männer mit normalem Geschlechtstrieb **Dioninge**, abgeleitet von Dione, vgl. die Stelle aus Platos Gastmahl, S. 32"
[53] Wörterbuch 15
[54] Valensin 13 „Stadium der infantilen(!) Sexualentwicklung, in dem sich erotische Wünsche und Vorstellungen auf Personen beiderlei Geschlechts beziehen."; es ist kein Durchgangsstadium, eher ein Zustand!
[55] Kon 306

und Tunte sind auch Schimpfwörter für Männer, die 'so' sind, und gipfelt in der Beschimpfung: *Blöde Zicke, verfatz dich!*[56]
Doch damit ist der Eifer des Benennens noch nicht gestillt. Schwule heißen:

> Arschficker, Arschbumser, anormale Männer, Strichjungen, Lustbolzen, ebensolche -knaben oder -molche, alter Lüstling, unsere Leute, unsere Freunde, die geschlechtlich gleich Veranlagten, die Perversen, Degenerierten, die Eigenen, ein Warmer, ein warmer Bruder, das dritte Geschlecht (übrigens kommt die Bezeichnung „das zweite Geschlecht" für Frauen schon 1798 vor[57]), ein Benjamitter (um 1650 in Frankreich), ein Polyhymnier[58], ein Mannling, Uranier, Urning, Päderast, Naturpäderast, ein Vilior, extremer Weibling, Schwuliger, Homoerot, ein Hundertfünf-undsiebziger, am 17.5. geboren, ein Anderer, ein Schwuli, eine schwule Sau, ein Unfall der Natur, „unser Süßer", ein Schwuchtelchen, eine Tucke, ein Dampf (in Schwyzer Dütsch), ein Disozialer, und – hübsch verquast: *ein Lieblingminnender*[59]

Wettert da ein hellsichtiger Forscher im Jahr 1917:

> *Daß heute ein erbärmliches Pack sich „Uranier" nennt, bloß weil sie knabengeil sind und natürlich das bißchen „Seele" auch mit in Kauf nehmen, sagt nichts gegen die Erhabenheit dieser großen Konzeption der Griechen.*[60]

Am schlimmsten sind die Nordvölker:

> *Eines der schlimmsten Schimpfworte in der altnorwegischen Sprache... ist „ argr" und bezeichnet einen Mann, der zuließ, daß er sexuell wie eine Frau gebraucht wurde.*[61]

Und am harmlosesten sind die sonst so versauten Griechen, die 'das' ja auf ihr Küchengeschirr malten, wie die Bildlein in diesem Buch zeigen:

---

[56] Lesben 190
[57] Ökonomisch 576 und oft
[58] Bleibtreu-Ehrenberg 154
[59] Wille 80
[60] Blüher 66
[61] Kon 126

> *Die Griechen wußten, daß sich die Menschen in ihren erotischen Neigungen unterscheiden, aber in ihrer Sprache gab es <u>kein</u> Substantiv, das unseren Begriffen „Homosexueller" und „Heterosexueller" entspricht; Bisexualität wurde allgemein vorausgesetzt.*[62]

Hier spricht GOETHE ein nicht zu unterschätzendes Machtwort:

> *Das bestätigt **Goethe** in einem Gespräch mit dem Kanzler **von Müller**, wo er die „Verirrung" der griechischen Liebe daraus ableitet, „daß nach seinem ästhetischen Maßstab der Mann immerhin weit schöner, vorzüglicher, vollendeter wie die Frau sei. Ein solches einmal entstandenes Gefühl schwenke dann leicht ins Tierische, grob Materielle hinüber..."*[63]

Ähnliches schreibt WILLE in seinem Kapitel „Um Mißdeutungen zu verhüten":

> *Ebenso sei hervorgehoben, daß in diesem Buche der Ausdruck „gleichgeschlechtliche Liebe" im Allgemeinen soviel wie Liebe zwischen Menschen gleichen Geschlechts, nicht aber notwendig geschlechtliche Liebe zwischen Geschlechtsgleichen bedeutet; schon deswegen, weil es, so lange keine geschlechtlichen Handlungen vorkommen, auch kein sicheres Merkmal gibt, an dem der „geschlechtliche" Charakter einer Liebe mit Bestimmtheit zu erkennen wäre. Endlich ist in der Liebe der Begriff der Sinnlichkeit weiter, als der der Geschlechtlichkeit.*[64]

MOSZKOWSKI dagegen gerät ins Schimpfen:

> *Jedem Eber würden sich die Borsten sträuben bei dem Verdachte, er wäre fähig, an einem maskulinen Frischling seine Zärtlichkeiten auszulassen. Die Schweinerei ist vielmehr ein Reservat der Menschen – eine Menscherei – und besonders widerlich, wenn sie in der Diktion eines Sokrates mit dem lyrischen Aufputz „du Himmlischer!", „du Goldener!" überschminkt wird.*[65]

---

[62] Kon 158
[63] Bloch 607, Anm. 15
[64] Wille 43
[65] Moszkowski, Alexander. Der Venuspark. Phantasien über Liebe u. Philosophie. Berlin 1923, 185

Ich glaube, ich schenke mir und meinen Lesern nun die Liste der etwa 120 Bezeichnungen für die Tätigkeit, welche die Lust am eigenen Geschlecht schildert. Sie ist gefächert von Poesie („*Handlungen im Stadium überheißer Sinnlichkeit*") bis zum Bierkutscherschmäh („*Schwulenpest*") und zum verquasten Psychologengesabber („*mannmännliche Unzucht*"[66]), aber selten so neutral wie die zärtlich säuselnde *Paraphilie* [67].
Und man hüte sich vor solchen Einzelheiten bei der Schilderung, wie etwa der folgenden:

> *... und so kam es, daß er zuweilen auf die scheußlichsten Abarten der Onanie verfiel. Er stellte sich vor einen Spiegel und masturbierte, indem er sich an dem Anblick seines eigenen nackten Körpers aufregte. Als er auch hierdurch nicht mehr recht befriedigt wurde, ging er zu einem den meisten Menschen äußerst widrigen Akte über. Im Bette sitzend, gelang es ihm durch große Verrenkungen seines Körpers, zu denen er veranlagt war,* <u>membrum suum in os proprium suscipere</u>, *wobei er oft „zur Erhöhung des Reizes" zuerst* <u>urinam suam bibit; postea eiaculatio seminis consecuta est, semen autem devorare non potuit</u>. *Den X. ergriff jedesmal gleich nach dem Akt ein so grauenhafter Ekel vor sich selber, daß er zumeist in einen apathischen Zustand geriet, der später in völlige Verzweiflung überging...* [68]

Und man sollte ja stets dabei bedenken:

> *Es war bisher unerläßlich anzunehmen, daß der sogenannte Homosexuelle die Sucht nach dem PENIS habe, und man versuchte nun, dies mit allen möglichen Mitteln zu erklären. Tatsächlich ist es eben nicht der Penis, auf den der „Typus inversus" (und demnach auch der „Homosexuelle") eingestellt ist, sondern allein der Penisträger, der Mann. Der Penis kann unter Umständen genau so bedeutungslos werden, wie irgend eine andere erogene Zone... Der Penis ist also für den invertierten Mann*

---

[66] Wille 183
[67] Sie wird verschieden definiert: „Liebe ohne Sexualität" (Starke, 154); „als von der Norm abweichendes Sexualverhalten" (Rosenhan, 396/7); als „Parallelwort zu Deviation, Perversion" (Lexikon 148); als „geschlechtliche Erregung bei Greisen und Kindern" (desgl. 147). - **Was** stimmt denn nun, ihr lieben Forscher?
[68] Moll 20-21; für Nicht-Lateiner: *sein Glied in seinen eigenen Mund zu aufzunehmen... seinen eigenen Urin trank; darauf ist die Ejakulation des Samens erfolgt, aber er konnte seinen Samen nicht schlucken*

keineswegs conditio sine qua non, sondern diese ist allein und ohne Einschränkung das <u>Bild des Mannes</u>. Daß der Mann einen Penis hat, <u>kann</u> gleichgültig werden, <u>aber ein Mann muß er bleiben</u>. [69]

Man stelle sich bloß solchen gedanklichen Aufwand vor, um eine *entmännlichende, ja entmannende Degenerationserscheinung* [70] zu benamsen! Darum plädiere ich für völlig neue modernere Bezeichnungen. Ich schlage vor:

Intersex[71]

Das ist wenigstens knapp und so klar wie Intertank oder Intershop, die's ja leider auch nicht mehr gibt in diesen öden Zeiten.
Und dann stelle ich diesen meinen Neu-Begriff zu meinen mühsam gefundenen

Normsex[72]

was immer das sein mag, und schenke beides der *rosa-lila Forschung*[73], an der ich mich auch auf diesem Gebiet gerne beteiligen möchte: ich gebe ihr es zu beforschen und zu bedenken. Ich persönlich finde zwar auch *das Zwischengeschlecht*[74] auch sehr apart und liebe besonders die *zwischensexuelle Geschlechtlichkeit* [75], aber beides ist wohl zu umständlich und zu lang.
Hier nun tröstet ein Sexbuch des vorigen Jahrhunderts:

> *Die* **echte Homosexualität** *ist die hier in Betracht kommende hauptsächliche Erscheinung, auch sie kommt durchaus unabhängig von der Degeneration und Kultur bei* **sonst gesunden** *Menschen und über die ganze Erde verbreitet vor.*[76]

---

[69] Blüher 161
[70] Jellonek 54
[71] ein Fachbuch zeigt, daß dieser mein Vorschlag leider auch nicht mehr ganz so taufrisch ist, (Kon S.18 + 244: „*Intersexualität)*" jedoch ist er nicht griffig und modisch verkürzt! Diese Originalität beanspruche ich in jedem Fall für mich! Ein zweites Fachbuch widmet diesem Thema ein ganzes Kapitel: Pulay, Erwin. Der überempfindliche Mensch. Wien, Leipzig (1936), S. 74 – 80 „Der interesexuelle Mensch"
[72] Schwule Väter 37
[73] Lesben 100
[74] Lawlor 57
[75] desgl. 79
[76] Bloch 517, die Hervorhebungen vom Verf.

Und ein anderes mäkelt am Fremdwort herum und möchte es lieber ‚**homogenic love'** nennen:

> *CARPENTER tadelt mit Recht die schlechte Wortbildung vom homosexuell, das aus einem griechischen und einem lateinischen Worte zusammengesetzt ist; solche Fehler finden sich übrigens häufig in der Medizin wieder...* [77]

Gleichzeitig verrätselt der Autor das Problem:

> *Ich nenne die Homosexualität oder die gleichgeschlechtliche Liebe, die Liebe zwischen Mann und Mann (Uranismus) oder Frau und Frau (Tribadie) als angeborenen oder in frühester Kindheit spontan auftretenden Zustand ein „Rätsel", weil sie mir in der Tat, je genauer ich sie in den letzten Jahren kennen gelernt habe, je mehr ich wissenschaftlich in sie einzudringen suchte, um so rätselhafter, dunkler, unverständlicher geworden ist. Aber sie **ist**, sie **existiert**. Daran ist nicht zu zweifeln.* [78]

Und noch verrätselter:

> *Nennen wir noch die Päderastie oder Knabenliebe als eine spezielle Spielart der Homosexualität, so haben wir einen ganzen Kosmos sexualpathologischer Verhaltensweisen, die unter einem einzigen Titel ein verwirrendes Konglomerat von Phänomenen beinhalten.* [79]

Merke vor allem:

> *Gewiß hat der homosexuelle Mensch als **Mensch** dieselbe Daseinsberechtigung wie der heterosexuelle. Es wäre Frevel, daran zu zweifeln.* [80]

Merke insbesondere:

> *Daß es anständige und glückliche normale Menschen gibt, ist allgemein anerkannt, nicht aber, daß es <u>anständige und glückliche Homosexuelle</u> gibt.* [81]

---

[77] Moll 9, Anm. 2
[78] Bloch 541
[79] Rattner 124
[80] Bloch 591

Merke aber ganz besonders:

> *Das vollkommenere Geschlecht muß im wahren Sinne des Wortes „**hervorgeliebt**" werden.* [82]

Ich halte dieses ganze Wühlen in Worten für Manustupration, auf deutsch: Selbstbefleckung, und nenne es platterdings 'geistige Onanie' - mit einem Unterschied, daß bei selbiger Tätigkeit was herauskommt und nicht nur die leere Luft vieler Wörtern.
Und schon gerate ich wieder ins Schimpfen: Alte Wichser!
Hört endlich auf, mit Worten so rumzumachen! Und dann auch noch über 'das da'!
Verzeihung, liebe Sexualforscher/Innen, ich hab's halt mit Euch, und wollte Euch nicht wehtun.
Ich will Euch – wenigstens in Sachen Wörter- mal so richtig abgeilen...

2.2 Wörter sind die größten Feinde des Menschen

> Motto:
> Die gründliche Ausrodung eines Urwaldes tiefgewurzelter Irrtümer erfordert mehr Arbeit, als die Aussaat neuer Wahrheiten und Gedanken. *Wille, 45*

Wörter werden von Menschen gemacht, erfunden, gebildet und schließlich will jeder Mensch mit ihnen seine innere Welt ausdrücken, sein Gefühlsleben anderen mitteilen, seine Denkergebnisse anderen aufdrängen, seine Dummheit vor anderen verdecken und seine Intoleranz andere nicht merken lassen.
Der andere Mensch hört zu, wenn er will, und äußert sich zustimmend, gleichgültig oder feindselig.
Feinde sind immer nur die anderen.
Vorurteile haben nur die von gegenüber, ich doch nicht! – Das ist das allerschlimmste Vorurteil!

---

[81] Caprio 182-183
[82] Bloch 284

Diese Selbstgerechtigkeit, die eigene Toleranz eben nicht zu hinterfragen, die angelernten Normen und Werte ja nicht anzutasten, ja: das ist das Schlimmste!
Hierzu eine interessante Meldung aus der Völkerkunde:

> *Havelock Ellis erwähnt nach Roth, daß es in Queensland ein anständiges und ein unanständiges Vokabularium gäbe, so daß man das eine Wort für Vulva in der besten Gesellschaft gebrauchen kann, während ein anderes durchaus verpönt ist.* [83]

Wörter grenzen ab, grenzen sogar aus: Wir hier und die da drüben. Sie verallgemeinern, ziehen unpassende Vergleiche und vermitteln schiefe oder gar falsche Begriffe. Und diese schiefen, falschen Begriffe sind die größten Feinde des Menschen, denn sie lullen seine Kritikfähigkeit ein, reduzieren die mitunter schwierigen Sachverhalte auf nur einen einzigen Punkt, schaffen falsche Versimpelungen und sind meist TRIVIAL.
Homosexuell (Gegensatz: Heterosexuell) als gebräuchlichstes Wort für die gleichgeschlechtliche Orientierung führte der ungarische Schriftsteller und Arzt BENKERT im Jahr 1869 ein, der unter dem Pseudonym M. KERTBENY schreiben mußte – so prüde war man damals! – und **das** in einem wirklich sehr abartigen Titel:

> „*§143 des Preußischen Strafgesetz-buches vom 14. April 1851 und seine Aufrechterhaltung als §152 im Entwurf eines Strafgesetzbuches für den Norddeutschen Bund usw.*" [84]

Es ist nun nicht BENKERT's Schuld, wenn in Alltag und Wissenschaft nachfolgender Generationen bis heute gerade mit diesem Begriff Menschen auf ihr rein geschlechtliches Dasein reduziert und in zwei streng voneinander geschiedene Gruppen geteilt wurden.
„Aha, ein Klavierspieler!" Das besagt gar nichts über seine Schweißfüße, seine Vorliebe für Spaghetti, sein inniges Verhältnis zu seiner jüngsten Tochter, sein Interesse für erzgebirgische Schnitzkunst und seine Abneigung gegen rosa Schlüpfer und, und, und...
Es ist grundfalsch, und darum ist es offensichtlich so richtig einfach mit unseren Wörtern, wenn sie gedankenlos gebraucht werden.
„Aha, ein Schwuler!" sagen angsterfüllt alle Kurz- und Kleindenker, diese Schnell- und Langsam-Merker und wissen Bescheid. Wir nicken dazu und wissen erst recht Bescheid.

---

[83] Stern 135
[84] Lexikon 91

„Oho, eine Lesbe!" zischeln die Kolleginnen und flüstern es verstohlen ihren Kolleginnen kichernd ins Ohr. Klatsch muß sein, das hält die Gesellschaft jung und die Stimmung auf Trab.
„Ihh, ein Normalo!" na, wer kann so was schon sagen? Richtig! Ein Schwulibert, der nicht stino oder stinko ist, sondern stoschwu. Letztere Abkürzung für „stockschwul" hat sich noch nicht so recht durchgesetzt in der ,Sziehn'.
„Huch, ein Macho!" greinen hilflos die Feministinnen.
Oder sind es die neidischen Männer?
Oder die geilen Frauen, die ja 'so was' brauchen, angeblich, dann aber mit Schmackes! Aber das alles sind ausschließlich *androzentrierte Maßstäbe*[85] Jedes Wort wird gedankenlos wie ein Etikett auf irgendwelche Menschen gepappt, wie weiland der Rosa Winkel in den KZ's auf die Ärmel ihrer wehrlosen Opfer. Die Etiketten bleiben meistens irgendwo haften und gehen so schnell nicht wieder ab, Am liebsten aber klebt man es zwischen die Beine, wo fromme Papas und Mamas ja lieblos ein X haben und ein „Begreifen verboten!".
Nun denn, durchschauen wir endlich diesen Etikettenschwindel! Wir sahen die angst-lusterfüllten Menschen, die so etwas auf andere kleben müssen, sie zeigen sich in besonderem Licht. Die Etikettenverteilung bleibt ja meist sehr einfach: Merke:

Normal, das bin ich; unnormal sind alle anderen.

Alle nicht, na gut, nicht alle, eher die Meisten, einige, ja klar, wenigstens ein paar, zumindest einer dort, das Gegenüber, der ist unnormal. Daß ich damit selbst unnormal bin, unnormal denke, fühle, handele, das muß verdrängt werden. Mit einem Schwall von Wörtern. Je ängstlicher, desto mehr. Sogar in Fachbüchern kommt es vor:

> *Die Homosexuellen setzen sich mehr aus Psychopathen zusammen... so sind die zur Homosexualität Auffordernden meist die echt Perversen aus den mittleren Lebensabschnitten.*[86]

Nicht selten schlägt die Abwehr, die ja erst aus Wörtern besteht, in handfeste Aggressionen um: Du schwule Sau!, hübsch mit einem Fausthieb garniert. Das ist das Mindeste, was so ein Normalo sofort bei der Hand hat. Ratzfatz! Und wenn mann sonst nichts mehr zu schimpfen weiß, dann eben: Alte Fotze!

---

[85] Lesben 163
[86] Dietz 272

‚Selber eine', schimpfen wir zurück, verpiß dich, alter Heterobock!
Dazu ein Kommentar aus einem sozialistischen JUGENDLEXIKON:

> *Ganz zwangsläufig bildeten sich durch die Heuchelei der doppelten Moral Verschleierungsbegriffe heraus, mit denen man sich verständigte und, da sie offiziell mißachtete und verpönte Sachverhalte betrafen, waren die entsprechenden Bezeichnungen für den Sexualpartern, den Sexualverkehr oder die Sexualorgane häßlich und herabziehend. Man sagte nicht mehr Geschlechtsverkehr oder Liebesakt sondern besteigen, bumsen, fummeln, runksen, stechen, umlegen, vernaschen, vögeln usw., das Eintreten einer Schwangerschaft bezeichnete man „die ist angepufft"; die weiblichen Geschlechtsorgane wurden Fotze, Schnecke, Pflaume u.ä., die männlichen Schwanz, Eier, Klöten usw. genannt.* [87]

Halt! gebietet da das längst verschollene DDR-Blatt „Für Dich" und meint:

> *Jede abfällige Meinung über homosexuelle Männer und Frauen ist unangebracht und entspricht nicht unserer marxistisch-leninistischen Einstellung zur menschlichen Persönlichkeit...* [88]

Doch jene Zeiten sind vorbei. Hau ab, du rote Socke! zetern wir zurück:
Es ist so einfach:
Wörter sind oft die größten Feinde des Menschen. Das meint auch eine Feministin, die da Erstaunliches in ihrer Forschung festgestellt hat:

> *Obwohl ich <als Feministin> für die absolute und sofortige Garantie sexueller Freiheit für alle Menschen eintrete – eine doppelt notwendige Versicherung, da ich kein männlicher Homosexueller bin –, halte ich die männliche Homosexualität* **in der patriarchalischen Gesellschaft** *für einen fundamentalen und extremen Ausdruck von Phallusverehrung, Frauenfeindlichkeit und von Usurpation bestimmter, weiblicher und/oder „femininer" Funktionen. Männliche Homosexuelle ziehen ebenso wie männliche Heterosexuelle (und wie heterosexuelle Frauen) Männer den Frauen vor.* [89]

---

[87] Jugendlexikon 96-97
[88] Lesben 75
[89] Chesler 185

Abschließend, wenn wir alle gelernt haben, **über** DIE Schwulen und DIE Lesben wertfrei zu sprechen oder zu zischeln, wäre es auch endlich an der Zeit, mal **mit** ihnen zu sprechen. Und das gilt auch und vor allem für uns selbst, die wir DIE Normalen sind.
Gott sei Dank! Und dem Pfarrer sei Dank! Und Göttin sei Dank! für die Feministinnen.
Wen oder was mag man denn in unserer christlich verkachelten, sterilen Welt dann noch beim Namen nennen? Ich huldige da eben sehr der *Gynolatrischen Anschauung*[90]
Angst haben wir ja alle, heimlich 'so' zu sein oder gar 'so' zu werden. Deswegen kehren wir unsere Gefühle zu Aggressionen um – dann ist damit leichter fertig zu werden – oder wir hüllen uns in Selbstgefälligkeiten, in das Nicht-Nachdenken-Wollen.
Oder können wir am Ende gar nicht mehr richtig nachdenken vor lauter Wörtern, diesen größten Feinden?
Hierzu eine Geschichte: Auf die Frage, wer bei der SPD/Ost für Homosexualität zuständig sein könnte,

> *...überflog der Genosse eine Ressortliste und stockte bei dem Punkt 'Gesundheitswesen', nein, dazu gehört es wohl nicht, und ich sagte: Nicht mehr. Aber vielleicht 'Soziales'? fragte er mich, dann fand er noch einen Bereich für 'Gleichberechtigung', aber das beträfe ja nur die Frauen... also doch 'Soziales'. Und ich mußte an das Wort Sozialfall denken.*[91]

2. 3 Der Klatsch um ein Geheimnis

> Motto:
> Die Sexuologen, die wie andere Wissenschaftler auch gerne alles gliedern [!?]...
> *Schnabl, 71*

Der beste Gesprächsstoff ist noch immer der Klatsch um ein Geheimnis, und wenn's auch nur die Beine sind:

> Die Mutter sagte zu einem elfjährigen Jungen: „*Sitz doch still, Hans! Halte deine Beine ruhig!*" Die Tante fuhr vor

---

[90] Lawlor 95
[91] Lesben 155

Entsetzen zusammen: „Eine wirkliche Dame erwähnt das da unten" - sie deutete mit den Augen auf meine Beine - *„am besten gar nicht, Louise! Muß sie es aber nennen, so sagt sie Piedestal oder allenfalls* Ständer *...Hans, halte deine[n] Ständer ruhig,* **das** *klingt gebildet, Louise."*[92]

Hoffentlich hat Hansi seinen Ständer ruhig gehalten... Nur leider, Sexualität ist gar kein Geheimnis: Jeder hat sie, jeder erlebt sie, keiner kann vor ihr ausweichen, sie funktioniert immer... (Wissend kichert da eine Frau: Na ja, fast immer!) Also gut: Tuch drüber und Schwamm drauf!
Liebe Forscherinnen und Forscher, der Erguß an Wörtern ist überall in all eueren Forschungen lustvoll zu greifen, egal, wohin man schaut. Aus dem Erguß euerer Hirne und Herzen ziehe ich ein paar Proben und schiebe sie in meinem Sprachlabor unter das Mikroskop meiner Aufmerksamkeit.
Wie's da nur so wimmelt und wuselt!
Es geht natürlich nur um die Wörter *aus der Intimsphäre, ein scheußliches Wort* [93], und die Männer sind da besonders bevorzugt. Sie leben ja

> *...in einer sogenannten „phallozentrischen" Gesellschaft, also in einer Gesellschaft, die sich auf den Penis konzentriert, was tatsächlich bedeutet, daß sich unsere Gesellschaft auf diejenigen konzentriert, die einen Penis* besitzen. *Daher ist es allgemein üblich, daß die Angehörigen ein großes Theater aus der Entdeckung des Jungen machen. Oder sie finden es putzig. Und sie geben diesem Teil seines Körpers einen Namen. (Viele Mädchen erfahren erst in der Pubertät, wie ihre Genitalien benannt werden.)*[94]

Die Männer sind fest davon überzeugt, das Wort Geschlecht komme von schlecht. [Es hängt aber mit dem althochdeutschen **slahte** „Art, (Menschen-)schlag" zusammen].
Trotzig benennen sie ihre Organe damit: *das Geschlecht, der Geschlechtsteil* (als ob's nur ein Teil wäre!), ziemlich veraltet: *die Zeugungstheile*[95] . So geht es fort und fort *vom kindlichen Bipfi zum Penis gewordenen Geschlechtsorgan*[96] bis hin zum *oft verniedlichenden und ordinären Hänschen, Männlein, Puller, Pis, Pisser*[97]. Daneben gibt es noch *Puller-*

---

[92] Kon 12, die Klammer von mir gesetzt
[93] Sag mir 14
[94] Shapiro 167
[95] Ökonomisch 567
[96] Ehrenfoth 262
[97] Der Liebe 59

mann, Hänschen, Pullerine[98]*,* der Piller, der *Pillermann* bzw. *Pieschmann.*[99] Der Italiener SESSO SANTO leitet es von Pipi ab und nennt es folgerichtig *'pipino'*.

Darunter sind Sammelbegriffe wie: das Gemächte, das Gehänge, die Garnitur; in der frühen Neuzeit findet sich auch die Begriffe *gemechtlin* sowie die Verniedlichung *spitzlin.* [100]
Der Penis... der in Romanen so rührend als 'seine Männlichkeit' umschrieben wird[101]*,* aber nicht nur in Romanen, auch in ernsthaften Reportagen kommt das Wort vor:

> *Man sieht den ganzen Mann, samt Männlichkeit. Beiläufig, aber deutlich. Schock... „Es ist doch nur ein Penis", sagt er, „Und so richtig sieht man den nur in einer Szene. Viele haben einen, fast jeder hat mal einen gesehen. Meine Güte. Ist doch nicht einmal besonders lang." – Stille. – „Die Szene! Ich meine die Szene!"* [102]

Man beachte den Hinweis „*viele haben einen...*", was für Frauen ja nun denn doch nicht zutrifft, und den verräterischen Schluß des Interviews. Er schützt sich vor dem Vorwurf, daß „er" nicht besonders lang ist. (Wobei das „er" getrost und doppeldeutig übergangen wird).
In amerikanischem Englisch kennt man das poetische „*his throbbing manhood*" sowie viktorianisch einfühlsam „*the essence of his masculinity*".
[103]

Verschmitzt: das Tingeltangel; versaut: der Schniedel oder Schniedelwutz, der Dödel, der Pint; gemein: der Schwengel; verspielt: der Lümmel und der Pümmel (nur des Reimes wegen, er heißt jedoch Pimmel); niedlich: der Baumel, der Zipfel, der Nüller oder die Nille; verrätselt: die Zude, katholisch fromm: der Zebedäus. Als Koseform gibt es noch *die kahlköpfige Maus, die Liebesrute,*[104] und ganz lammfromm und superblöde: *das Schneeglöckchen.*[105]
So schreibt Peer Christian JERSILD:

> *Penis, Schwanz, Pimmel – oder Schnibbelchen, wie die Mutter zu sagen pflegte, als er noch kleiner war. Keins von diesen Wörtern klang gut. Penis klang wie der Name eines*

---

[98] Resch-Treuwerth148
[99] Wiebke und Axel H. Kuert. Das Handbuch der Onanie. 4. Aufl. Berlin 2006,15+24
[100] Thomas Platter d.J. Beschreibung der Reisen durch Frankreich... Basel/Stuttgart 1968, 292+311
[101] Lentz 26
[102] KulturSPIEGEL H.3 (März 2012), 12
[103] Zilbergeld 37
[104] Paley 105
[105] Szewczyk 88

Gewürzes. Schwanz mochte er nicht. Und Pimmel? Pimmel klang irgendwie zerbrechlich: wie ein dünnes Rohr aus ziegelfarbenem gebranntem Ton. Primeltopf. Den Pimmel zu Boden fallen lassen. Tonpfeife. Das richtige Wort war männliches Glied... Er untersuchte sein männliches Glied, es sah aus wie eine Tüte aus Leder.[106]

Kostbar und erlesen klingt der Ausdruck „Familienjuwelen", insbesondere, wenn die Fachfrau darüber spricht: *...rate ich, vorsichtig mit den Familienjuwelen umzugehen.*[107] Erlesen ist auch der Ausdruck der „*hochstehenden Glücksfahne*" [108] Köstlich klingt das Zusammenspiel zwischen „*Pfirsichspalte und Wunderbaum*".[109]
Noch köstlicher ist schon der Abschnitt:

Ich nenne den Penis beim Liebesspiel Vajra, *ein tibetanisches Wort, das „Donnerkeil" oder „Machtzepter" und auch Penis bedeutet. Weitere Namen für den Penis im östlichen Kulturkreis sind: „das Horn", „der Krieger", „der Held", „der Eroberer", „der Jadestengel" und „der Zauberstab".* [110]

Und noch viel köstlicher klingt es dann so:

... Zart berührte ich das Tor des Lebens... Auch ihre Hand tastete nach dem Schlüssel des Lebens, scheu und ehrfürchtig. Nun ist auch diese unreine Vorstellung weggeschmolzen, nun ist, für den heutigen Entwicklungsstand des Mädchens, alles Nötige aufgelöst...[111]

Klinisch rein ist das *Begattungsorgan*[112], verklemmt wirken *die Reorganisationsorgane*[113], freizügig das *Lustorgan*[114] und schweinisch -weil lateinisch- sind *membrum virile* oder *Phallus*; absolut sexfeindlich aber ist

---

[106] Jersild, Peer Christian. Die Insel der Kinder. Roman. A. d. Schwedischen v. Verena Reichel... Berlin (1981), 25
[107] Westheimer 391
[108] Berkes, Ulrich. Eine schlimme Liebe. (2. Aufl. Berlin, Weimar 1989), 203
[109] Icks, Oswald. Das gefühlsechte Sex-Buch für den lustvollen Angeber. (2.Aufl. Frankfurt/M 1992), 30
[110] Naslednikov 184
[111] Zimmermann, Werner. Leuchtende Liebe. 26.-30.Tsd. München-Pasing, (1962), 186-187
[112] Neubert 237
[113] Meyer 48
[114] Öko-Test, 113

das Ding[115] [**so** in einem Fachbuch für Sex!], feministisch gemildert: *das "natürliche" Ding*[116], oder auch *"das männliche Etwas"*[117] und für Computer-Freaks gibt es auch etwas: *die Hardware, falls der Penis hart wird und eine Weile so bleibt...*[118] [in der Regel ist er doch eigentlich eher 'Software'! Der Verf.].
Albern betulich ist die Bezeichnung *seinen Johannes zum Niesen bringen*[119] oder *sein schlapper Hannes*[120]. Ebenso betulich klingt Johnson oder Roger. Brutal klingt Prügel oder Gerät:

> *Ein Penis wird ein Holz, ein Prügel, ein Stock, ein Mast, ein Riemen, ein Schaft, eine Stange, ein Stab genannt. Die Ähnlichkeit mit dem Stab eines Zauberers ist auffallend...*[121]

Noch brutaler: „*...bei Sercambi stößt einer mit dem Stößel seine Soße in fremden Mörsern.*"[122]
Ethnologisch völlig korrekt ist die Aussage eines lachenden Mundurucú-Mannes: *„Wir zähmen unsere Frauen mit der Banane"*[123].
Feministisch zu guter Letzt: *mehr als nur ein körperlicher Vorsprung*[124], indes, wie viel mehr, wird dort leider auch nicht gesagt.
Aus der sozialistischen Frauenliteratur der DDR gesellt sich diese Formulierung: *Er steht in Unterhose, Hemd, Socken, und ich sehe schon seine rechtwinklige Kraft...*[125]
Diskret ist die Ausdrucksform „*seine (meine, deine) Blöße*", englisch versaut **cock** oder **prick** oder **boner**[126], englisch veraltet **yord** und **male rod**, englisch verharmlost **private member**, das „private Glied". Noch diskreter ist der englische Ausdruck **private parts**, so auch ein Buchtitel einschlä-

---

[115] Kon 340 erklärt tatsächlich „Intromissio" als *Einführung eines Dings (z.B. des Penis)* man beachte auch das forschungsträchtige „z.B." aus dem gewiß noch viel zu holen wäre...
[116] Brownmiller 288
[117] Storch, Maja. Die Sehnsucht der starken Frau nach dem starken Mann. (Hamburg 2002), 10
[118] Joannides 478
[119] Joannides 66
[120] Joannides 477
[121] Hartman 162
[122] Berkes, 203
[123] Brownmiller 201 für doofe Feministinnen erklärt er dazu: „euphemistisch seinen Penis beschreibend"
[124] Brownmiller 173
[125] Martin, Brigitte. Der rote Ballon. Geschichten um Brigge Bem. Berlin: Buchverl. Der Morgen (1977), 154
[126] Zilbergeld 98; als teenager Slang bezeichnet

gigen Inhalts.[127] Der Ausdruck hat sich sogar ins Deutsche verkrümelt als „*Berühren der 'privaten Bereiche!* "[128]
Ganz diskret und typisch britisch **his person** „seine Person", so in einem englischen Schwulen-Gesetz von 1824, das man bei Bedarf auch in andere Besitzstände setzen kann: meine Person, deine Person usw. Das trifft auch zu für „mein männliches Genital", „*sein gutes Stück*" [129], „mein bestes Stück" (als ob's ein Stück wäre! Es ist doch hoffentlich ganz?).
Etwas ruppig bezeichnet ein gewisser Enrique seine sexuelle Ausstattung mit „*einem albernen rohrförmigen Stück Fleisch, dieses alberne Rohr aus Fleisch*".[130]
Manche Vulgärausdrücke für Penis werden im Amerikanischen auch zur Beschreibung von Menschen benutzt:

> *Ein „prick" ist hart und böse; ein „dick" ist harmlos, vielleicht sogar dumm und aufdringlich. Ein „putz" ist klein und verachtenswert, ein „schlong" ist groß und lasch, ein „pecker" ist rücksichtslos und verschlagen. Ein „tool" ist ein Werkzeug. Ein „dickhead" ist nervtötend dumm. Ein „ding-dong" ist ein Idiot, jemand, der seine Geschlechtsteile und alles andere nicht unter Kontrolle hat. Ein „cocksucker" (Schwanzlutscher) ist das Allerletzte.* [131]

> *cock, prick, rod, tool, ramrod, hard-on, dick, these words sound harsh* [132]

Und der amerikanische Schriftsteller NICHOLSON BAKER leistet Hervorragendes zur Bezeichnung „seines besten Stückes":

> *So viele Wörter für ein Stück Fleisch, Dingdong, Pollock, United Parcel, Malcolm Gladwell, Woody, langes Stück Geilheit, Mandingo, Moschusficker, Dickschwanz, massiger, pornokirrer Saftsprüher, wildgewordener Jaquard und langer Knochen, mmmf.* [133]

Aber auch die Türken im vorigen Jahrhundert und die Völker im Balkan waren nicht ohne:

---

[127] Taguchi, Yosh Private parts. (Toronto 1988).
[128] **Westheimer 262**
[129] Öko-Test, 112
[130] Paley 78
[131] Paley 106
[132] Zilbergeld 90
[133] DER SPIEGEL 3 (2012), 130

> *Der vulgäre, grobe türkische Ausdruck für Penis ist: El söbb; der feinere: Dkör oder Palawer; ferner sagen die Türken: sik, ergegen aleti: die Araber: er, kazib, zeker; die Perser: kir; die Inder: dende. Der Koran gebraucht für die männlichen Geschlechtsteile gewöhnlich „Blöße"... Für Penis sagt man serbisch und bulgarisch, auch chrowotisch und slowenisch: Kurac, Kurec, Kuro, Kur (bulgarisch), Kurtschina, Kurtschitsch, Kurcekanjo, Kurkkanjo. Will man in guter Gesellschaft das anstößige Wort vermeiden, sagt man besonders in Bosnien: Kudrac; südslavische Umschreibungen: Bat, Batina, Cula (die Keule); Glawutschina (das knollige Haupt); Mosur (die Weberspule); Budza, Glista (der Wurm); Klin (der Keil); Coro (Einaug); Rak (der Krebs); Krastovac (die Gurke); Safalada (die Cervelatwurst, nur in Städten gebräuchlicher Ausdruck); Tupak (der Stumpfe); Litrenjak (der Litrenschwere); Cuka (der Indian); Kuj, Kunduk (der Kolben, bei den Bulgaren). Bei Knaben: Resa, Resiza (Palmkätzchen). Daneben: Stab, Hase, süßer Bissen, der „Einspänner", Kulrohr, Pflugnagel, Ratte etc.*[134]

Die Krone des unfreiwilligen, aber doppelbödigen Humors aber schießt der BERLINER KURIER ab, wenn er titelt:

Billy spielt mit seinem Willy

... und schwärmt von seiner Ex-Frau Angelina [135]

Auch für Erektion gibt es so einiges:

> *Umgangssprachliche oder vulgäre Ausdrücke für eine Erektion sind zum Beispiel Ständer, Latte, Rohr, Harter, Steifer oder Stange. Mir wurde erzählt, eine neuseeländischer Umschreibung... sei ‚snarling' (‚to snarl' bedeutet: wütend knurren, die Zähne fletschen).*[136]

Aufklärerisch gibt sich ein Fachbuch:

---

[134] Stern 138
[135] Berliner Kurier von Dienstag, 14.2.2012, S. 3
[136] Paley 105

> *Die beiden Hoden haben die Form und Größe von Kastanien. Mit der volkstümlichen Bezeichnung von Eiern ist ihre Form nur ungenau bezeichnet, obendrein wirkt der Ausdruck irreführend, da wir ja die weibliche Grundzelle, welche ein neues Wesen entstehen lassen kann, treffend als „Ei" bezeichnen und darum diesen Ausdruck beim Manne besser vermeiden.*[137]

Entwicklungsverheißend und poetisch ist „der Seine"; wahlweise: der Meine oder Deine; für die sexuelle Randgruppe der Schwulen: der Unsere; für die Frauenforschung: der Euere; für Dominas: der Ihre; in der Kleinschreibung „der ihre" stünde es dann wieder der Männerforschung zur Verfügung; das umgangssprachliche Gegenstück dazu ist: „dem Seiner", was ich hiermit allen Forscherinnen und Forschern als neuen und praktikablen Formulierungsvorschlag für die männliche Sexualausstattung schenken möchte. „Rute", „Schwanz" und „Zagel" sind dagegen bloße Exkursionen in das Reich der Natur.

'Er' oder 'Ihn' sind für mich absolut körperfeindlich. Sagt doch ein fünfzehnjähriges Mädchen: *„ ...die und die sind heiß auf mich, dann können sie ihn auch mal reinhalten"*[138]. Noch schlimmer ist das völlig unpersönliche 'ES'[139].

Aufschlußreich ist: *der reife Sexualapparat*[140], *der Geschlechtsapparat*[141] und: *das Werkzeug*[142], etwas genauer: *das biologische Werkzeug des Mannes*[143], oder gar *unsere Maschine*[144].

Den Vogel aber schießt unbestritten der Nazidichter HEINRICH LERSCH ab, der da dichtete (und das hat er leider!! völlig ernst gemeint!):

---

[137] Potin 42
[138] DER SPIEGEL 50 (1998), 118
[139] vgl. Anm. 880
[140] Wörterbuch 21 welcher hier natürlich einer „unausgereiften Gesamtpersönlichkeit anhängig" ist [sexistischer Gebrauch!]
[141] Solerti 168
[142] Ökonomisch 564
[143] Brownmiller 172
[144] Wörterbuch, 569

*H*ammer meines Leibes, ruhevoll und in wacher Unruh bereit;
Wenn vom wühlenden Schmieden strömendes Blut lebendig und wild
Alle Adern durchrast, wächst du im Schöpferdrang; Kraft quillt und schwillt.
Süß tobt das Blut im Überschwang und steigt ins Grenzenlos,
Wir zeugen willenlos und blind einmündend in des Weibes Schoß,
Ein Kind!
Und ist das Zeugungswerk vollbracht,
Wählst du in Inbrunst=Unruh fort,
Von dir empfang ich Bild und Wort,
Gesang strömt durch die Liebesnacht.
Strahlengeschleuder der Sonne, kühles Morgenlicht!
Hammerklang reißt mich hoch,
Schmetterndes Signal: schon sind die Brüder am Werk!
Segne, Sonne, meinen Leib, du heiliges Feuer! Ich bade die nackten Muskeln im Morgenrot,
Eh ich wieder von den Flammen der Schmiede umloht.[145]

Ja, dieses ganze Wortgewusel *für des Mannes hochsensibles Teil, das meist erschlafft, wenn er angespannt ist...*[146] Andere Dichter nennen ihn *roten Gewaltherren* (Friedrich Schlegel), *seinen Vaselinegesalbten* (Philip Roth), *das ehrwürdige Symbol an sich* (Friedrich Nietzsche)[147]
Und das Frankfurter OLG stellt höchstrichterlich fest, einem Strafgefangenen sei es zugestanden, sein Geschlechtsorgan als „Schwanz" zu bezeichnen, mit der Begründung:

> *Der Gebrauch des Wortes ‚Schwanz' für Penis ist im Knast keine seltene Ausnahme, auch nicht auf Krankenrevieren mit weiblichen Bediensteten.*

Diese hatten den Häftling mit vier Tagen Arrest bestraft, weil er *sich in unpas-sender Art und Weise geäußert* habe.[148]
Da tröstet uns dann ein Aufklärungsbuch für Mädchen „Only for girls":

> *Die Entscheidung für ein Favoriten-Wort fällt vielleicht etwas leichter als bei den weiblichen Geschlechtsorganen,*

---

[145] Lersch, Heinrich. Das dichterische Werk. Mensch im Eisen. Mit brüderlicher Stimme. Berlin (1934), 195
[146] DER SPIEGEL 36 (2001), 77
[147] DER SPIEGEL 33 (1999), 162
[148] DER SPIEGEL 10 (1998), 98

> *hier wird abwechselnd "Penis" und "Pimmel" benutzt. Beides ist nicht abfällig zu verstehen. "Penis" ist mittlerweile so eingedeutscht, dass sich die lateinische Herkunft nicht mehr allzu fremdartig anhört, "Pimmel" ist etwas umgangssprachlich und hört sich nicht so medizinisch an.[149]*

Immerhin verheißt ein Sexbuch des vorvorigen Jahrhunderts Tröstliches:

> *Die Erektionen der Urninge sind im allgemeinen gut und kräftig; das Glied hat in erigiertem Zustande dieselbe Richtung wie beim normalen Manne... Ein Arzt... erklärt, daß er mit mindestens 600 Urningen geschlechtlich verkehrt, aber eine abnorme Bildung der Genitalien bei ihnen nie konstatiert habe.[150]*

> *Der Penis und die Hoden scheinen nicht verschieden [sic!] zu sein. Ich kenne verschiedene Homosexuelle mit einem sehr großen Penis, einen anderen mit einem sehr kleinen. Ich habe einen Homosexuellen gesehen, der nur einen Testikel hatte, bei einem anderen waren die Testikel kaum zu bemerken, so klein waren sie, etwa wie bei kleinen Kindern. Aber diese Deformitäten findet man bei normalen Männern ebenso wie unter Homosexuellen.[151]*

Ich verkneife mir in diesem Kapitel auch jede sexistische Sprachanalyse der Umgangssprache im Alltag, die von Phrasen wie "aufs Kreuz legen, zur Brust nehmen, seinen Mann stehen, Schlappschwanz" nur so wimmelt. [Ich habe manchmal in einzelnen Kapiteln darauf hingewiesen und eckige Klammern gesetzt.] Bedenkenswert ist doch zum Beispiel, daß man beim Manne vom "Hosenstall" spricht (was mag da wohl für ein Ferkel drin sein?!), und im Englischen von **fly**, was eigentlich ja "Fliege" bedeutet...
Übrigens, auf das MOTTO zu Beginn des Kapitels weise ich besonders hin: Das Wort gliedern ist entstanden, weil das Glied als Maß dient. Hoffentlich hat der Sexuologe das nicht so genau gewußt, sonst hätte er nur von sich, und nicht auch von den anderen Wissenschaftlern gesprochen!

Es soll hier auch nicht um den Jargon der Schwulen gehen: O, diese Tuckerei der Tunten! Empfindlich verwechseln sie mit empfindsam, sie klatschen und schnattern nur oberflächlich herum. Typen und Tussen können so was nicht ab...

---

[149] Raffauf 91
[150] Moll 153
[151] Moll 154

> *Die Sprache hat bei vielen auch etwas eigentümlich Pathetisches und Geziertes. Besonders, wenn die Urninge von geistigen Getränken stark angeheitert sind, pflegen sie sehr leicht in den Fistelton zu verfallen. Auch bei ihren Kaffeekränzchen sprechen sie mit Vorliebe in Fistelstimme. Mitunter zeigen Urninge zwar, daß die Stimme als solche die männliche Tiefe besitzt, aber sie ist auffallend leise.* [152]

Und überhaupt, Kaffeekränzchen! Ein Betroffener, der selbst nicht schwul ist, forscht unaufhörlich:

> *Bei einem solchen Kaffeeklatsch z.B. wird zunächst nur Kaffee getrunken; schon darin zeigt sich, wie die Leute sich in der Tat dem weiblichen Charakter nähern... Bei dem Fest saßen die Leute mit Hamburger Häubchen und selbst mit Schürzen bekleidet. Jeder nahm seine Handarbeit vor, der eine stickte, der andere strickte, der dritte machte eine Häkelarbeit und dergl. mehr. Den Gesprächsgegenstand bilden hierbei nicht etwa Dinge, wie sie unter Männern üblich sind, also politische, wissenschaftliche Fragen; vielmehr ist es der echte Klatsch, wie ihn die Weiber kennen; Liebesgeschichten, Eifersuchtsszenen usw. Die Leute selbst werden hierbei zutraulich zueinander, es kommt zu verliebten Berührungen usw.* [153]

Beachten Sie bitte das vielsagende „usw."!

Eisrieken interessiert das jedenfalls nicht. Was das ist? Das Wörterbuch gibt umfassend Klärung: *volksm. für keusche, asexuelle Frau.*[154] Wiewohl ich zu bedenken gebe, daß eine Asexuelle eher aus dem Feenreiche der sexuellen Sagen und Märchen stammt und wohl dem Geschlecht der Nixen angehört, doch die leben nicht im Eise. Dieses Zauberwort ‚Eisrieke' hatte ich bis dato gar nie gehört.

---

[152] Moll 175
[153] Moll 192-193
[154] Wörterbuch 83

Coming out and going public
Zwei sich streichelnde Griechen auf einem Lotterbett
(nach einem rotfigurigen Vasenbild um 490 v. Chr. zu Bologna)

2.4 Coming out and going public

Wir sind selbst durch die USA geprägt, meint ein Sexualforscher und schüttelt traurig sein europäisch gebildet' Haupt, *nach wie vor kommen viele Anregungen, theoretische und praktische Ansätze zur Veränderung aus den USA - so auch, was Sexualität angeht.*[155]
Nun ist ja bekannt, daß Prüderie und Puritanismus eigentlich nicht in den USA erfunden wurden, der Viktorianismus gleich gar nicht, und daß viele amerikanische Fachausdrücke genau so gut in England entstanden sein könnten und wohl auch entstanden sind.
Nicht nur Soziologen und Psychologen reden viel lieber in welschem, angelsächsischem Geschwafel als auf Deutsch, wo man klarer denken müßte; auch Sexforscher haben sich dieser Unsitte befleißigt. Uferlos mißbrauchen sie das Englische für Spezialfragen und Randgruppen. Man kann sogar von einem typisch geschäftsmäßigen Schwulen-Jargon sprechen, den die Herren und Damen Fachleute ebenso begeistert wie gedankenlos nachplappern, denn die eigentliche Bedeutung solcher englischen Vokabeln ist ihnen nicht bekannt, ihre Herkunft spielt ohnehin kaum eine Rolle. Es handelt sich also um Schmockerei und Wichtigtun. Die Herren und Damen lieben ihre Sprachdummheiten beinahe so abgöttisch wie ihre weißen Kittel. Wenn man solche Wörter nun auch noch regermanisiert, kann man fast sicher sein, daß alle, alle sie benutzen, wir Laien inbegriffen.
Ein solch' schönes Wort ist **coming out** statt homosexueller Bewußtseinswerdung.[156] Das klingt modisch, *und sie reden über coming out, als wär's vorbei*[157]
Es bezeichnet aber ursprünglich eine Tanzveranstaltung, mit der junge Amerikanerinnen der 'upper class' in das Gesellschaftsleben eingeführt werden und hat mit Schwulen nix zu tun. Und so sprechen dann die Deutschen in Unkenntnis der Zusammenhänge von ihrem 'outing' und sogar davon, daß sie sich 'outen' müssen.
Natürlich gibt es auch 'insider' im Gegensatz zu den 'outsidern', die so was wissen, und die vielen Trends, die man 'trendy' als 'ins' und 'outs' benamst; aber auch die 'outcasts', die 'hippies', den 'softy'. Den 'macho' - der amerikanische Fremdenhaß auf die Latinos / Mexikanos scheint hier durch - den 'sissy-boy' d.h. ein Weichei im Kindesalter. All das sind geschlechtliche Rollen. Man spricht von 'Playboy' und 'Playgirl', deutsch etwa Lustdirne

---

[155] Wenn ich nicht 320
[156] Sogar als Buchtitel: Siems, Martin. Coming out. Hilfen zur homosexuellen Emanzipation. Reinbek 1980
[157] Lesben 201

und Buhlknabe, es sind auch Titel zweier einschlägiger Magazine, die uns noch anderweitig beschäftigen.
Für ideologische Betonköpfe erinnert das Treiben dieser 'playboys' freilich an *die hem-mungslose Üppigkeit der spätrömischen Gesellschaft und ist eine typische Verfallserscheinung der kapitalistischen Gesellschaft.*[158] Und vollends empört sich das Wörterbuch:

> *Playboy, wörtlich Spieljunge, d.h. ein Junge zum Spielen, ein junger Mann, der auf Gesellschaften oder „Partys" herumgereicht wird. Reichtum und Müßiggang sind seine hervorstechendsten Merkmale; dazu kommt, daß er leichtherzig und verantwortungslos und nur auf Vergnügen eingestellt ist. In den Ver. Staaten von Amerika erscheint eine Zeitschrift „Playboy", die seitenlange Berichte aus Playboy-Clubs bringt, in denen spärlich bekleidete, gut gewachsene Mädchen (Playmates) bedienen. Das Treiben in diesen verschwenderisch ausgestatteten Häusern erinnert mit seinen Bädern und Gelagen an die Hemmungslosigkeit der Spätantike.*[159]

Und das JUGENDLEXIKON warnt:

> *Ein PLAYBOY (engl. sprich pleeboi) ist ein wohlhabender oder von reichen Frauen ausgehaltener Nichtstuer. Sein Lebensinhalt sind Amüsements und sexuelle Abenteuer. Er ist ein Geschöpf kapitalistischer Unkultur.*[160]

Generell sind wir ja alle ‚oversexed but underfucked'.[161] Darum lieben wir unsere ‚lovetoys'[162] mehr als unsere Partner. Man spricht von 'scene' (gesprochen sziehn), vom 'safe sex' oder besser, gesteigert 'safer sex' in derselben; der Gegensatz dazu ist 'unsafer sex'; man träumt von der 'gay liberation' statt einer Schwulenbewegung, auch schick und flott gekürzt zu 'gay lib'. Man möchte mit und ohne 'petting', mit und ohne 'carezza', *die manchesmal Zugassant genannt wird*,[163] möglichst oft den 'point of no return'[164] erleben, welchen wir Höhepunkt nennen, und keinesfalls bloß 'brain sex' üben oder eine 'midlife crisis' haben. Bereitwillig üben wir das

---

[158] Dietz 220
[159] Wörterbuch 264
[160] Jugendlexikon 171
[161] Öko-Test,16
[162] Öko-Test, 27
[163] Chesser 117
[164] Westheimer 309 schreibt „*der 'Punkt ohne Rückkehr', der auch Augenblick der Unvermeidlichkeit heißt*"

'squeeze' und die 'stop-and-go-Technik' nach dem neuesten PLISSIT-Modell, das sich aufdröselt in P **permission** LI **limited information**, SS **specific suggestion** und IT **intensive therapy**, so doch tatsächlich in einem Wälzer der ehemaligen DDR! [165] Und das auch noch vor der Wende! Es ist gar grausig...
Im sogenannten 'genderlect', eine Verklebung von 'gender' „Geschlecht" und 'dialect' „Mundart", gelten wir als 'straight', zumindest oder wenigstens die breite Mehrheit, distanzieren uns von den 'guys' und 'gays' oder gar 'bad boys' (d.h. den Schwulen), wollen auch nicht 'queer' sein, und schon gar nicht *sog. motss (= Members Of The Same Sex*[166] im Internet-Gaga-Sprech), lieben weder 'cross-dressing' (Travestie), verzichten auf 'brown showers' (Fäkalkult) oder sogar auf 'golden showers' (Urinkult)[167], haben darum auch nicht das 'gay-bowel-syndrom' (siehe Lexikon) und kennen keine *sogenannten Charity fucks, Kopulationen aus Gründen der Karitas* [sic !!] [168]. Vom 'fist fuck' ganz zu schweigen: der steht noch nicht einmal im Lexikon für Humansexuologie, und da gehört der doch wohl hin!
Da schreibt allen Ernstes eine Anthologie:

> *...doch ist der Begriff „gay" wohl doch mit „schwul" zu übersetzen. Die Begriffe „gay" und „lesbian" werden im Amerikanischen als Gegensatzpaar benutzt, wenn auch der Begriff „gay" nicht in der Eindeutigkeit für männliche Homosexualität steht wie der Begriff „schwul" im Deutschen. Diese – manchmal vorkommende – Ausweitung unseres Begriffes „schwul" auf Lesben ist in der Folge zu beachten.*[169]

Ein dreifach Hoch der *Sexyness*![170]
„Yes, yes", stöhnen unsere amerikanisierten Humansexuologen (vermutlich sagen sie aber well!), „das ist noch nicht so going public English. These terms are greatly overused in ordinary language" - Nun übersetzt mal schön, ihr lieben Fachleute.
That's hardware, rather hardcore, isn't it?

---

[165] Starke 333/4
[166] Westheimer 278
[167] Eskapa 243, 309, 312
[168] so: DER SPIEGEL 20 (1990), 265
[169] Christopher Street: Geteiltes Haus. A. d. Amerikan. v. Heinz Vrchota u. Herbert Neumaier. (München 1989), 7 (Knaur TB 2072.)
[170] Öko-Test, 69

[171])

2.5 Völkerkunde

> Motto:
> Es hat eben, wie Schopenhauer richtig erklärt, vieles im Menschen nebeneinander Platz.
> *Bloch, 800*

Man ist es ja gewohnt und hat es schon immer gewußt: Schlimm und verkommen sind nur die anderen, Nachbarvölker und Andersgläubige – doch nicht etwa wir!
Und so schöpfen wir aus dem reichen Born der Geschichte noch ein paar Schluck Jauche. Keine Sorge, für eine umfassende Sammlung ist meine Zeit und der Ort hier dafür viel zu knapp.
Mit Liebe und Feuereifer schob man unbequemen Nachbarn und Glaubensgruppen sexuelle Abartigkeiten in die Schuhe, und das geht schon zurück bis in die tiefste Steinzeit.
Im Alten Testament soll man nicht 'so' sein wie die Ägypter, Moabiter, Ammoniter, Edomiter, Sidoniter, von den abscheulichen Sodomiten ganz zu

---

[171] Ich hab' geträumt, S. 59

schweigen! Denn die waren nun wirklich und bekanntermaßen ausgesprochen 'so'.[172]

Die Griechen sprachen von „**asiatischer Liebe**", die Römer vom „**griechischen Laster**" oder auch **amor Graecorum** und meinten beide das Gleiche. Und wer's genauer wissen will, schaue bei MOLL nach.[173]

Im Mittelalter sprach man voller Abscheu über **Katharoi** „die Reinen", einer Sekte aus Südfrankreich, die zu dem Wort 'Ketzer' verschandelt wurden, denen man indessen solcherlei Ausschweifungen nachsagte.

Man warnte auch vor den Templern mit dem grauslich-lüsternen Ruf: „*Hütet euch vor den Küssen der Templer!*"[174] Man beschreibt es so:

> *Gemelter orden der templier ist wegen ihrer groben sünden unndt sodomey, die sie geübet, außgetilget worden, wie man dann noch auf frantzösisch im sprichwort saget: Il boit comme ung templier, daß ist: Er trincket wie ein templier.* [175]

Den Bogumilen, altslavisch „Gottesfreunde", sagte man ganz platt einfach Homosexualität nach, und weil sie vorwiegend in Bulgarien heimisch waren, nannte man sie **Bulgari** und mischte diese Bezeichnung mit anderen Sprachbrocken: Italienisch **bugiarone, buzzerone**; spanisch **bujarrón**, französisch **boulgre** oder **bougre**. Ihr Treiben wird als **bougerie** bezeichnet[176], englisch **bugger**, deutsch der Reformationszeit **busseron** (mit den dt. Wörtern Busen oder busseln zusammengebracht), **busseront, pulscheren** (mit lateinisch **pulcher** „schön" vermengt). All das sind theologisch bedingte Bezeichnungen für Schwule.

Noch um 1880 kommt die Formulierung **bulgarische Zwecke** vor, denen chinesische Knaben ausgesetzt waren.[177] Und zu Beginn des 20. Jahrhunderts werden die Wörter **Busserent** und **buserieren** in unanständigen Wirtinnenversen in eben diesem Sinne gebraucht.[178] Auch im Balkan kommt dieses Wort in versauten Volksliedern vor:

> *Der buzerierte Dukan jammert im Bache,*
> *die buzerierte Mutter ruft von dem Dache:*
> *Buzerierter Duka, was plagt dich für Leid?*

---

[172] 1. Könige 11,1
[173] Moll 42 - 143
[174] Bavemann, Wilhelm. Geschichte des Ausgangs des Tempelherrenordens. Stuttgart, Tübingen 1846, 311
[175] Platter, Thomas d. J. Beschreibung der Reisen durch Frankreich... T 2. Basel,Stuttgart 1968, 577
[176] Reliquet 318 „ein Amalgam, das die Ketzerei mit der „Sodomie" verschmilzt
[177] Moll 104
[178] Sanitätsgefreiter Neumann und andere ergötzlich unanständige Verse. München (1972), 24+65 (Exquisit-Bücher Heyne, 58.)

Der Indian (d.h. Penis) ist weich, doch mein Anus nicht weit. [179]

Manche leiten dieses Laster lieber von fremden Völkern her. In diesem Sinne zitiere ich auch gerne das spanische **puto** und **putito** für Hurenbock und -böckchen, sowie **chingon** und **chingito**, beinahe ein zärtlicher Ausdruck für aliquem per anum uti. Daneben gibt es die **niños de mi tamaño**. [180]

Im 12. Jahrhundert sprach man in England von Homosexualität als „**normannischer Krankheit**", d.h. aus der nordfranzöischen Normandie stammend. [181]

Um 1520 n. Chr. benennt man Homosexualität und ihren Tatendrang in Frankreich und Deutschland nach der Stadt Florenz: **florenzen**, ein **Florenzer** (d.i. ein Florentiner, der 'so' ist).

Noch 1964 taucht im Lexikon ein „florentinischer Kuß" auf, der *durch raffiniertes Zungenspiel Wollust erzeugt.*[182] - und das nicht nur unter Schwulen, immerhin.

Oder man spricht allgemein von der „**Walenketzerey**", eigtl. „Schwulsein" der „welschen" Fremden (vgl. Walnuß, ursprüngl. Welschnuß „ausländische" Nuß). Das Wort **Walsche** kennen auch die Zigeuner, nur daß es bei ihnen interessanterweise „Syphilitiker" bedeutet (s.u.).

In England um 1740 n. Chr. spricht man von den **men of Italien taste**. Das mag auf die Formulierung der Elisabeth Charlotte bezogen sein, die diese Sitte um 1700 **italienische Laster** nennt.

In Frankreich um 1900 n.Chr. redet man von **le vice allemand**, dem 'deutschen Laster', wozu ein teutscher Sexuologe schreibt:

> *Den Deutschen vindizieren die Franzosen eine besondere Neigung zur Homosexualität („le vice allemand"), doch lassen sich hierfür keine ausreichenden Gründe anführen, der Deutsche ist Kosmopolit auch in der Psychopathia sexualis.*[183]

Was wir mit einem kräftig germanischen „Jawoll!" bestätigen möchten.
Aber schauen wir neugierig und aufmerksam zu den **Gegen** in Albanien, von denen Wundersames zu berichten wäre:

---

[179] Stern 218
[180] Moll 106-107
[181] Riquet 315
[182] Dietz 174
[183] Bloch 521

Hier ist die Knabenliebhaberei unter den unverheirateten Männern eine nationale Leidenschaft. Wie anderswo um die Hund von lieblichen Mädchen, so buhlt man hier um Knabengunst, und nicht selten gibt es zwischen Männern Mord und Totschlag wegen Nebenbuhlerschaft um einen Buben. Das Laster ist sowohl bei den Christen als bei den Moslems im Gebiete der Gegen verbreitet. Zu bemerken ist jedoch, daß es bloß bei unverheirateten Männern anzutreffen ist, und daß diese Unnatürlichkeit mit dem Augenblick der Verheiratung gewöhnlich ihren Abschluß findet. [184]

2.6 Volkskunde, die Kunde des schwul-lesbischen Volkes

Motto:
Man wird homosexuell, um einsam bleiben zu können. *Rattner, 130*

Manche Schwule können nicht erkannt werden, weil sie sich den Bart abrasieren. Manche stylen sich und ihre Umgebung in weiblich häuslicher Einrichtung. Manche neigen zum Tanz oder zu Handarbeiten. Manche zeigen in der Handschrift weibische Züge (die meisten jedoch nicht!), manche rauchen nicht viel oder überhaupt nicht. Manche können nicht pfeifen (das war eines der wichtigsten Erkennungsmerkmale des vorvorigen Jahrhunderts!), manche haben auch einfach nur miese Charakterzüge:

*Zu den bemerkenswertesten Charakterzügen der Urninge gehört ihre Schwatzhaftigkeit, Launenhaftigkeit und Neigung zum **Lügen**. Es ist nicht leicht, auf dem Gebiete des Uranismus zuverlässige Forschungen anzu-stellen, weil von den Leuten zu viel gelogen wird.* [185]

Sagt da ein Betroffener:

Glauben sie mir, die hysterischsten und verlogensten Wieber, die es gibt, treffen Sie unter uns Urningen an; denn

---

[184] Stern 218-219
[185] Moll 177

> *Weiber sind wir ja, das leugnen wir nicht. Woher diese Sucht zum Lügen kommt, bleibe unentschieden; vielleicht ist die Ursache der Umstand, daß die Urninge ihr ganzes Leben gezwungen sind, eine große Lüge der Welt gegenüber anzuwenden; denn nur wenigen vertrauen sie ihr Geheimnis an. Selbst wenn sie untereinander sind, pflegen viele Homosexuelle den anderen über ihren Geschlechtstrieb keine Aufklärung zu geben.[186]*

Manche sind auch nur eitel:

> *Die Eitelkeit der Urninge ist mitunter unbegreiflich... Alle jene häßlichen Charaktereigenschaften, die wir bei eitlen Weibern beobachten, finden wir bei dem Urning, der uns so sehr an das eitle Weib erinnert.[187]*

Manche haben – o jemineh! – einen normalen geschlechtlichen Ablauf:

> *An sich ist die Erektion zur Vollendung des Aktes beim Urning nicht so vollständig nötig, wie beim normalen Koitus... Natürlich geht aber unabhängig hiervon, d.h. ohne daß sie einen bestimmten Zweck hat [sic!], die Erektion der Ejakulation beim Homosexuellen voraus, da die peripherischen physiologischen Vorgänge dieselben sind, wie beim normalen Mann.[188]*

Das muß man sich mal vorstellen: wie beim normalen Mann!!
Manche teilen ihre Gelüste mit anderen Personen:

> *So kann zum Beispiel ein heterosexueller Mann Analverkehr mit einer Frau haben – aus Gründen der Empfängnisverhütung, um ihre Jungfräulichkeit zu schützen, aus Neugier, aus Spaß oder warum auch immer. Manche Männer haben Analverkehr mit anderen Männern und betrachten sich trotzdem nicht als schwul oder bisexuell, weil sie sich eigentlich stärker von Frauen angezogen fühlen.[189]*

---

[186] Moll 178
[187] Moll 179
[188] Moll 231-232
[189] Johnson, 30

Manche stehen auf Küsse, doch da beruhigt der Fachmann:

> *Hingegen scheint es mir nicht richtig, diejenigen Fälle als krankhaft zu bezeichnen, in denen jemand ein besonderes Vergnügen darin findet, den einen oder anderen Körperteil zu küssen, zu berühren oder zu betrachten; vielleicht gehören hier einige Fälle schon in das Gebiet des Abnormen, ohne aber krankhaft zu sein. Würden wir solche Fälle ohne weiteres als pathologisch betrachten, so liegt die Gefahr nahe, die Grenze von Gesundheit und Krankheit ganz zu verwischen, da natürlich der Geschmack einzelner Männer verschieden ist.* [190]

Manche erliegen in der Eifersucht:

> *Es kommt vielmehr darauf an, einen neuen Umgang mit ungewohnten, beängstigenden Gefühlen zu finden. Dieser Mann war keineswegs homosexuell, aber er hatte Angst davor, ohne es zu wissen. (Ich halte es für wahrscheinlich, daß bei der unter Homosexuellen besonders häufigen und quälenden Eifersucht die Bedrohung durch Heterosexualität, mit der sie ja überhaupt leben müssen, eine ähnliche Rolle spielt).* [191]

Manche schwelgen in absonderlichen Phantasien:

> *Ein Urning und eine Urningin müßten nach Ansicht des X. trefflich zusammenpassen und sich in der Ehe vertragen. Das Warum sei ja klar. (Ich möchte diese Behauptung doch nicht gänzlich für richtig halten).* [192]

Manche haben einen außergewöhnlichen Geschmack:

> *Er sagte mir, es sei doch etwas Eigentümliches, um was ich ihn bäte; er würde jedoch gern meinen Wunsch erfüllen, wenn er mir dadurch helfen könnte. Ich gestand ihm dann etwas später, daß er mir nur dann nützen würde, wenn er mir in os meum urinam immitteret. Er erklärte, er wolle es versuchen, er glaube jedoch nicht, daß er es könne; denn er würde wohl dabei Erektion und Ejakulation*

---

[190] Moll 269
[191] Baumgart 339
[192] Moll 275

haben. Ich dachte, um so besser; denn das war es ja, was ich wollte, und ich bat ihn, es zu probieren... Das machte er auch ich wurde aber nur noch mehr erregt. Ich sank ihm zu Füßen, <u>aperui eius bracas atque eius mentulam in os meum suscepi. Eiaculatione facta semen viri devoravi.</u> [193]

Fazit eines Betroffenen:

> *Ein Urning besitzt die schlechten Eigenschaften beider Geschlechter und auch nicht **eine** gute von beiden; er ist so sinnlich und egoistisch, wie der Mann, und so eitel, so oberflächlich, so gefallsüchtig, so voll Intrigue, Klatschsucht, Hinterlist, Falschheit, Feigheit wie das Weib. Er besitzt aber weder den Charakter, das zielbewußte Wollen des einen, noch die Entsagung, die selbstlose Liebe des anderen. Der Urning ist, was seinen Charakter betrifft, eine geistige Mißgeburt; ich nehme mich selbst nicht aus.* [194]

Hier tröstet der Fachmann:

> *Natürlich würde die Annahme durchaus verfehlt sein, daß alle Urninge viele weibliche Eigenschaften zeigen. Im Gegenteil, es gibt „echte" Urninge, die in jeder Weise, abgesehen von ihrem Geschlechtstriebe, Männer sind; sie neigen nicht zu weiblicher Kleidung oder Beschäftigung, sie zeigen ausgesprochen männliche Eigenschaften, sie lieben das Turnen, Reiten, Sport und dergleichen mehr.* [195]

Und dann das noch:

> *Es giebt auch Urninge, die recht viel mit Weibern verkehren* <gemeint: gesellig, nicht sexuell>, *obgleich sie sich sexuell ausschließlich zum Manne hingezogen fühlen.* [196]

Merke:

> *Den Koitus übt der Urning so aus, daß er entweder zufällige Erektionen dazu benutzt, oder, um Erektion zu*

---

[193] Moll 291 für die Nichtlateiner:... *er solle mir Urin in meinen Mund schicken... ich öffnete ihm seine Hose und nahm seinen Schwanz in meinen Mund. Nachdem die Ejakulation geschehen war, verschluckte ich den Samen des Mannes...*
[194] Moll 180
[195] Moll 181
[196] Moll 187 + Anm. 1

> *erzielen, sich einen Mann vorstellt und dadurch Eiaculationem seminis in vaginam erreicht...* [197]

Und zum Schluß die Aussage eines Befragten:

> *Von den sonstigen Eigentümlichkeiten des X. erwähne ich noch die, daß er verhältnismäßig objektiv ist, die Homosexualität für eine krankhafte Erscheinung hält, aber doch deren Vorkommen sehr übertreibt und sie besonders bei Männern annimmt, die ihm durch ihren Beruf nahe stehen und infolge-dessen sehr freundlich zu ihm sind. Er hat sich dabei, wie er selbst angiebt, schon oft getäuscht, ist aber doch noch immer geneigt, heterosexuelle Männer, die in der Öffentlichkeit wohlbekannt sind, für Urninge zu halten.* [198]

Und ganz zum Schluß ein Loblied auf die Lektüre, und das in wilhelminischer Kaiserzeit:

> *Es scheint also, als ob die wissenschaftlichen Werke darüber* (gemeint: Homosexualität) *aufklärend gewirkt hätten: denn man beurteilt hier die Sache ziemlich milde. Nur der ungebildete Mittelstand, der nichts liest und daher konservativ bleibt, urteilt noch hart. Es ist eigentümlich, daß der normale Philister den Urning geradezu nicht bloß verachtet, sondern noch mehr haßt. Der Philister wird sein Mitleid eher einem Mörder als einem Urning schenken.* [199]

Merke:

> *Die größten Feinde der Urninge sind wohl die Lehrer, besonders die Gymnasiallehrer, die ja bekanntlich ewig die sittliche Weltordnung retten zu müssen glauben.* [200]

Na ja, nicht immer, denn es gibt auch einsichtige Lehrer wie DR. BAHRDT:

> *Es scheint übrigens derartige Epidemien* (gemeint: gegenseitige Onanie) *in Schulen zu allen Zeiten gegeben zu haben. Dr. Bahrdt, der kurz vor Ausbruch des siebenjährigen Krieges (d.h. um 1752 n. Chr.) nach Schulpforta kam und dort zwei Jahre blieb, teilt mit, daß die gesamte*

---

[197] Moll 188 „die Ejakulation des Samens in die Vagina"
[198] Moll 230-231; Hervorhebung von mir
[199] Moll 275-276
[200] Moll 276

> *Knabenwelt dieser Fürstenschule bis auf ihn und etwa drei andere von dem griechischen Laster geschändet gewesen sei.* [201]

Oder wie den toleranten DR. GOLDSCHMIDT, der in Pensionen gerade das Zusammenschlafen von Knaben propagiert:

> *L'homme ne doit jamais être seul. La solitude appelle plus des vices que la sociabilité. Il faut coucher les élèves deux à deux. Ich glaube aber nicht, daß diese letztere Meinung heute allzuviel Beifall finden wird.* [202]

Und zur Beruhigung der Gemüter ein abschließendes Statement:

> *Die ältere Ansicht, daß die Homosexualität ein Kulturprodukt sei, kann als völlig widerlegt gelten. Denn sie findet sich zu allen Zeiten, bei allen Völkern und unter allen Kulturverhältnissen. Gerade bei den Naturvölkern ohne nennenswerte Kulturentwicklung tritt sie um so mehr in Erscheinung, als sie sich dort nicht, wie etwa im christlich-europäischen Sittenrayon, zu verstecken genötigt ist... Beim Menschen, als einem exquisit sozialem Tiere, müssen so gut wie bei Ameisen oder Bienen, Anziehungskräfte auch zwischen Geschlechtsgleichen bestehen.* [203]

Ein tröstliches Sprichwort findet sich bei den Südslaven:

> *Kurtschewanje / slagje neg jebanje.*
> *„Das gegenseitige Penisstreicheln ist süßer als Coitus"* [204]

---

[201] Moll 375
[202] Moll 451 „Der Mensch darf nie allein sein. Die Einsamkeit ruft mehr Laster hervor als die Geselligkeit. Man muß die Schüler zwei zu zwei schlafen lassen."
[203] Wille 124-125
[204] Stern 239

3. Bilder sagen mehr als viele Worte

> Motto:
> Selbst Bilder nackter Männer richten sich
> meistens an Schwule... *Westheimer, 280*

Bilder sagen mehr als viele Worte, vor allem über die Haltung und Einstellung zum Körper des Mannes, speziell zu seinem Sexapparat. Schon in normalen Fernsehsendungen

> *überwiegt bei Männern, anders als bei Frauen, die Abbildung von Gesichtern, im Gegensatz zur Abbildung des ganzen Körpers... sie sind in der Mehrzahl älter als die dargestellten Frauen und werden seltener als diese nackt oder nur spärlich bekleidet gezeigt. Sie lächeln seltener als Frauen, wirken emotional kontrolliert, unabhängig und stark.*[205]

Hier herrscht strikt das Gesetz der Pimmelverweigerung. Da ja nun jeder, offensichtlich wirklich jeder Mann, sei er Sexualwissenschaftler oder Zeichner, vor seinem Pimmel erst mal gehörig zurückschreckt, ihn im Spiegel lieber gar nicht betrachtet oder vielleicht sogar in Aktion! oder gar im Stadium der Freude! derothalben sind die zeichnerischen Wiedergaben dieser wesentlichen Organe des Mannes sämtlich so hilflos.
Was sich der Illustrator in einem Aufklärungsbuch(!) bei seinem Bild 8 gedacht hat[206], bleibt uns ein Geheimnis: Das Ganze läßt an verwurstelte Spaghetti denken, mit der Beilage Lange Wiener und dem obligaten Klecks Senf oben drauf - aber es ist ja nur ein „*Schema, von der Seite halblinks betrachtet*".
Noch so ein Schemen, ein schematisches, dieses Mal von vorn, zeigt eine andere Illustration[207]. Hier deuten doch schon wenigstens Konturen an, worum es sich bei den 'herzigen' Gebilden geht - sie sind tatsächlich herzförmig gezeichnet - und wie es da drinnen und da draußen so ungefähr aussieht. Zufriedenstellend ist das nicht.
So zeichnen und stricheln verklemmte Grafiker - sicherlich nach Anweisung der noch verklemmteren Sexforscher - eifrig schon am nächsten Bildchen: Es sieht aus wie eine technische Zeichnung einer umgekippten Lancett-Rakete kurz vor dem Abschuß mit Treibstofftanks, Brennkammer, Steuer-

---

[205] Zurstiege 24+27
[206] Bretschneider, Abb. 8
[207] Dietz, Klaus, Abb 52

elementen und der Kapsel oben rechts, gibt aber - o Schreck! - den „*Längsdurchschnitt einer männlichen Harnröhre*" wieder[208]. Die Farbgestaltung bestärkte meine ursprüngliche Raketentheorie: roter Schwellkörper, weiße Drüsen auf hellblauem Untergrund, und außerdem gibt es die verräterischen Strömungsvibrationen auf der linken Bildhälfte.
Und es ist tatsächlich so:

> *Anatomische Abbildungen erläuterten das Eindringen im Einzelnen. Genitalingenieure erklärten den Winkel, das Kraftmoment, die Schmierung, die Häufigkeit, Spielarten der Stimulation und die Natur der Nervenenden. Wer das alles beherrscht, der kann Orgasmen haben - multiple, wenn nicht gleichzeitige.*[209]

Und tatsächlich: die technische Entwicklung geht an der Erektionsentstehung nicht vorbei. Da läßt der Gynäkologe Fritz KAHN eine Grafik entwerfen, die diesen männlichsten aller Vorgänge in technischer Detailtreue schildert:

---

[208] desgl. Abb. 54
[209] Kenn 29

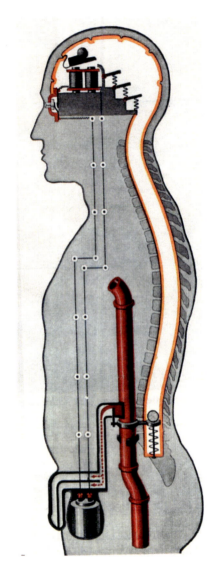

Nach DER SPIEGEL 3 (2010), 101

Wem das zu elektrotechnisch, strömungsphysikalisch und zu windschlüpfrig vorkommt, betrachte *„Die männlichen Geschlechtsorgane des Menschen"*[210]. Hier sind einmal zunächst Sack samt Hoden weggelassen - bestimmt störten sie bei der Betrachtung...
Übrig bleibt eine Kreuzung zwischen schmächtig geschlitzter und entkernter Gurke mit einer überdimensionierten Spitzmorchel, beides tatsächlich Knollengewächse mit Anhängseln aus irgendwelchem Gebein entsprossen. Auch bei eingehender Versenkung in dieses Bild ist nicht erkennbar, welcher Blickwinkel auf dieses tropisch wuchernde Gebilde gemeint ist: Von unten schräg nach oben? Frontal nach links gewendet? In Auf- und Durchsicht zugleich?
Und weil „dieses Bildnis so bezaubernd schön ist" und vor allem über die männlichen Sexualorgane so viel aussagt, wird es tapfer abgekupfert[211]. Dort wurde jedoch nicht auf DIETZ / HESSE Bezug genommen, sondern ist *„nach Sommer 1980, S. 362"* gezeichnet; also ward es zweimal abgekupfert. Zugegeben: die Grauschummerung ist etwas besser gelungen und das Gebein, aus dem das Ganze wuchert, deutlich weniger hektische gestrichelt.
Und weil man mit solchen Organen ja auch etwas anfangen kann - und sollte, denn dazu sind sie ja da, meinen die Sexforscher - wird die sogenannte „Missionsstellung" dieses Organs mit seinem weiblichen Pendant gezeigt, mal in Foto (Kenrspintomogramm)[212], mal mit dem Zeichenstift. Das ist seit LEONARDO DA VINCI's Zeiten immer wieder eine Herausforderung an die Zeichner.
Zugegeben: LEONARDO konnte zeichnen. Sein Mann hat wenigstens ein Gesicht, Haare und ein vollständiges Bein, seine Partnerin hat wenigstens eine Brust und realistische Falten am Bauch, ihr Gesicht fehlt aus Platzgründen wegen der beigeschriebenen, umfangreichen Erklärungen[213].
Hätte man bloß nur den LEONARDO genommen!
Aber nein, aber nein, alles muß man selber machen!
So sieht der *„Längsschnitt (nach SCHILD)"*[214] im DIETZ aber auch aus! Ein Tampon oder Dildo (vielleicht auch ein Zäpfchen, völlig glatt und eichellos) wird mittels Einsteckvorrichtung platziert. Die Zeichnung hat als neckisches Detail (einziges Zugeständnis des Grafikers an die beobachtete Realität) starken Fusselbewuchs am Sack. Hier hat der Zeichner endlich einmal bei sich selber nachgeschaut. Was aber, bei aller Contenance - meine Damen, bitte hören Sie mal kurz weg! - ganz und gar unrealistisch erscheint, sind die beiden weit auseinanderklaffenden After - <u>ausgerechnet</u> in <u>dieser</u> Situation! Zahlreiche Selbstversuche sprechen eindeutig dagegen!

---

[210] Dietz, Abb 41
[211] Starke, Abb. 3.5
[212] DER SPIEGEL 1 (2000),149, entstanden mit „potenterem" Spintograph + Viagra !
[213] vgl. Haeberle 509
[214] Dietz, Abb 42

Sogar Fusseln am Sack schienen einem prüden Sexforscher noch zu realistisch: denn in der Umzeichnung bei STARKE sind sie vorsorglich wegradiert.[215]
Man mag sich immerhin mit dem Männerakt von ALBRECHT DÜRER (Selbstbildnis) trösten. Denn an Männerakten ist eines bedeutsam und äußerst bemerkenswert: sie sind selten wie die weißen Raben im Vergleich zu den unzählbaren Frauenakten in der europäischen Kunstgeschichte.[216] Auch hier liegen die Gründe dafür tiefer als die Kunstgeschichte vermutet, die darob eingehend geforscht hat. Ich persönlich vermute: etwa zwei Handbreit unterhalb des Bauchnabels. Auch hier heißt der Grund: Pimmelverweigerung.
Immer dort nämlich, wo es beim Männerakt 'interessant' wird, bauscht ein Tuch, oder Eichlaub sprießt, ein Zweiglein grünt, ein Schatten dunkelt, ein Höschen strammt, das Knie liegt dazwischen, die Hand davor, ein Muschelchen, ein Äpfelchen - 'da' ist nie etwas sichtbar! Und wo es doch sichtbar ist, pfui Teufel, wird es einfach weggemacht, so die Zeitungsmeldung von 1731:

> *Paris, den 2. Jun. Der Hertzog von Orleans hat befohlen, an den marmornen Bildern, so in denen Gärtens des Königl. Pallastes befindlich, diejenigen Oerter, welche die Ehrbarkeit und Schamhafftigkeit verborgen haben will, mit ausgehauenen Blättern zu bedecken, welche Ordres auch bereits vollzogen sind.* [Vossische Zeitung. Berlin 1731, Nr. 75][217]

Oder weggepinselt:

> *Rom, vom 3. Febr. Da sich in dem Quirinal eine ziemliche Anzahl Gemählde befinden, deren Anblick die Ehrbarkeit verletzet, so haben Se. Päbstl. Heiligkeit* <Clemens XIII.> *geschickte Mahlers kommen lassen, welche demselben abhelfen können, jedoch ohne den Werth des Werkes zu vermindern.* [Vossische Zeitung. Berlin 1759. Nr. 26][218]

Und wenn 'es' 'da' doch noch zu sehen ist, ist es niedlich klein und ungefährlich wie das Pimmelchen eines Säuglings. In andachtsvollen Marienbildern zeigt die Madonna mit spitzigen Fingern darauf oder krault es

---

[215] Starke, Abb. 3.6
[216] vgl. Walters, Margaret. Der männliche Akt. Ideal und Verdrängung in der europäischen Kunstgeschichte. Berlin 1979
[217] Buchner, Eberhard. Das Neueste von gestern. Bd. 2, 258, Nr. 544
[218] Buchner, Eberhard. Das Neueste von gestern. Bd. 3, 92, Nr. 134

sogar. Tatsächlich, solche Gemälde gibt es, man frage bei den Spezialisten für Renaissancemalerei nach. In originaler Größe - da sei die Perspektive vor! (DÜRER bildet wirklich die seltene Ausnahme).
Steif - um Himmels- und um Gottes Willen, bloß nicht! Angesteift - eigentlich noch schlimmer... Alte Säue, die so was malen oder gar fotografieren! Im unnachahmlichen Juristendeutsch liest sich das so:

> ...*drastische Darstellung der Männlichkeit in einem Zustand, der der Schwerkraft bereits zu trotzen beginnt... ist rechtlich nicht unproblematisch...*[219]

Man schaut halt nicht so gerne hin, was mann da hat, und wenn mann doch hinschaut, kann man's ja nicht richtig malen. Richtig, so nach der Natur, meine ich. Also malt man so was aus dem Kopf. Die Ergebnisse sind auch danach, in Sexbüchern wie in der Kunstgeschichte. Und in London

> *konnte man in eine Kunstgalerie gehen und die männlichen Genitalien in allen Einzelheiten bewundern (obgleich nie im Zustand freudiger Erregung - auch die männliche Aktdarstellung hat ihre Tabus). Doch der weibliche Körper durfte ausschließlich aus der Perspektiven des männlichen Blicks dargestellt werden...*[220]

Ja, selbst die Fotografie leidet darunter. Fotograf HENNING hat da eigene Erfahrungen gesammelt, denn er fotografierte angezogene(!) Männer bei einer Autoshow:

> *Schließlich tippt uns einer der Männer auf die Schulter (Typ: Motor, Muckis, Mieze) und dröhnt: 'Wenn du mich noch mal knipst, mach ich dir 'n Knoten in die Kamera, verstanden? Blödes, schwules Gehopse!' So einfach ist das.*[221]

Auf da Ansinnen gar, nackt geknipst zu werden, reagiert ein Boxer verstört:

> *...er brummte, diese ganze Geschichte habe ihn verschreckt, und er wolle sich - eigentlich, weißt du, doch nicht so ganz, irgendwie... wir könnten die Photos in ein,*

---

[219] DER SPIEGEL 22 (1997), 224 aus einem bayrischen Rechtsgutachten
[220] Grant, 276
[221] Frings 32

> *zwei Wochen ganz bestimmt machen, nur im Moment passe es wirklich nicht... von 'natürlicher Scham' war beispielsweise die Rede.*[222]

So sind wir um einige interessante Boxerfotos ärmer geworden. Auch die Werbung leidet unter dieser Verdrängung:

> *Solange keine Gewißheit darüber besteht, ob die Darstellung leicht oder gar nicht bekleideter Männer nur <u>schockt</u>, ggf. sogar Ablehnung hervorruft oder positive Aufmerksamkeitseffekte bewirkt, ist davon auszugehen, daß die eigentliche Bühne, auf der sich der männliche Körper den Blicken des Rezipienten zeigt, der Sport sein wird.*[223]

Selbst die Aktfotografie leidet unter dieser Verdrückung: Gute Akte gibt es eben nur von Frauen. Nicht von Mannsbildern! Basta! Und außerdem

> *nehmen alle [die] Frauen als das sozusagen 'von Natur aus' entkleidete und Männer als das bekleidete Geschlecht wahr.*[224]

Wer bei Männern 'da' hinschaut, und vielleicht sogar ungeniert, ist in der Minderzahl:
39 % der Briten, so das neueste Forschungsergebnis, *regen sich aus moralischen Gründen auf* [regen, nicht geilen!], *wenn männliche Anschauungsobjekte nackt und frontal zu sehen sind.*[225]
Objekte! Nicht etwa Menschen! Oder gar Männer! Oder schlimmer noch: Pimmel!!
Was für eine menschenverachtende Sprache Journalisten zuweilen hegen und pflegen.
Manche Journalistinnen dagegen scheuen weder Müh noch Schweiß, dennoch Einblicke und Anblicke zu erhaschen, alles bloß, um sich dann *wegen sexueller Belästigung und psychischer Gewalt* aufzuregen, wenn sie von der American Football-Mannschaft New England Patriots allzu Intimes gezeigt kriegen.
So strengte die Journalistin LISA OLSON einen Prozeß an, Geldbußen wurden verhängt, Beleidigungen wurden hin- und hergewechselt, die Boulevardpresse fuhr zu Hochtouren auf:

---

[222] desgl..7
[223] Zurstiege 188
[224] Fischer 27
[225] DER SPIEGEL 32 (1990), 167

*Lisa und die Irakische Armee haben eines gemeinsam:
Beide haben Patriots-Raketen von vorne gesehen...*[226]

Wer da nicht schon von Berufs wegen hinschaut, hat eine Schere im Kopf, es sei denn, er erregt sich überhaupt:
93 % der Frauen erregt der Anblick einer schönen Frau überhaupt nicht, 6 % erregt das sehr stark. Für Männer mit ihrer stets unterdrückten, unterschwellig drohenden Furcht vor dem Schwulsein gilt sogar noch mehr: 97 % der Männer erregt der Anblick eines schönen Mannes überhaupt nicht, 0 % sehr stark, tröstliche 1 % stark, immerhin, und 2 % etwas:
Hier ist die Schere im Kopf, sogar statistisch nachgewiesen![227]
Früher durfte mann das noch nicht einmal in der Natur überprüfen, denn laut eines Forschungsergebnisses im Reichsministerium ist *das Nacktbaden in der Vergangenheit zu fast 80% eine Angelegenheit von Marxisten, Kommunisten und Psychopathen (!) gewesen*[228] und die damals herrschende „völkische Tradition" gestattete es relativ spät das Nacktbaden von Personen gleichen Geschlechtes, und dann auch nur an nicht-öffentlichen Plätzen.
Merke dir also, wenn du ein normaler Hetero bist:

> *Die Männer, die sich vom Anblick eines schönen Mannes angeregt fühlen, haben meist homosexuelle Erfahrungen und sind homosexuell orientiert, was aber nicht bedeuten muß, daß **jeder** Homosexuelle sich durch den bloßen Anblick eines schönen Mannes* [N.B. es geht auch umgekehrt: „schöner Anblick eines bloßen Mannes" - wie verräterisch die deutsche Sprache doch manchmal ist!] *sexuell angeregt fühlt.*[229]

Aber so kann das auch nicht stimmen, denn schließlich gibt es ja auch etwas wie Ästhetik pur. Mit Pimmel und ohne.
Und um etwas Ästhetisches zu betrachten, und sei es auch einen nackten Männerkörper, muß man ja nicht gleich schwul sein.
Frage an jene Hetero-Böcke, die so was schreiben:
Möchten Sie etwa immer sofort mit der Mona Lisa bumsen, bloß weil Sie ihr Gemälde ästhetisch schön finden?
Denn **das** zu finden, gelingt sogar einem Schwulen auf Anhieb.
Hier schließt sich unser Kreis: Mona Lisa stammt von LEONARDO DA VINCI - und fehlt natürlich im Bilderteil des Lexikons.

---

[226] desgl. 22 (1991). 247
[227] Starke 226,Tab. 13.1
[228] Jellonek 81
[229] Starke 227

Ende der Erotik in der Kunst. (Außerdem - o Gott! - war LEONARDO selber schwul und ‚sowas' malt dann auch noch die Mona Lisa!).
Und wenn Ihr einen gemalten, geschnitzten oder getöpferten Pimmel seht, sagt ihm, ich laß ihn grüßen!
Selbst, wenn es in Jamaika wäre! Dort hat die Bildhauerin LAURA COOPER ein Denkmal geschaffen, das die Befreiung aus der Sklaverei in einem unabhängigen Jamaika feiern soll. Es sind die Bronzefiguren eines Negers und einer Negerin, über 2 m hoch und beide ‚gut bestückt' Busen wie Penis. Das ließ einen Kommentator in Jamaika nicht ruhen, die männliche Figur sei zu gut ausgestattet, beide seien zu nackt, die Skulpturen seien *„eine Vergewaltigung unserer Demokratie"*. Als die Künstlerin einwand, sie habe Models und Fotos zugrunde gelegt und im übrigen hänge[*]) *„der Penis im korrekten Verhältnis zur übrigen Figur"*, half es nichts. Es hagelte Proteste. Erst eine Pressemeldung gab wieder Ruhe und Frieden. Eine Mutter habe ihren beiden Töchtern die Plastiken so erklärt: *„Schaut euch die Frau mit den hohen Brüsten an und den Mann mit seinem noch schlaffen Penis, sie berühren sich nicht – DAS ist Emanzipation."* Und im übrigen gäbe es da noch die Zeile, die der jamaikanische Reggae-Sänger Bob Marley gedichtet habe: *„None but ourselves can free our mind"*.[230] In der Tat, niemand außer wir selbst können unser Innenleben befreien...
Sogar die Plattenhülle einschlägiger Pop-Musik von DAVID BOWIE unterliegt der Kontrolle.

---

[*]) im Text „stehe", er hängt aber – Gott sei's gedankt!
[230] DER SPIEGEL 36 (2003), 181, dort mit farbigem Bild!

Seine Platte „Time machine II" hatte auf dem originalem Cover ein Foto von 4 altgrie-chischen, nackten Marmormännern aus dem 6. Jahrhundert **vor** Chr. in ihrem Sortiment, wobei viermal der gleiche Nackte abgebildet ist. Sie wurde in den USA indiziert. Grund war die unverhüllte Männlichkeit, aus Marmor gemeißelt [N.B. in wenig schmeichelhaftem Mini!]. Es war übrigens nur eine einzige Figur, vierfach kopiert, aber das hat in der Hitze des Gefechtes kaum einer gemerkt.

Der Kompromißvorschlag der Plattenfirma, derlei Nuditäten mit einem um die Hülle gelegten Papierstreifen zu verdecken, konnte die Behörde nicht umstimmen. Nun werden die Genitalien einzeln übermalt. BOWIE erinnert sich an die Inquisition, sein Manager denkt ans Geschäft, die Zeitung, die solches meldete, an Umsatz.[231]

Gleiches gilt für ein Tanzbuch, in dem der Tänzer LANCE GRIES nackt posiert, welches in Japan ausgeführt werden sollte:

> *Doch die japanischen Zollbestimmungen untersagen die Einfuhr fotografischer Darstellungen nackter Männlichkeit. Die Mitherausgeberin... ent-schied, über das Gries-Gemächte solle das japanische Wort für „Penis" gestempelt werden. Das Wort sei kurz, „gerade einmal ein paar Pinselstriche lang, es bedeckt Lance adäquat".[232]*

Merke:

> *Die Zusammenhänge sind allen klar: Das kapitalistische Sex-Geschäft dient, besonders in seiner Koppelung mit der Aggression, dem Imperialismus.[233]*

Schriftstellerische Kunst ist da schon eher als „unsittlich" auszumachen, man frage die Bundesprüfstelle. Wiewohl auch dort kräftig daneben getappt wurde. Beispiele zu Hauf finden sich in dem Buch von LUDWIG LEISS[234] Dieses Werk ist auch in seinem Bildmaterial aufschlußreich, denn es hat umfassend Grafik, Bilder, Zeichnungen, Stiche und Fotos zusammengestellt, die in irgendeinem Zusammenhang Gegenstand gerichtlicher Verhandlungen gewesen ist: es ist noch nicht einmal vollständig, da es sich auf Deutschland beschränkt und Kunstskandale in England oder Frankreich nicht berücksichtigt.

Meist erfolgte die Indizierung wegen *„Erregung öffentlichen Ärgernisses"*, in einigen Fällen wegen *„Erregung geschlechtlichen Ärgernisses"*[235], so als ob sich das Geschlecht ärgern könnte, erregen dagegen sehr...

---

[231] DER SPIEGEL 33 (1991), 190
[232] DER SPIEGEL 44 (1997), 284 dort mit Abbildung
[233] Wörterbuch 291
[234] Leiss, Ludwig. Kunst im Konflikt. Berlin, New York 1971
[235] DER SPIEGEL 34 (1991), 159

4. Mutter Kirche und Vater Staat

Nicht der liebe Herrgott war es, der den Märchentraum unserer Sexualität zu einem Albtraum gemacht hat, sondern die Verwalter des Herrgotts, seine Vertreter und Stellvertreter auf Erden! Die haben uns wissentlich und willentlich unser schönstes Spielzeug kaputtgemacht, den Sex, gleich mit wem, und egal, ob homo, hetero oder bi.
Denn:
Es wäre ein sehr seltsamer Gott, der da nur heterosexuelle Menschen lieben kann.
Die anderen, die Lesben und Schwulen und Bisexuellen, die hat Er ja auch erschaffen und diese gleichfalls „nach seinem Ebenbild".
Aber wir leben noch immer in einer „Schuldkultur".
Wir dürfen nicht lieben, wie wir wollen, selbstbestimmt und ohne Angst, weil wir dadurch „schuldig" werden.
Einsam und unserer Abhängigkeit bewußt, ganz verloren und völlig verlassen sitzen wir Kinder im Kinderzimmer. Ratlos und isoliert sind die Eltern, unfähig zuzugeben, daß eigentlich beide Hilfe bräuchten.
Tief im Inneren fühlen wir uns ungeliebt, unwert, geliebt zu werden; deshalb glauben wir auch nicht, daß man unsere Bedürfnisse befriedigen wird, wenn wir wieder aus dem Kinderzimmer herausdürfen und der Stubenarrest vorbei ist.
Die daraus sich entwickelnde Wut wird in Verzweiflung, Groll, Selbstmitleid umgewandelt, ja sogar Mordgedanken gehen in uns um, und die Wut wird erneut verinnerlicht[236]. So wird uns Kindern klar gemacht, daß Sexualität schlecht sei. Oder noch schlimmer, daß der Mensch schlecht sei, der sich mit Sexualität befaßt.[237]
O Gott, was würden bloß die Leute sagen?
Tja, und was sagen sie so?

Man könne keine Einrichtung stützen, in der 'Ferkeleien' stattfänden. CDU-Fraktionsvorsitzender [238]

Der Geschlechtsverkehr mit unbekannten und wechselnden Personen ist menschenunwürdig.
Ständiger Rat der Deutschen Bischofskonferenz

Eine Sexualität, die nicht partnerschaftsbezogen und auf Treue ausgerichtet sei, sei menschenunwürdig.[239]

---

[236] Carnes 116
[237] desgl. 113
[238] Stern vom 25. 9. 1987
[239] Die Zeit vom 7.2.1987

Jede Handlung ist als verwerflich zu verurteilen, die vor, während oder nach dem Geschlechtsverkehr die Fortpflanzung zu verhindern trachtet. Diese Meinung soll nun zum unfehlbaren Dogma erklärt werden. Enzyklika Humanae vitae

Homosexuelle Menschen sollen ihre Sexualität durch Enthaltsamkeit oder Umkehr christlich wenden. Römische Glaubenskongregation

Diese Randgruppe, die Homosexuellen, muß ausgedünnt werden, weil sie naturwidrig ist Bayerischer Schulminister [240]

Der Psychologe CAMERON hat im New Yorker Kabelfernsehen geäußert,

daß die Vereinigten Staaten in einigen Jahren möglicherweise darüber nach-denken müßten, alle Homosexuellen auszurotten, um AIDS unter Kontrolle zu bringen. [241]

Und weil AIDS gerade ein so schönes Stichwort ist, zitiere ich aus einem offenen Brief an den Bundeskanzler:

Die Deutsche AIDS-Hilfe fördert eine Entwicklung in Deutschland wie in den sprichwörtlichen Unzuchtsstädten Sodom und Gomorra [vgl. Kapitel 6.5 „Schmuddelgeschichten aus der Kinderbibel"]. *Dies darf von den zuständigen Regierungsstellen nicht länger zugelassen werden. Sonst machen wir uns mitschuldig am Untergang unseres Staates. Die Tätigkeit dieser Organisation umfaßt außergewöhnlich ekelerregende Publikationen, in denen die widerlichsten Sexualpraktiken - vorzugsweise gleichgeschlechtlich - einschließlich Pädophilie beschrieben und dazu animiert wird. Ich habe deshalb den Bundeskanzler* [Kohl] *aufgefordert, sich schnellstens dafür einzusetzen...* [242]

---

[240] DER SPIEGEL 10 (1987)
[241] Bleibtreu 108
[242] Heinrich Lummer, zitiert nach: Neuköllner Wochenblatt vom 11.8.94, S. 3

Nein! Nicht etwa: diese Praktiken auszuüben, sondern - ...*die Finanzen der AIDS-Hilfe zu streichen!*
DAS ist die eigentliche Sauerei! (Ich meine die Streichung der Finanzen, nicht den Schwafel des Herrn LUMMER).
Was sind **das** für Leute!
Ihre Äußerungen sind ärgerlich und lachhaft zugleich.
Also, wir Kinder wollen denn doch lieber fromm sein und unschuldig bleiben, und ein bißchen naiv.
Das habt ihr nun davon! Und ihr habt es euch selber zuzuschreiben, ihr dummen Eltern, blöder Vater Staat, blöde Mutter Kirche, blöde Gesellschaft, blöde!
Und wir ungezogenen Kinder werden immer mehr. Es sollen unzählige sein, die nicht mehr schaffen, was allen braven Kindern scheinbar mühelos gelingt: sich anpassen, verdrängen, schönfärben, verzichten, erdulden und leiden ohne aufzumucken.[243] Und bedenkt es wohl, liebe Kinder: Selbstverdrängung ist noch viel stärker als Unterdrückung von außen.
Hierzu schnell ein aktueller Einschub:

> *Die katholische Sexuallehre verstößt gegen das Grundgesetz. Mit dieser Begründung hat das Arbeitsgericht Lörrach der Klage eines Homosexuellen auf einen Ausbildungsplatz in einem katholischen Behindertenheim statt-gegeben. Das Heim hatten sich auf 'Tendenzschutz' berufen, nach dem die Kirche keine Arbeitnehmer beschäftigen muß, die der eigenen Glaubenslehre widersprechen.*[244]

Und erst die Lesben und die Schwulen! Da sei die allerjüngste Enzyklika des Kardinal RATZINGERS vor, die da am 31. Juli 2003 tönt:

> *Die homosexuelle Neigung ist objektiv ungeordnet, und homosexuelle Praktiken gehören zu den Sünden, die schwer gegen die Keuschheit verstoßen. [Dagegen:] Die Ehe ist heilig, während die homosexuellen Beziehungen gegen das natürliche Sittengesetz verstoßen. - Das Einfügen von Kindern in homosexuelle Lebensgemeinschaften durch die Adoption bedeutet faktisch, diesen Kindern Gewalt anzutun. - Diese Erwägungen haben auch zum Ziel, die katholischen Politiker in ihrer Tätigkeit zu orientieren und ihnen die Verhaltensweisen darzulegen, die mit dem christlichen Gewissen übereinstimmen, wenn sie mit*

---
[243] Goletzka 69
[244] Die Welt Nr. 105-18 vom 7.5.1993, S. 2

> *Gesetzentwürfen bezüglich dieses Problems konfrontiert werden.*[245]

Und hier verbindet sich die Katholische Kirche direkt mit islamistischen Fundamentalisten, wenn der Kardinal der Bundesregierung zu bedenken gibt:

> *Wenn unsere Gesellschaft Gott lästert, Frauen nackt in Zeitungen abbildet, wenn Kinder abgetrieben, wenn Homosexuelle getraut werden, dann bedeutet das in den Augen vieler Muslime: Das sind doch keine Menschen mehr - das sind Tiere.*"[246]

Und solches Tun wird umso sündiger – ॐ Weiche, o teuflischer Versucher! bete ich –, wenn gar ein katholischer Mann mit einem männlichen Katholiken ein homosexuelles Verhältnis hat.

Und noch viel schlimmer für die Kirche, wenn die neuerdings um sich greifende Aufdeckung und Enthüllung von kindlichen Mißbrauchsopfern nicht nur Priester und Kaplane, sondern Bischöfe zum Stillschweigen zwingt und Erzbischöfe hinwegfegt (so geschehen im Mai 2010 mit Erzbischof MIXA). Ein Abgrund von Pädo- und Homophilie tut sich auf, und der ist noch lange nicht ausgelotet.

Aber es gibt auch katholische Hirten wie den Bamberger Erzbischof SCHICK, der in einem Interview behauptet:

> *Im Katechismus steht eindeutig, dass ein homosexueller Mensch alle Achtung verdient, dass er Teil der Gesellschaft ist und seiner Veranlagung entspechend Freundschaften haben soll.* **Nur auf Sexualität, die auf das geschlechtliche Leben von Mann und Frau ausgerichtet ist, soll er verzichten**...[247]

Also müssen die beiden schwul-katholische Mitbrüder dann als Gläubige – so der Katechismus – „*Selbstbeherrschung*" zeigen und

> *die Schwierigkeiten, die ihnen aus ihrer Veranlagung erwachsen können, mit dem Kreuzopfer des Herrn vereinen.*

– ॐ Weiche, o Satanas Belzebub! bete ich weiter –
Das heißt doch wohl nit gar: *mit dem Kruzifixus bumsen???*

---

[245] DER SPIEGEL 32 (2003), 21
[246] DER SPIEGEL 32 (2003), 22
[247] DER SPIEGEL 19 (2010), 34

Doch, das heißt es! So steht da! Scriptum factum et dictum, Roma locuta; *das Wort sie sollen lassen stahn und kein Dank dazu ha-ha-haben.*[248]
Dabei aber, liebe schwul-katholische Mitbrüder im Herrn - so immer noch der Katechismus - bitte nicht diesen „*Heilratsbeschlüssen*" etwa durch „*Ganzhingabe*" ihr „*Vollmaß*" oder gar ihren „*Vollsinn*" nehmen!

Sonst schlägt das Evangelium gar fürchterlich zurück und schleudert dem Papst und der Kirche von Rom die Wahrheit mitten ins Gesicht, es verkündet:

Wahrlich/wahrlich ich sage dir: Du bist auch einer von denen/denn deine Sprache verrät dich. [249]

Tröstlich, denn wenn du ein Protestantenkind bist, da verspricht man dir Folgendes:

> *Wer sich hingegen als Geschöpf glauben lernt, das durch Christus versöhnt (neugeschaffen) ist und im Glauben an ihn alles von Gott empfängt, der kann Gott auch für seine Homosexualität danken. Homosexuelle leben auf ihre Weise als Zeichen des unverfügbaren Geheimnisses der Schöpfung und der unergründlichen Weisheit des Schöpfers.*[250]

Das allein ist ein Zeichen für die unergründliche Weisheit protestantischer Theologen.

---

[248] für Nichtprotestanten und Heidenkinder: Martin Luther, „Ein feste Burg ist unser Gott", Strophe 4
[249] Matthäus 26, 73 natürlich aus keiner ‚Heidenbibel' zitiert, sondern nach Luther
[250] Steinhäuser 388

Ihr Kinderlein, kommet...
Erregter Lover fummelt an seinem Buhlknaben herum
(nach einem rotfigurigen Vasenbild um 480 v. Chr. zu Oxford)

5. Ihr Kinderlein, kommet...

> Motto:
> Wer andere bevormunden will, fängt bei Kindern an und hört bei Erwachsenen nicht auf. *Lautmann-Schetsche, 169*

Also aufgepaßt, liebe Kinder, ich will euch einmal etwas Aufregendes erzählen, was ganz, ganz Aufregendes. Ja, liebe Jugendlichen, es geht um Horror, Sex und Crime, echt kraß, voll affengeil. Die Erwachsenen müssen rausgehen und draußenbleiben, das ist nichts für sie.

Also, liebe Kinder und Jugendliche, es gibt da so Leute, Menschen, die schleichen, sagen wir mal, so um euch herum. Sie verspüren den Drang, euch lieb zu haben. Sie wollen immer etwas, äh, zum Schmusen haben, etwas an sich zu kuscheln. Sie machen auch kleine Geschenke und geben euch zusätzliches Taschengeld. Und erfüllen vielleicht viele Wünsche, die euch die blöden Eltern nicht erfüllen würden.

Aber das ist doch HERRLICH, sagen die Kinder.

Sind die DÄMLIICH? fragen die Jugendlichen.

Ja. Nein.

Aber das dürfen eigentlich nur die Tanten, sagen die Juristen, denn Tanten sind nicht böse. Aber die Onkels, die sind böse; diese böhsen Onkelz, die dürfen das nicht.

Es gibt keine bösen Tanten, nur böhse Onkelz, sagen die Sexualwissenschaftler.

So? Da staunen aber die Kinder.

Ja. Denn

> *Frauen neigen weniger zu sexuellen Deviationen,* dozieren die Sexualwissenschaftler, *einen weiblichen Exhibitionismus gibt es nicht, da die Entblößung des Körpers nicht mit orgastischem Erleben der Frau einhergeht; eine weibliche Pädophilie ist umstritten. Durch Frauen begangene Sexualstraftaten sind selten.*[251]

> *Sonderbares, ungewöhnliches oder perverses sexuelles Verhalten ist häufiger bei Männern als bei Frauen zu treffen. Sexuelle Belästigungen von Kindern gehen beispielsweise fast ausschließlich von männlichen Erwachsenen aus und betreffen Kinder beiderlei Geschlechts.*[252]

So sagen die Juristen und die Sexualwissenschaftler. Und wir wiederholen:

---

[251] Lexikon 182
[252] Tennov 298 + Anm. 21

Es gibt keine bösen Tanten. Hört auf zu kichern!
Nur böhse Onkelz! warnen eindringlich die Sexualwissenschaftler, weil die euch was zeigen wollen, wenn ihr mit denen zusammen seid. Und weil bei denen was rauskommt. Wenn überhaupt was rauskommt, denn das muß ja nicht. Aber dann wollen die euch das zeigen. Weil das schlimm ist, schaut nicht so genau hin, denn das macht sie noch erregter! Und dann fummeln sie an euch herum, oder auch an sich, und dann kommt da was raus, und das nennt man Orgasmus, und das haben die dann mit euch, und darum sind sie böhse! Und dann kriegt ihr einen Schreck, und dann habt ihr Angst und dann seid ihr keine unschuldigen Kindlein mehr, und dann kommt ihr auch nie, nie mehr in den Himmel!
Das ist aber aufregend, zittern die Kinder vor Angst. Ist das denn wirklich so schlimm?
O ja, sagen die Juristen,

> *Kinder, Jugendliche und Geisteskranke können die Folgen einer Handlung nicht oder nur unzureichend einschätzen und werden daher vor Verführung durch Gesetz geschützt.*[253]

Aber eine Verführung durch Gesetz gibt es nicht, beruhigen die Sexualwissenschaftler, da habt ihr euch unklar ausgedrückt.
Aber wir sind doch nicht geisteskrank oder bekloppt! So klein sind wir auch nicht mehr, maulen die Jugendlichen, das hat uns doch Spaß gemacht!
Nein, das stimmt nicht, sagen die Sexualforscher, *die sexuelle Erregung erschöpft sich* [sic! Sexistische Sprache] *bei kleineren Kindern dort, wo sie entsteht, in den erogenen Zonen.*[254]
Aber wenn wir es wollen? protestieren die Jugendlichen.
Dann seid ihr zur Verwahrlosung verdammt, und wir rufen die Sittenkontrolle, drohen die Juristen.
Aber keiner hat es doch gesehen! werfen die Kinder ein.
Das stimmt allerdings, nicken die Sexualwissenschaftler und geben weise zu bedenken:

> *Bei Sexualhandlungen sind selten Zeugen vorhanden.*[255]

Aber wir müssen doch die Kindlein schützen vor solcher Erfahrung, meinen die Juristen, und ihnen die Welt, in die sie hineinwachsen, hell präsentieren,

---

[253] Lexikon 206
[254] desgl. 23
[255] desgl. 22

obwohl sie von Kindheit an ihr Leben nicht gerade in einem Paradies verbracht haben.

Seid IHR die böhsen Onkelz? fragen die Kinder ahnungsvoll und zeigen auf die ver-klemmt nach unten schauenden Sexualwissenschaftler und auf die grimmig dreinblik-kenden Juristen.

Nein, denn die böhsen Onkelz werden verfolgt, bestraft, verurteilt und kommen in den Knast. Versteht ihr?

Und ist das gut für die böhsen Onkelz?

Wer weiß das schon, sagen die Sozialwissenschaftler, drinnen oder draußen, egal, ob in der Gesellschaft oder im Knast, sie werden immer für böse erachtet. Der Knast ist ein Symbol der Gesellschaft. Ja, die Onkels sind eigentlich unglückliche Träger sexueller Entartungen und Degenerations-erscheinungen, sie sind therapiebedürftig.

Die böhsen Onkelz wollen ja bestraft werden, sagen die Juristen, Strafen und die Sucht nach Selbstbestrafung reichen sich hier die Hand.

Dann sind sie aber ganz ordentlich böse, sagen die Kinder, wenn sie sich selbst für so was Schönes bestrafen wollen. Sex ist doch schön, oder etwa nicht?

O jeh, die böhsen Onkelz haben euch ja verführt, jammern die Juristen.

Böhse Onkelz gibt es wirklich überall, sagen die Sexualforscher.

Ängstlich schauen die Kinder auf die Sexualforscher und die Juristen.

Gehören die vielleicht auch zu den böhsen Onkelz? Ach, das ist so schöner grauslicher Horror!

Sie fragen alle durcheinander: Wer ist es denn von euch? Wer will denn mal mit uns spielen? Uns verführen? Mal sein Ding zeigen, mal sehen, was da rauskommt? Ihr seid ja bloß neidisch auf unseren Sex, denn ihr wollt uns verbieten, was ihr am liebsten selber machen wollt. Eure Sexualmoral will doch nur verbieten.

Die Strafgesetzgebung ist von absolutem Sadismus getragen. Was seid ihr nur für Moralisten, die ihr zu allen Zeiten in eurer Sexualität verklemmt und pathologisch wart? Ihr seid neidische, sadistische, verklemmte Sexual-Täter! **Ihr** seid wirklich die böhsen Onkelz! Vor denen muß man ja weglaufen! sagen die Kinder.

Halt, wartet noch, sagen die Jugendlichen, vielleicht kriegen wir die Onkelz noch mal hingebogen. Möglicherweise haben sie ja auch Spaß am Sex und vergessen dabei schnell ihr Vorhaben? Wir sind ja verführt worden. Wir wissen, wie das geht. Wir wollen sie verführen und eine Menge Spaß dabei haben. Die Erwachsenen sind ja draußen. Und Zeugen gibt es nicht, das habt ihr selber gesagt.

Und möglicherweise werdet ihr noch ganz liebe, liebe Onkels, die man streicheln möchte, mit denen man schmusen kann. Nun haltet aber mal fein still... und schon fummelten sie ihnen doch tatsächlich an ihren Hosenschlitzen herum.

Da leisteten die Onkels aber heftigen Widerstand!

Doch es half ihnen alles nichts!
Denn, so sagen die Sexuologen, aus der Tatsache, daß der eine stets der Passive, Widerstandsleistende ist, darf man nicht folgern, daß er kein Wollender ist.
Denn, so sagen die Juristen, niemand, der sich verführen läßt, sei es zu normalem oder invertiertem [N.B. hat nix mit Tieren zu tun!] *Verkehr, ist dem sexuellen Akt ganz abgeneigt.*
Das Verführen setzt voraus, fügen die Juristen erklärend hinzu, *daß der Verführte nicht von vorneherein bereit ist, unzüchtige Handlungen zu begehen bzw. an sich vornehmen zu lassen, sondern daß er erst durch den Verführer geneigt gemacht wird.*
Ist der Jugendliche, fügen die Sexuologen klärend hinzu, *sofort zur Unzucht bereit oder geht von ihm die Initiative aus, so liegt keine strafbare Verführung vor.*

Und ein Psychologe meint:

> *Solche Erklärungen gehören in die berüchtigte Klasse der IMPORTTHEORIEN, zu denen auf sexuologischem Gebiet alle „Verführungs"hypothesen zählen.*[256]

Na also, jubeln die Kinder, hurra, eine Verführung im eigentlichen Sinne gibt es nicht!

> **Sex ist wie Essen, und es wird nicht kalt gegessen.**
> **Und niemand kann zum Essen verführt werden,**
> **wenn er keinen Hunger hat.**

Das stimmt, meint ein Arzt:

> *Ein großer Arzt hat gesagt: Wir **essen** dreimal zu viel. Ich möchte ergänzend hinzufügen: wir essen nicht bloß dreimal zu viel, wir suchen auch alle anderen sinnlichen Genüsse im Übermaße und **deshalb lieben wir auch dreimal zu viel** oder besser, wir suchen **zu oft** den Geschlechtsverkehr.*[257]

Das stimmt nicht! sagen die Kinder, wir sind schon häufig gezwungen worden, was zu essen, was uns nicht schmeckt, weil's doch so gesund ist, den blöden Spinat oder Brühreis, mit psychischem Druck und Prügel und

---

[256] Blüher 67
[257] Bloch 315

barfuß ins Bett und marsch auf das Zimmer und hungern! so sagten die Kinder.
Aber eben nicht verführt..., stöhnen die Onkelz.
Von draußen aber hörten es die Ehefrauen (sie lauschen immer an den Türen, müßt ihr wissen!) und sie liefen wieder rein und sagten: Auch wir sind unterdrückt und werden geprügelt und müssen barfuß ins Bett und hungern zur Strafe.
Aber Mutti, sagen die Kleinen, warum denn das?
Ach, das ist Sex, und das versteht ihr noch nicht.
Nein, was sind das nur für böhse Onkelz, sagen die Jugendlichen.

„Wir wollen sie so recht ordentlich verführen, dann sind sie vielleicht wieder lieb..."

Tja, haben das nun die lieben Ehefrauen gesagt oder die lieben Kinderlein?
Hierauf weiß mein Märlein über Sex & Crime keine Antwort.

Und vielleicht sind wirklich die lieben Onkels genau so ungefährlich wie die lieben Tanten. Vielleicht machen sie uns nicht nur kleine Geschenke und geben uns ein bißchen Taschengeld, sondern erfüllen uns auch andere Wünsche? Unsere erotischen Wünsche, die uns die blöden Sexualwissenschaftler und die blöden Juristen nicht erfüllen wollten?
Nein, das tun die nicht! Bestimmt nicht!
Denn
die in unreifer Weise angestrebte Erotik wirkt lächerlich und TRIVIAL: [258]

Also, es hat gar keinen Zweck. Darum merke:

Homosexuelle Verführung existiert nur in der Phantasie sexuell unterversorgter Menschen.

Denn wenn es überhaupt Verführung geben sollte, dann würden Kinder und Jugendliche viel eher und viel direkter und viel aufdringlicher

> **zur Liebe zum ANDEREN Geschlecht verführt.**

Durch Literatur, Film, Fernsehen, Reklame, durch Elternhaus und soziale Umwelt, durch Sexshops und Pornovideos, durch DVDs und durch das

---

[258] Lexikon 66

Internet. In diesem Verständnis der Verführungstheorie dürfte es bald überhaupt <u>keinen einzigen Schwulen mehr</u> geben! Wie sollte es auch bei einem derart massivem, unübersehbarem Angebot an **heterosexuellen Verführern**?
Aber ach, leider, es gibt sie doch!
Das liegt daran, meint Tante MEYER, weil's eben so viele Verlockungen gibt:

> *Da sind's die schlechten Kameraden, vom Gifte schon angewurmte Freunde, Studienbrüder, Lehrgesellen, die den Neuling in der Sünde Kunst und Lust einweihen. Dort ist's eine immer wachsende Horde lüsterner naturverkehrter Subjekte, die unsere Jungen ihren Trieben dienstbar machen wollen, die keinen Weg und keine Schlauheit scheuen, die ahnungslosen Opfer durch Geld und Trug zu fangen. Sind doch die Kinder, Knaben wie Mädchen, selbst auf dem Wege zur Schule vor diesen Lüstlingen nicht mehr sicher.*[259]

Das heißt: man kann sich nicht schützen, es hat also wirklich keinen Zweck. Dann bleiben wir besser brav gleich ganz zu Hause bei den lieben Onkels und Tanten! Ihr Kinderlein, kommet, o kommet doch all...

Schmuddelkinder brauchen Zuwendung
Liebhaber schlägt erregten Knaben mit einem Schuh
(nach einem rotfigurigen Vasenbild um 480 v. Chr. zu Rom, Villa Giulia)

---

[259] Meyer 124

5.1 Schmuddelkinder brauchen Zuwendung

Nein, Mutter Kirche mag keine Schwulen, sagen die Kinder.
Auch Vater Staat duldet die Schwulen nicht, sie könnten sich ja auch sonst womöglich in ihren eigenen Vater verlieben, ach, und das belastet.
Es ist ja noch nicht einmal ihr eigener Vater, sondern ein fremder Mann.
Er muß aber auch fremd sein, denn welcher Vater vernachlässigt seine Sorgenkinder so sehr wie Papa Staat die Kinder der Außenseiterpositionen, jene 7 % Schwulen seiner Bevölkerung?
Von zehn Kindern ist in der Regel eines ungeraten und bedarf schon alleine deshalb besonderer Zuwendung und Liebe. Liebe aber kann Vater Staat nicht produzieren oder aufbringen. Umso mehr liefert er Zuwendung.
Justiz und Polizei sind da erprobte Zuwendungsspezialisten. Sie verfolgen die Sorgen-kinder von Papa Staat mit Vorurteilen, sie wollen und sollen sie umgestalten. Es ist schon verräterisch, wie Papa Staat als Gesetzgeber mit seinen Randgruppenkindern umgeht. Diskriminieren und Verachten, das ist das Mindeste.
Nein, solche ungeratenen Kinder will ich nicht haben/sehen/lieben, sagt Papa Staat. Ich muß sie bestrafen, damit aus ihnen – vielleicht! – bessere Kinder werden.
Aber wir sind doch so, sagen die mißratenen Schmuddelkinder: Wir haben nun einmal braune/blonde/schwarze/lockige/stränige/fettige/rote/flusige Haare. Da kann man nichts machen!
Doch, da kann man, wendet Mutter Kirche ein, waschen, kämmen, jeden Tag bürsten, entkräuseln und färben oder bleichen.
Aber das wollen wir nicht, liebe Mama Kirche.
Dann kriegt ihr aber Prügel und müßt sehen, wo ihr bleibt, meint Papa Staat, denn solange ihr noch euere Füße unter meinen Tisch streckt... <u.s.w>
Ach, das kennen wir Schmuddelkinder ja schon bis zum Abwinken und trollen uns mit einem Flunsch in unser Kinderzimmer. Wir wissen ja auch, nicht <u>wir</u> fühlen uns bedroht, wir ungezogenen Schmuddelkinder, die solchen Schweinkram lieben, sondern der Normale: das ist ja der Papa.
Deswegen droht er, der Normale, und das ist Papa Staat, droht uns Schmuddelkindern ständig, weil er auf Sex gestoßen ist, den er vielleicht selber gerne hätte oder machen würde. Insgeheim natürlich, bloß mal so zur Abwechslung. Denn immer nur mit Mutter Kirche rummachen, das verliert ja schließlich auch an Reiz.
Und wenn wir Schmuddelkinder lästig werden oder vielleicht rumplärren - o Gott, was sollen die Nachbarn sagen?
Dann löst das eben bei allen Ängste aus.
Papa Staat hat Angst? Ja, er ist schließlich ein Mann.
Bei Mama Kirche ist das etwas anderes, die kann man unterwandern, das ist nicht so schlimm, und überhaupt: eine Frau. Die ist nun mal so, die braucht sich nicht zu wehren.

Es muß eben gute und böse, perverse und normale, heterosexuelle und homosexuelle Kinder in einer Familie geben, damit sich dadurch die Gesellschaft verwirklicht und bunter werden kann, als sie ohnehin schon ist. Und daher muß auch jeder klar erkennen können, wie böse, wie pervers, wie unnormal, wie homosexuell er ist.
Aber Vorsicht! Weglaufen nutzt nichts, lieber Papa Staat. Wegschauen auch nicht, und Angst noch viel weniger. Nicht-Hingucken und Blinde-Kuh-Spielen hilft einfach nicht.
Also, schenkt Zuwendung! Habt Mitleid mit eueren mißratenen Kindern, lieber Papa Staat, liebe Mama Kirche, habt Erbamen mit den armen Kleinen. Nehmt sie an, versteht sie ein bißchen, duldet sie, zeigt doch endlich mal Toleranz!
Nein, sagen die bösen Eltern, die doch auch lieb sein können.
Aber jetzt finden wir Schmuddelkinder, daß die Eltern böse sind.
Versteht doch mal! Das wächst sich noch aus. Ihr seid bloß in einer Übergangsphase. Ihr seid eben schwer erziehbar, aber das gibt sich schon wieder.
Und die Onkel Doktors nicken dazu und hüsteln hinter vorgehaltener Hand.
Ja, ja, ein wildes Raubtier tobt in euch, sagt die liebe Tante Pädagogik, und schaut voller Angstlust auf die Kleinen, die nicht folgen wollen, stellt euch nur mal vor: Ihr verschmäht die Ehe, und dann kommen keine Kinder mehr, und dann gibt cs Entvölkerung, und dann gäbe es Schwächung des Volkskörpers und dann gäbe es Auflösung des Staates. Wollt ihr das?
Nein, das wollen wir nicht, lieber Papa Staat, sagen die Schmuddelkinder. Dich wollen wir nicht entvölkern, schwächen, auflösen. Wir brauchen dich doch.
Tja, Jugend hat keine Tugend! Mißliebige Kinder seid ihr, sagt Mutter Kirche spitz.
Ihr seid eben unbelehrbar, sagt achselzuckend die Tante Pädagogik.
Und die Onkels und der Papa wissen gar nichts mehr zu sagen und schweigen. Sie haben jetzt nur noch Angst vor dem Alter. O Gott, wer soll der Familie vorstehen, wenn wir mal nicht mehr sind...
Alle Erwachsenen sind dämlich, denn sie halten sich für unersetzlich, seufzen die Kinder. Und seufzen können sie schon ganz wie die Großen, das haben sie sich gut abgeschaut.

> *So werden dann die Kinder ein unordentliches Geschlechtsleben beginnen: sie werden ein Leben voll allerlei Dramen, Unglück, Schmutz und gesellschaftlichen Schaden führen* [260],

sagen die Nachbarn und ringen die Hände.

---

[260] Bretschneider 39

Manches erinnert eben an ein Verhältnis von Katze und Maus, wobei aber jeder gerne die Katze spielen möchte. Eine Katze halt, die sich soeben ganz furchtbar in den Schwanz gebissen hat. Und welche Maus möchte schon gerne mit Haut und Haaren gefressen werden?

Schmuddelgeschichten aus der Kinderbibel
Sodomiterey unter Griechenjungen
(nach einem rotfigurigen Vasenbild um 490 v. Chr. zu Warschau)

5.2 Schmuddelgeschichten aus der Kinderbibel

Also, liebe Kinder. Da unten mit der Hand anfassen und rumrubbeln, das tut man nicht. Und wenn man's tut, heißt es Onanie, und das kommt von Onan. Darüber steht was in der Bibel[261] und davon will ich heute nur kurz erzählen. Das ist, wenn ihr ganz alleine seid. Und wenn etwas rauskommt, und ihr laßt es auf die Erde fallen oder ins Taschentuch, und es

---

[261] Genesis 38, 7 - 10 Es ist vertrackt, denn in dieser Bibelstelle ist nicht von Selbstbefriedigung die Rede (die im Alten Testament gar nicht vorkommt, darum auch kein Thema ist) sondern von coitus interruptus. Ein gewisser Dr. Bekkers hat das Buch „Onania, oder die erschröckliche Sünde der Selbstbefleckung mit allen ihren entsetzlichen Folgen" (Leipzig 1736) veröffentlicht, wonach die Selbstbefriedigung dann „Onanie" genannt wurde.

verderbet, dann seid ihr böhse. Und das nennt man Onanieren, und das ist eine Sünde, und das soll man nicht tun. Und wenn nichts rauskommt, ist es erst recht böhse. Also, laßt das mal.

Schade, sagen die Kinder, aber es macht doch so viel Spaß, und das mit Onan ist eine schöne Schmuddelgeschichte. Warum steht die nicht in der 'Kinderbibel'?

Na, Tante DE VRIES[262] wußte nicht, daß euch das so interessiert und daß ihr das geil findet Aber eigentlich ist es ja eine verkehrte Geschichte, die ist gar nicht richtig geil. Also, legt doch mal die Bibel weg!

Liebe Kinder, lasset euch nicht in Versuchung führen, denn das greulichste Laster auf Gottes weitem Erdenrund, das ist die Sodomiterey!

Igitt, klingt das scheußlich, sagen die Kinder, was mag da bloß sein?

Nun, liebe Kinder, das Wort kommt von der Stadt Sodom, und das ist ein abscheuliches Verbrechen, und deswegen ist eine ganze Stadt zerstört worden.

Das hat mit Sex zu tun? fragen die Kinder.

Na klar. Also, aber, äh, das ist eben, äh, ganz widerwärtiger Sex.

Und wie geht der? fragen die Kinder.

Na, der geht so. Ich hatte euch doch beim vorigen Mal von den böhsen Onkelz erzählt, die die Kinder verführen und mißbrauchen. Und mit denen darf man nicht mitgehen. Und in Sodom lebten nun lauter solche böhsen Onkelz auf einem Haufen, und das war schlimm, denn zu denen durfte man damals ja auch nicht gehen. Und die ließen niemanden zufrieden, wenn's um Sex ging, und die haben es mit Kindern und mit Männern getrieben, die böhsen Onkelz. Und weil die Kinder und die Männer das nicht immer wollten, gab es ein großes Geschrei in Sodom. Und der Herrgott hat da lange weggeguckt, denn er ist ja geduldig. Das war so ein Schweinskram, da kann man ja nur schnell wegschauen. Aber schließlich ist es ihm doch zu bunt geworden und er hat zu Abraham gesagt.

Ich will sehen, ob sie alles getan haben nach ihrem Geschrei, das vor mich gekommen ist, oder ob's nicht also sei, daß ich's wisse...[263]

Na gut, das ist wieder so umständlich. Er hat gemeint: Ich will mal nachschauen, was die da so machen Natürlich wußte der Herrgott, was die böhsen Onkelz da für böse Sachen machen, denn er weiß ja alles. Er wollte auch nur mal mit eigenen Augen sehen, ob sie es tatsächlich so schlimm treiben. Und dann schaute er richtig hin.
Und was mußte er da sehen?

---

[262] vgl. De Vries, Anne. Die Kinderbibel . Konstanz 1960: da fehlt unter anderem auch diese schöne Geschichte von Sodom und Gomorrha
[263] Genesis 18, 21

Lauter böhse Onkelz, und die trieben es mit den alten Männern, mit den lieben Kindern und den feschen Buben und knackigen Jungs und waren darob ganz, ganz böhse. Und alles Leute aus Sodom. Und dann wollte Gott mal sehen, was sie machen, wenn Fremde in die Stadt kommen. Er schickte zwei junge Männer auf Besuch. Eigentlich sollten sie sich ja nachts auf der Straßen herumtreiben und die bösen Onkels antesten. Aber sie trafen Herrn Lot am Stadttor, und der lud sie zu sich nach Hause ein. Das aber war ein lieber Onkel.
Und warum war das ein lieber Onkel, wenn der in der Stadt Sodom wohnte? fragten die Kinder.
Na, wartet doch ab! Die beiden kriegten bei ihm Abendessen und Kuchen, und pennen konnten sie auch bei ihm.
Aber das machen doch gerade auch die bösen Onkels, die bieten auch Kuchen an und wollen auch gemeinsam miteinander pennen.
Ach, Kinder! Hier ist es doch etwas Anderes! Das waren doch Engel! Äh... und außerdem waren da ja noch seine Frau und zwei Töchter, richtig knackige Teenies, und das ist wich-tig, weil's gleich weiter geht mit der Geschichte.

Also, natürlich haben die böhsen Onkelz aus Sodom längst geschnallt, daß da fremde Burschen bei Lot sind. Und als die Familie ins Bett gehen wollte, da passiert es: Die Leute von der Stadt Sodom kommen und umringen das Haus, jung und alt, das ganze Volk aus allen Ecken und Enden, und forderten Lot vor die Haustür und sagten: Ey Alter, raus mit den schnuckeligen Jungs! Die wollen wir selber vernaschen! So steht es natürlich nicht in der Bibel. Da steht „*daß wir sie erkennen*" oder „*wir wollen mit ihnen Verkehr haben*". Und in lieben Bibeln steht

> *Wir werden ihnen schon helfen, diesen Fremdlingen, sagten die Sodomiter, diese häßlichen Menschen, sie waren so schlecht, daß sie jeden Fremden, der in die Stadt kam, Böses antun wollten.* [264]

Und in ganz lieben Bibeln steht **gar nix**.[265] Denn das ist ja auch böse, eine richtige Schmuddelgeschichte.

Na, was tut wohl Papa Lot? Ach, liebe Brüder, sagt er, tut nicht so übel. Siehe, ich habe zwei Töchter, die haben noch keinen Mann erkannt, die will ich herausgeben unter euch, und tut mit ihnen, was euch gefällt. Allein, diesen Männern tuet nichts!

---

[264] **Kinderbibel 28**
[265] z.B. Lehmann/Petersen. Die Bibel in Auswahl fürs Haus. Braunschweig 1911

Aber mit Mädchen hatte die böhsen Onkelz nix an der Glocke, da waren sie nicht scharf drauf. Sie wollten nur Jungs, und die beiden neuen vor allen Dingen. Und beinahe hätten sie's sogar noch mit Lot getrieben!
Aber zum Glück waren da ja die Engel, und sie zerrten Lot ins Haus zurück, machten die Haustür zu, schlugen die Sodomiter mit Blindheit und gingen endlich schlafen.
Am nächsten Morgen in aller Frühe sollte es dann passieren: Die Strafe Gottes sollte über Sodom kommen. Der liebe Onkel Lot setzte sich rechtzeitig ab, und die beiden lieben Engel drängten und schubsten, denn die Tante Lot und die beiden Töchter kamen nicht schnell genug nach.
Aber Tante Lot war keine liebe Tante. Sie wollte sehen, was die böhsen Onkelz von Sodom eigentlich da machten mit den kleinen Jungs und so. Sie schaute zurück und - erstarrte zur Salzsäule.
Daaas hat man davon, wenn man neugierig auf unkeusche Dinge schaut. Und darum war es eine böse Tante, denn da darf man nicht hinsehen...
Und der Herr ließ regnen Schwefel und Feuer vom Himmel herab auf Sodom und Gomorrha und kehrte die Städte um und die ganze Gegend, und alle Einwohner ver-nichtete er und verwüstete das Land, so daß nichts mehr darauf wuchs.
Und daher kommt der Name Sodomie, und das ist, wenn die böhsen Onkelz mit kleinen Buben spielen wollen oder mit schnuckligen Jungs. In eurem Alter muß man das wissen. Also gehet nicht mit den böhsen Onkelz!
Nein, das wollen wir nicht, sagten die Kinder ganz brav. Was in Sodom passiert ist, ist schlimm. Tja, das wissen wir jetzt, und das nennt man Sodomiterey, und das ist böse, nicken die Kinder, aber – was ist denn nun in Gomorrha los gewesen?
Davon steht gar nichts in der Bibel, also Leute, äh, tut mir echt leid.
Na, wenn in Sodom die böhsen Onkelz gewohnt haben, dann lebten in Gomorrha be-stimmt die böhsen Tanten. Und warum gibt es darüber keine Schmuddelgeschichte in der Bibel? Sind die böhsen Tanten Frauen, die immer nur Mädchen und knusprige Girlies vernaschen wollen? Und nennt man das vielleicht: Gomorrahnie?
Kinder, Kinder, ich sagte euch doch schon einmal: es gibt **nur liebe Tanten**, egal, was sie machen! Und das ist keine Schmuddelgeschichte, weil's ja nicht da steht. Und nun lasset uns beten und dabei bedenken: Tanten sind lieb, Onkels sind böse; aber nicht alle. Der Onkel Doktor zum Beispiel ist auch lieb.
Au ja, kommt, wir wollen mal wieder Onkel Doktor spielen... freuen sich die Kinder.
Nein, Kinder, was seid ihr bloß ungezogen. Denket noch einmal an das böse Laster der Sodomie und Onanie.
Und an die Gomorrhanie, jubelten die Kinder, denn sie hatten was gelernt.
Und so kann man denn auch aus der Kinderbibel etwas Schönes lernen. Selbst, wenn es eigentlich Schmuddelgeschichten sind.

Und immer bleibt auch etwas hängen vom Religionsunterricht, z.B. ein Merk-Verslein zum Auswendiglernen (als Hausaufgabe):

✝ Onanie und Sodomie ✝

✝ diese beiden tue nie! ✝

<oder so ähnlich>

✝

Merke als bitteres Ende zum Schluß:

> *Der gewiß nicht unfromme JOHN MILTON schrieb: „Die Bibel erzählt oft **Blasphemien** auf keine zarte Weise, sie schildert den **fleischlichen** Sinn **lasterhafter** Menschen nicht ohne Eleganz."* – Kinderlektüre kann daher nicht sorgfältig genug überwacht werden. [266]

Da hilft nur Beten!
Zeus verfolgt Ganymed
(nach einem rotfigurigen Vasenbild um 490 v. Chr. zu Boston)

---

[266] Bloch 797; er zitiert aus: John Milton, Areopagitica. Dt. v. R. Roepell, Berlin 1851.

5.3 Da hilft nur Beten!

> Motto:
> Die Sexualität zu einem Problem gemacht zu haben, ist die größte negative Leistung des Christentums. *Comfort, Eros, 45*

> Es gelingt der Kirche einfach noch nicht, Homosexuelle als wirklich nach Gottes Ebenbild Geschaffene zu begreifen *Sullivan, 64*

> Der Mensch darf nicht versuchen, Bibelstellen auszulegen. Die Bibel legt sich selber aus! Eine Schriftstelle interpretiert die andere. *Armstrong, 87*

Sie sind *verantwortlich für Hungersnöte, Seuchen, Kriege, Erdbeben, Über-schwemmungen und anderen allgemeinen Plagen verwandter Art, einschließlich Sarazenen und sehr dicke gefräßige Wühlmäuse* (lutherischer Pfarrer CARPZOW 1652[267]).

Sie leiden *unter schweren Verirrungen und sind traurige Folge einer Verleugnung Gottes (*Katholische Glaubenskongegration 1975).

Sie sind *Chaoten, hergelaufene Schwule, randalierende AIDS-Positive, die einer entehrenden Leidenschaft und einer widernatürlichen Verirrung frönen, ein Abfall von Gott, der nicht ungestraft bleiben dürfte. Das ist nicht verschämt, sondern unverschämt katholisch!* (Katholischer Bischof Dyba 1991).

*I*hr *Laster bedeutet den Tod im Rahmen der Schöpfung.* (Protestantischer Pfarrer Naukojat 1981).[268]

Ein Trost bleibt immerhin:

> *Nachdem das Problem in immer mehr Kirchen kontrovers diskutiert werde, sei die Zeit gekommen, menschliche Sexualität und Homosexualität (!) in zukünftige Studienprojekte des [Ökumenischen] Rates aufzunehmen.*[269]

> *Kennzeichnend ist ihr (der Kirche) Bemühen, die „Hauptstromrichtung" der biblisch-theologischen Verbindung vom Schöpfungshandeln Gottes mit der menschlichen Geschlechtlichkeit in der historisch-sozialen Konkretion*

---

[267] Steinhäuser 94 + Anm. 156
[268] zit. nach DER SPIEGEL 16 (1981), 90/1
[269] DER SPIEGEL, 46 (1998), 306 als Zitat aus „reformiert"

> *hin zur monogamen, partnerverbindlichen, familienbegründeten Ehe festzuhalten.* [270]

Und wer es will, der verstehe es ganz –

Der Apostolische Stuhl differenzierte 1975 glücklicherweise sehr eindeutig:

> *Sie unterscheiden - was übrigens nicht ohne Begründung zu geschehen scheint - zwischen Homosexuellen, deren Neigung sich von einer falschen Erziehung, von mangelnder sexueller Reife, von angenommener Gewohnheit, von schlechten Beispielen oder von anderen ähnlichen Ursachen herleitet und eine Übergangserscheinung darstellt oder wenigstens nicht unheilbar ist, und Homosexuellen, die durch eine Art angeborener Trieb oder durch eine pathologische Veranlagung, die als unheilbar betrachtet wird, für immer solche sind... denn die Handlungen dieser Homosexualität sind ihrer inneren Natur nach nicht in Ordnung und können niemals auf irgendeine Weise gebilligt werden.* [271]

All diese Bannflüche gegen diese offensichtlich „unmenschliche Sexualität" sind nicht nur gegen schwule Priester oder Pfarrer gerichtet, sie sind

> *von der Sache her mit Rücksicht auf das Empfinden weitester Kreise for-muliert und gelten für <u>alle, die 'so' sind</u>.*

Dabei spielt die katholische Kirche eine entscheidende Rolle:

> *Die katholische Sexualmoral... hat sich vom Wesen der menschlichen Sexualität so weit entfernt, daß es den Menschen nicht möglich ist, sich nach den Gesetzen der katholischen Sexualmoral zu verhalten. Eine moralische Vorschrift, die auch mit bestem Willen nicht eingehalten werden kann, ist aber selbst unsittlich.* [272]

---

[270] Steinhäuser 73
[271] Sullivan 48/49
[272] Steinhäuser 179

Merke:
> *Sexualfeindlichkeit speist sich aus unerfüllter eigener Sexualität ebenso, wie das Erleben befriedigender Sexualität behindert.* [273]

Alles das wurzelt in dieser verflixt-verkrachten mosaisch-paulinischen Anschauung und hat mit Juden- oder gar Christentum rein gar nichts zu tun. Dieses ganze scheinheilige Theater ist dummbrutal und ungeheuerlich. Das Argumentationsgemenge aus Dogma, mittelalterlicher Religiosität und verquaster Ethik wird zu einem klebrigen Leim verrührt, der die alte Welt verkleistern und in den Fugen halten soll.

Ach, es fällt schwer, das **Alte Testament** unter diesem Aspekt zu verstehen, und es fällt noch schwerer, ein schwuler Jude zu sein! Da liest er dann im heiligen Gesetz:

> *Du sollst nicht bei Knaben liegen wie beim Weibe, denn es ist ein Greul!* [274]

Doch noch ist es straflos. Verschärft klingt es so:

> *Wenn jemand bei Knaben schläft wie beim Weibe, der hat ein Greul getan und sollen beide des Todes sterben. Ihr Blut sei auf ihnen.* [275]

Dabei gab es sogar homosexuelle Tempelprostitution in Kanaan, und es ist öfters von „*(männlichen) Hurern*" die Rede:

> *Kultprostitution als homosexuelle Praxis (sei) in Israel oder seiner Umgebung tatsächlich nachzuweisen.* [276]

Die einschlägigen Stellen besagen:

> *Es sollen keine Hure sein unter den Töchtern Israels und kein Hurer (קָדֵשׁ) unter den Söhnen Israels. Deut 23,18*
> *Und es waren auch Hurer im Lande, und sie taten alle Greul der Heiden. 1. Kge 14,24*
> *...und ihr soll Leben unter den Hurern sterben Hiob 36,14*

---

[273] Steinhäuser 195, Anm. 509
[274] Leviticus 19, 23
[275] desgl. 20, 13
[276] Steinhäuser 328, Anm. 835

Und unverzüglich bestreiten das gewiefte Alttestamentler, wie der ehrenwerte Herr GERSTENBERGER:

> *Gegen diese übliche* (sic!), *anti-kanaanäische Interpretationslinie zweifelt allerdings Gerstenberger...*[277]

Und weil die Sexualität im Alten Testament so schön ist, und das Hebräische so schwierig, schnell noch ein Hieb auf die Theologenbrut. Das AT schreibt für Frauen:

Adam erkannte sein Weib Gen 4,1
Kain erkannte sein Weib desgl. 17
Adam erkannte abermals sein Weib desgl. 25 etc.

und für Männer:

> *Wo sind die Männer, die zu dir gekommen sind diese Nacht? Führe sie heraus zu uns, daß wir sie erkennen.* (Worauf Lot antwortet) *Ach, liebe Brüder, tut nicht so übel, seht, ich habe zwei Töchter, die noch keinen Mann erkannt haben...* Gen 19,5

Damit ist also eindeutig sexueller Umgang gemeint, mit Frauen wie mit Männern. Und was machen Theologen daraus?

> ידע *bezeichnet im AT primär die dem Menschen durch seine Sinne vermittelte Wahrnehmung, wie sie ihm von Gegenständen und Sachverhalten seiner Welt im Umgang mit diesen, aus der Erfahrung und durch Mitteilung anderer zukommt... Wenn* ידע *positiv... mit Jahwe... als Objekt von Menschen ausgesagt wird, besagt das Verbum durchweg nicht bloß ein intellektuelles Kennen oder Nichtkennen, sondern einen das praktische Verhalten mit einschließenden Bezug zur Gottheit.*[278]

Und wer will, verstehe es ganz!
Aus den Dürren alttestamentlicher Wortforschung zurück zum Sexleben der Juden (das ist ja auch interessanter!).
Offenbar brachte die Juden schon der Anblick eines Pimmels außer Rand und Band, sonst hätten sie nicht so putzige Geschichten erzählt, die vom

---

[277] Steinhäuser 328, Anm. 835
[278] Steinhäuser 328, Anm. 836

besoffenen Noah, der seinen Pimmel bloßstrampelt[279] oder die vom Altar, der keine Stufen haben darf, damit man 'ihn' nicht sieht.[280] Freilich, alle Verbote fruchteten nichts.
Auch nicht bei König David, denn er war zu Jonathan, dem Sohn des Königs Saul, in glühender Liebe entbrannt.[281] Sie küßten einander und weinten zusammen.[282] Auch Papa Saul schimpft:

> *Du Sohn eines mannstollen Weibes! Ich weiß wohl, daß du den Sohn Isais liebst, zu deiner Schande und zur Schande deiner schamlosen Mutter!*[283]

Noch am Grabe singt David seinem geliebten Freunde Jonathan ein Klagelied:

> *Ich habe eine große Freude und Wonne an dir gehabt.*
> *Deine Liebe hat mir mehr bedeutet*
> *<ist mir sonderlicher gewesen>*
> *als die Liebe von Frauen.*[284]

Sang's, seufzte ein bißchen und trieb's weiter mit Weibern, sechsen an der Zahl.[285]. Aber für Könige galt offenbar eine Sonderregelung, für jüdische Könige allemal!
Zu dieser Stelle findet sich eine einschlägige Wertung aus der Mitte des 18. Jahrhunderts:

> *In einem Buche aus der Mitte des vorigen Jahrhunderts wird gerade auf das Wort „sonderlich" ein besonderer Wert gelegt: „Die Neigung gegen das weibliche Geschlecht ist natürlich... dahingegen auch bey der größ-ten Neigung, die man zu einer Person seines Geschlechtes empfindet, der Reiz nur einfach ist und man eigentlich nur die Seele des Freundes, ohne Absicht auf seinen Leib, zum Vorwurf der Liebe hat. Bey diesem nur einfachem Reize dennoch heftig zu lieben, ist sonderbar, selten und*

---

[279] Genesis 9, 21-22
[280] Exodus 20, 26
[281] 1. Sam. 18, 1 + 20, 41
[282] desgl. 18, 1
[283] desgl.. 20, 30
[284] 2. Sam. 1, 26
[285] desgl. 3, 2- - 5

ungemein... Mir deuchts, daß die Worte Davids keiner anderen Erklärung fähig seyen."[286]

Schreibt doch da ein Hobby-Theologe in einem Sexbuch ganz entschieden und ohne tiefere Kenntnis des Hebräischen: *Eine homosexuelle Deutung ist hier zurückzuweisen.*[287] Weil nämlich jüdische Könige 'so was' ja nicht tun dürfen, jüdische Prinzen gleich gar nicht!
Merke:

> *Der rächende Gott (der jüdisch-christlichen Religion) interessiert sich ebenso für Ipsation wie für den Ödipuskomplex - s. Angst.*

Im **Neuen Testament** erwähnt nur der Ex-Rabbiner Paulus in seinem Sündenregister Homosexuelle[288]. Da mag er sich auf den jüdischen Philosophen Philo aus Alexandria zum Vorbild genommen haben, der da schreibt:

> *Sie zerstörten in ihrer Weibertollheit nicht bloß fremde Ehen, sondern Männer verkehrten auch geschlechtlich mit Männern, ohne Scheu vor der gemeinsamen Natur... Diese Knabenverführer erhielten zwar den klaren Beweis, daß sie auf diese Weise ihre Manneskraft unnütz vergeudeten, aber der Beweis fruchtete nichts, weil sie von zu heftiger Begierde sich überwältigen ließen, indem sie nun allmählich Männer daran gewöhnten, das zu dulden, was dem weiblichen Geschlecht zukommt, riefen sie bei ihnen die Weiberkrankheiten hervor, ein schwer zu bekämpfendes Übel... Denn wenn allzumal Hellenen und Barbaren hierin übereinstimmend solchen Verkehr üben wollten, würden die Staaten der Reihe nach wie durch pestartige Krankheit entvölkert werden und alsbald veröden.*[289]

Hier macht Philo mehrere Gedankenhopser: Er fängt mit Männern an, schwenkt auf Knaben über, spricht über das „weibische und damit krankhafte" Verhalten der Tunten und warnt vor Entvölkerung und Verödung ganzer Staaten. Dabei hätte er wissen müssen, daß gerade zu seiner Zeit und in seinem Umfeld Hellenen und Barbaren (die Philo als

---

[286] Moll 40 zitiert aus: Vermischte Abhandlungen und Anmerkungen aus den Geschichten, dem Staatsrecht, der Sittenlehre und den schönen Wissenschaften. Frankfurt, Leipzig 1751, 626
[287] Mann 63
[288] 1. Kor 6, 9; Gal 5, 18; 1. Tim 1, 10
[289] Steinhäuser 361, Anm. 906

Nichtjuden wahrnimmt) Homosexualität praktizierten und sie für ungefährlich hielten, wenn nicht gar für eine Randerscheinung, über die es nicht viel nachzudenken gibt.

Paulus gibt im 1. Korintherbrief zunächst einmal eine Warnung an alle Frevler:

> *Oder wißt ihr etwa nicht, daß die Ungerechten werden das Reich Gottes nicht ererben? Lasset euch nicht verführen! Weder die Hurer noch die Götzenanbeter noch die Ehebrecher noch die Weichlinge noch die Männerbeschlafer noch die Diebe noch die Geizigen noch die Trunkenbolde noch die Lästerer noch die Räuber werden das Reich Gottes ererben.* [290]

Da werden die Homosexuellen in drei Bezeichnungen aufgedröselt: *Hurer* (d.h. aktive Schwule), *Weichlinge* (d.h. passive Schwule) und *Männerbeschlafer* [291] (d.h. Erzschwule), und sie finden sich in bunter Gesellschaft wieder, von Götzenanbetern, Ehebrechern, Dieben, Geizigen, Trunkenbolden und Lästerern. [292]

Paulus gibt dann im Römerbrief eine genaue Beschreibung der Homosexualität, denn davon versteht er ja was:

> *Gleichermaßen verließen auch die Männer den natürlichen Gebrauch der Frau und entbrannten in ihren Begierden zueinander, so daß Männer in den Männern Schande bewirkten und den Gegenwert, den sie wegen ihrer Verirrung verdienten, in sich selbst empfingen. Und wie sie erachteten, Gott in der Zuerkennung zu besitzen, lieferte Gott sie an ein verworfenes Denken aus, das zu tun, was sich schlechterdings nicht schickt.* [293]

Das soll nun die Wurzel aller Übel sein, die Paulus im Anschluß daran im Römerbrief aufzählt. Und sofort kommt ein Theologe und schärft die Diskussion,

> *und zwar als Konsequenz aus dem biblischen Bezug der kirchlich-theologischen Homosexualitätsdiskussion. So geht etwa Paulus in Röm 1 davon aus, daß dein Mensch*

---

[290] 1.Kor 6,9-10
[291] Die Lutherbibel übersetzt das Wort als „Knabenschänder" es ist jedoch lt. Schmoller ein masculorum concubitor!
[292] In der koptischen Bibel ist die ganze Stelle 1.Kor. 6,5-10 ausgelassen, demnach handelt es sich um einen späteren, den Paulustext verfälschenden Einschub!
[293] Röm 1, 27-28

nicht zugleich als Christ und als aktiver Homosexueller leben kann. [294]

Dabei steht diese Ausschließlichkeit ‚Christ contra Schwul' bei Paulus gar nicht zur Debatte! Paulus hatte eine winzige Kleinigkeit übersehen:

Dem Evangelium, das er zu predigen vorgab, geht es gar nicht um sexuelle Dinge!

Jesus hat Flüche gegen den Feigenbaum,[295] gegen Städte,[296] gegen Pharisäer und Schriftgelehrte,[297] und häufig gegen Reiche[298] ausgestoßen, aber von Homosexuellen sagte er nichts. Ganz im Gegenteil!
Das stimmt nicht, meinen die Theologen:

> Ben-Chorin *sieht in einer Stelle (Matthäus 7,6) ein Indiz dafür, daß Jesus die Homosexuellen oder zumindest die männlichen Tempelprostituierten als Hunde bezeichnet hat. Hatte Jesus selbst eine Vorliebe für Männer? „Das Interesse an dem angeblich homosexuellen Jesus" hält der Heidelberger Neutestamentler* Berger *für eine „Mischung aus sexueller Neugier, bür-gerlichem Schein und frommer Empörung". Er führt es in seinem Buch „Wer war Jesus?" auf ein umstrittenes 'geheimes Markus-Evangelium' zurück... Dort geht es um einen jungen Mann, den Jesus auferweckte. „Der Jüngling aber blickte zu ihm auf und liebte ihn und begann ihn zu bitten, er möge bei ihm bleiben". Nach sechs Tagen „kommt der Jüngling zu ihm, nur mit einem Hemd auf dem bloßen Leibe bekleidet. Und er blieb bei ihm jene Nacht; denn es lehrte ihn Jesus das Geheimnis des Reiches Gottes". Eine homoerotische Komponente dieses Textes wird von* Morton Smith *und* John Dominic Crossan *behauptet, hingegen von* Berger *wie auch von* Howard Clark Kee *verneint. Die angeblichen Stellen aus dem geheimen Markus-Evangelium ähneln einer Erzählung im Evangelium des Johannes, daß Jesus den Lazarus, den Bruder von Maria und Martha in*

---

[294] Steinhäuser 301
[295] Matthäus 21, 19
[296] desgl. 11, 21ff
[297] desgl. 23, 13ff
[298] Lukas 6, 24

> *Bethanien, nicht nur wieder lebendig gemacht, sondern geliebt haben soll „Siehe, wie hat er ihn liebgehabt!"*[299]

Das Evangelium hebt einen Jünger ausdrücklich hervor als *den Jünger, den Jesus lieb hatte*. Genau dieser Jünger saß beim letzten Abendmahl *zu Tisch an der Brust Jesu, der ihn lieb hatte*.[300] Er begleitete ihn bis zum Kreuz[301] und er war auch bei der Auferstehung zugegen.[302] Alles das sind Hinweise dafür, daß Jesus Liebe nicht verachtet hat, homosexuelle Liebe gleich gar nicht. Im Gegenteil! Eines seiner Hauptgebote lautet: „Liebe deinen Nächsten wie dich selbst!"

> *Das Bibelwort wird im allgemeinen mißverstanden als: Liebe andere so, wie du dich lieben würdest. Oder schärfer: Was du dir erfüllen möchtest, verzichte darauf, um es anderen zu geben. Das kann doch nicht wahr sein! Man muß es vielmehr verstehen als: Nur wenn du dich selbst liebst, kannst du eine andere Person lieben. Mit sich selbst vertraut und liebevoll umgehen ist die notwendige Voraussetzung jeder zärtlichen Zuneigung zu einem anderen Partner: Wie du dich selbst liebst, liebe deinen Partner... Ein Mann, der seine schwulen Neigungen nicht als selbstverständlich annimmt, auslebt oder ausspricht, kann kein aufrichtiger Partner seiner Frau, kein väterlicher Freund seiner Kinder, auch kein Liebhaber seines schwulen Freundes sein. Das freie und selbstbewußte Bekenntnis ist oft der Anfang einer glücklicheren Zukunft, nicht nur für ihn selbst, sondern häufig auch für die Menschen seiner Umgebung.*[303]

Damit befolgt der bekennende Christ aber auch ein zweites, entscheidendes Gebot des Evangeliums, das Jesus bei der Abendmahlfeier eingesetzt hat:

> *Ein neues Gebot gebe ich euch: daß ihr euch gegenseitig lieb habt wie ich euch geliebt habe, so sollt auch ihr euch gegenseitig lieb haben. Nur daran sollen alle erkennen, daß ihr meine Jünger seid, wenn ihr Liebe untereinander habt.*[304]

---

[299] Augstein, Rudolf. Jesus Menschensohn. Hamburg 1999, 346-47
[300] Johannes 13, 23-25
[301] desgl. 19, 26
[302] desgl. 21, 7
[303] Wenn ich nicht 247/8
[304] Johannes 19, 34-35

Der Kommentar der EINHEITSÜBERSETZUNG faselt dazu:

> *Das 'neue' Gebot, die Bruderliebe nach dem Vorbild der Liebe Jesu bis zum Tode überbietet das alttestamentliche Gesetz. Die Erfüllung dieses Gebotes wird zum kennzeichnenden Merkmal der Jünger Jesu.*[305]

Die Sucht der Theologen, zu deuten und zu schwafeln, da wo Schweigen angemessener wäre, ist wirklich schwer erträglich.
Ein klarer Text braucht keine unklaren Kommentare, meinte der Theologe ADOLF HARNACK lakonisch.
Verstanden hat das Gebot Jesu wohl keiner, siehe die Auslassungen und Absonderungen über Schwule zu Beginn dieses Kirchen-Kapitels.
Also, liebe Mama Kirche, um Gottes und um Jesu und des Evangeliums willen!
Zwinge deine Vertreter doch endlich dazu, gründlich die Bibel zu lesen!
Und wenn schon nicht alles, dann doch wenigstens das Evangelium.
Und wenn schon nicht das, dann doch wenigstens die Gebote Jesu!
Das Evangelium macht frei!
Frei von Vorurteil, Krampf und dem ganzen anderen scheinheiligen Theater!
Und deshalb wollen wir aus vollem Herzen Christen sein:
Da hilft nur Beten!
Aber manchmal hilft schon ein frommes Traktätlein, worinnen zu lesen:

> *Gott schuf also die Menschen männlich und weiblich. Gott schuf die Sexualität im Menschen. Und er sagte, sie sei SEHR GUT - nicht schlecht, schämenswert, entwürdigend oder an sich sündig. Erst der falsche Gebrauch ist Sünde. Gott schuf die Sexualität, damit man sich ihrer BEDIENT. Hätte er sie nicht zum Gebrauch bestimmt, dann hätte er sie gar nicht entworfen... Wenn der Schöpfer die menschliche Sexualanatomie vorsah, wenn er geschlechtliche Reize und die Kapazität zum Vollzug in Funktion setzte, dann zu ganz bestimmten ZWECKEN.*[306]

Manchmal hilft auch schon Pfarrer MÄRTTER:

> *Zwei homosexuelle Männer konnten sich erstmals in der Kölner Martin-Luther-Kirche ihr Ja-Wort geben und damit ihre schwule Ehe unter den Segen der evangelischen Kirche stellen. Der Bund fürs Leben soll sogar ins*

---

[305] Einheitsübersetzung. Aschaffenburg 1979, 257, Anm. zu 13,24
[306] Armstrong 46/7

Kirchenbuch eingetragen werden. Pfarrer Hans Märtter, 39, segnete das Paar vor zahlreichen Hochzeitsgästen, denen auch ein 'schwules Orgelspiel' geboten wurde. Dieter, 42, und Peter, 43, tauschten in der Kirche Küßchen und versprachen sich 'Treue und Ehrlichkeit vor Gott und der Welt.' [307]

Da sei aber das Landgericht Frankfurt / Main vor, denn es argumentierte schnell:

Die Geschlechtsverschiedenheit der Parteien des Ehevertrages ist die materielle Ehevoraussetzung. Insofern gilt die Ehe in Europa und verwandten Kulturen als die auf Dauer angelegte Gemeinschaft von Mann und Frau, und diese Grundvoraussetzung stehe nicht zur Disposition der Rechtspre-chung. [308]

Aber manchmal hilft ja auch schon das Arbeitsgericht Lörrach: Der Klage eines Homosexuellen auf einen Ausbildungsplatz wurde stattgegeben, weil die katholische Sexual-lehre gegen das Grundgesetz verstößt. [309]
Wie gesagt, Wunder gibt es immer wieder, und ein bißchen Beten hilft auch.

Die böse Krankheit der bösen Onkel Doktors
Balanzieren eines Trinkgefäßes
(nach einem rotfigurigen Vasenbild um 500 v. Chr. zu Berlin)

---

[307] DER SPIEGEL 29 (1994), 47
[308] AZ 2/9 T 18/93, Berliner Morgenpost vom 24.4.93, S. 2
[309] Die Welt 7.5.93, S. 2 siehe oben!

6. Die böse Krankheit der bösen Onkel Doktors

> Motto:
> Ursachenforschung ist reine Mittelverschwendung. *Der Spiegel 32 (1993), 7*

Da haben wir es, sagen die Onkel Doktors, und die sind ja lieb, AIDS ist eine schlimme Krankheit, die ist hochgradig ansteckend, doch sie ist **noch** unheilbar. Leider!
Schwul ist auch eine schlimme Krankheit, möglicherweise genau so ansteckend, und sie verbreitet ja AIDS. Einige behaupten: Bestimmt sogar! Aber die, ähem, tja, **vielleicht** ist die heilbar.
Folglich heilen die Onkel Doktors ihre schwulen „Ansteckungsfaktoren Patienten" mit aller Macht und aller Kraft und aller Gewalt, die ihnen zu Gebote steht:

> *Ärzte versuchen jetzt, Homosexuelle mit Elektroschocks und Brechmitteln zu behandeln. Die Schmerzen sollen bei dem Patienten heftige Abscheu und Furcht hervorrufen, mit denen er dann angeblich sein sexuelles Verlangen assoziiert, wenn es ihn überkommt. Homosexualität gilt zwar nicht als Straftat [sic!], sie wird aber in aller Regel als „Randaliererei" verfolgt. Einige der Patienten, behauptet eine Ärztin, umarmen uns voll Dankbarkeit.* [310]

Glücklicherweise leben diese Patienten in einem Lande, wo Schwulsein nicht als Straftat gilt.
Und glücklicherweise „randalieren" die Schwulen ja in der Regel nur bei der rabiaten, medizinischen Behandlung.
Und glücklicherweise ist das alles gar nicht wahr...
O doch, es ist!
Es findet in der Volksrepublik China statt. Der Ausspruch stammt von *„Chinas be-kanntester Sexualwissenschaftlerin Gau Caiqin".*
Ja, sind denn Chinas Ärztinnen ganz und gar von Gott verlassen???
O nein, sagen die Onkel Doktors in Europa fromm, sie haben nur endlich einmal ausprobiert, was wir in unseren Labors und Krankenhäusern leider noch nicht machen durften: Elektroschocks und Brechmittel gegen eine böse Krankheit anwenden.
Wir hatten ja auch früher schon unsere eigenen Methoden. So neu ist das alles gar nicht:

---

[310] DER SPIEGEL 14 (1990), 212

Dem Tischler(!) *KUHNE in Leipzig unterm 9. November 1889 war zu bezeugen, daß seine Geschlechtsreibebäder* (!) *„von unschätzbarem Werte und wunderbarer Wirkung gewesen sind" und „den Ärzten die genaueste Prüfung dieser neuen Heilmethode zu empfehlen sei.*[311]

In einer Wasserheilanstalt gelang es während einiger Monate einem erfahrenen Kollegen, Patientin durch Hydro- und Suggestionstherapie von jeglicher Homosexualität zu befreien und zu einer dezenten, sexuell mindestens neutralen Persönlichkeit zu gestalten, die sich höchst korrekt benimmt.[312]

In den USA, in Kanada und der UdSSR hat man Versuche unternommen, mit Hypnose Perversionen, die auf einer sexuellen Fixierung beruhen, zu behandeln. Angeblich soll bei Homosexuellen eine Abkehr von gleichgeschlechtlichen Praktiken erreicht worden sein.[313]

Ticken die Ärzte da noch richtig?
Ja, doch, als gewissenhafte Naturwissenschaftler berechnen sie das Übel von der Wurzel aus:

Manche gingen in der Bekämpfung des ‚Leidens' so weit, daß sie das spezi-fische Gewicht des männlichen Samens mit dem des Blutes verglichen – und kamen so zu der Schlußfolgerung, daß jeder Samenerguß mit einem zwanzigmal größeren Blutverlust gleichzusetzen sei. Das ist doch nicht zu fassen![314]

Und dann stellen sie fest, daß die Medikamente so wenig anschlagen:

Man kann Empfindungen und Triebe nicht mit Salzsäure und Aloe bekämpfen, sondern nur durch gleichartige psychische Vorgänge alterieren.[315]

Und daß radikale Operationen nichts nutzen:

---

[311] Bloch 785
[312] West 86
[313] Valensin 164
[314] Coolsaet 238
[315] Moll 461

> *Gelegentlich wurde auch die Frage erörtert, ob durch* **Kastration** *die konträre Sexualempfindung beseitigt werden kann... Ich glaube aus theoretischen Gründen nicht, daß wir davon viel zu erwarten haben... Wenn das Gesetz die homosexuellen Akten für staatsgefährdenden halte, so bleibe ihm nur übrig, die Urninge so zeitig wie möglich zu töten oder zu kastrieren. Beide Mittel sind wohl vom medizinischen Standpunkt aus etwas zu heroisch.* [sic!] [316]

Ach, es kommt noch schlimmer:

> *In Hamburg, Freiburg, Göttingen und Frankfurt/M wurden noch bis 1978 mit dem Skalpell psychochirurgische Eingriffe in Gehirnen durchgeführt, wo durch gezielte Zerstörung von Teilen des Zwischenhirns abweichendes sexuelles Verhalten behoben werden sollte.*

Eine Rechfertigung für derlei Greuel lieferte Mama Kirche:
Für den Homosexuellen *ist eine betreuende Führung, unter Umständen eine medikamen-tative oder operative Behandlung mit dem Ziel notwendig, die drängende homosexuelle Triebhaftigkeit zu mildern.*[317]
Haben Ärzte und Pastoren noch alle Tassen im Schrank???

Aber es sollte noch viel schlimmer kommen:

Homosexuelle wurden zwangssterilisiert, zwangskastriert, zwangsentmannt - natürlich auf 'freiwilliger' Basis, und das im Dritten Reich und nur ganz in den Anfangszeiten unserer Bundesrepublik. Das Problem mitsamt Organ wurden radikal weggeschnitten, ganz einfach — schnipp-schnapp! Beseitigt.
Haben die Ärzte nicht doch einen Sprung in der Schüssel?
Nein, haben sie nicht.
Denn sie sind voll ihrer ärztlichen Notwendigkeit und Unersetzlichkeit bewußt.
Sie dürfen endlich, endlich therapieren. Nicht nur physisch, das wäre zu einfache (Wie schon gesagt: ein Schnitt, und weg ist das Problem!). Nein, psychisch, um nicht zu sagen, tiefenpsychisch.
Und dafür ist GERARD J.M.VAN DEN AARDWEG ein besonders markantes Beispiel. Er erfand eine „Anti-Selbstmitleids-Therapie bei Homosexualität", und die geht so:

---

[316] Moll 462
[317] Zur Frage der Sexualethik der EKD 1971.

> *Das Hauptaugenmerk des Therapeuten liege auf beständigen <u>entdramatisierenden Impulsen</u>, die die unerläßliche <u>Selbstbeobachtung</u> des Klienten förderten, der dadurch in die Lage versetzt werde, die Klage seines inneren Kindes selbst zu erkennen.* (sic) [318]

> *In einer Tabelle stellt er seine Behandlungsergebnisse bei 101 Klienten vor:*
> *43 % hätten die Behandlung nach zwei bis acht Monaten abgebrochen,*
> *11 % könnten nach mindestens zweijähriger Behandlung als radikal*[319],
> *26 % als zufriedenstellend*[320] *verändert betrachtet werden,*
> *bei 11 % gäbe es Verbesserungen*[321],
> *bei 9 % keine Änderungen*[322].

Fazit dieser Behandlungsmethode? *Ein Autopsychodrama.*[323]
Über weitere einschlägige Behandlungsmethoden gibt WILLE Aufschluß:

> *Was würde wohl ein zeitgenössischer Arzt dem Sokrates gesagt haben, wenn sich dieser, tiefunglücklich, an ihn mit der Bitte gewandt hätte, von der „perversen" oder „konträren" Liebe zu schönen Jünglingen kuriert zu werden? Vielleicht durch Bromkalium, kaltes Wasser und Suggestionstherapie, d.h. auf Deutsch durch Überredung, daß die Xanthippe schöner, liebenswürdiger und unterhaltender sei, als der blühende Jüngling Alkibiades?* [324]

Und so gibt es dann allerhand wilde Theorien, woher jene Seuche Homosexualität kommt, die da ausgerottet werden muß. Merke wohl:

> *Im internationalen Krankheitsregister der Weltorganisation (WHO) werden unter Punkt 302.0 Homosexualität*

---

[318] Steinhäuser 121
[319] Keine homosexuellen Interessen, allenfalls äußerst schwache homosexuelle Impulse Steinhäuser Anm.279
[320] Heterosexuelle Interessen seien vorherrschend; es gebe aber noch periodische, gelegentlich heftige homosexuelle Wellen in der Phantasie. Keine homosexuellen Interessen mehr, aber noch schwache Heterosexualität Steinhäuser Anm. 280
[321] Beträchtlich weniger homosexuelle Interessen mit oder ohne damit einhergehender Zunahme heterosexueller Interessen Steinhäuser Anm. 281
[322] Maximal zeitweise Abnahme homosexueller Interessen, die aber nicht anhalte. Nach mind. dreijähriger Behandlung (!). Steinhäuser Anm. 282
[323] Steinhäuser 125
[324] Wille 73

und unter 302.2 Pädophilie als Krankheiten geführt. Dies widerspricht wissenschaftlichen Einsichten.[325]

Ein Fachmann warnte ja schon im Vorfeld, und wie alle Fachleute nahezu unverständlich:

> *Homosexualität ist weder mit historischer noch mit theoretischer Plausibilität per se als superior oder inferior zu interpretieren.*

Und ein zweiter gibt zu bedenken:

> *Homosexualität ist angeborene Veränderung des sexuellen Gefühls ins Entgegengesetzte* [was immer das sein mag!] [326]

Und ein dritter entdeckt die Ballspiele:

> *Fußball (bzw. Baseball) ist nun einmal der Wett-‚Kampf' par excellence unter Jungen. Meiner Ansicht nach sagt ein homosexueller Mann nicht die ganze Wahrheit, wenn er angibt, daß ihm an diesen Sportarten eben nichts liegt... In seinem tiefsten Inneren hätte er... nur zu gern... mitgemacht.* [327]

Lassen wir alles historische, theoretische und axiomatische Gefasel weg und starren einfach unver-"blümt" auf das, was da so geforscht und geschrieben wird in den vielen schönen Büchern (Der Herr Ex-Minister gleichen Namens möge mir verzeihen, denn das, was jetzt folgt, sind **tatsächliche Äußerungen von Medizinern,** hochbezahlten Spitzenkräften seines Ministerialbereiches, absolut teuersten Spezialisten!!). Wer die Abwechslung liebt, hätte schon für sein Leben lang genug. Und hier wäre wirklich eine Kostenexplosion im Gesundheitswesen zu stoppen.
Denn:
Jedes Fachbuch enthält mindestens eine objektive Wahrheit **mehr** als die anderen, und davon kann man nur lernen.
Boshafterweise zitiere ich vorab ein Statement aus einem Sachbuch *über die wirklich enormen Fortschritte, die in der wissenschaftlichen Forschung seitdem erreicht worden sind*[328] , weil es gerade so schön hierher paßt:

---

[325] Lesben 216
[326] Kon 17
[327] Steinhäuser 127, Anm. 294
[328] Starke 27

> *Der derzeitige Stand der internationalen Forschung und eigener Erfahrung sind die Grundlagen für folgende Ausführungen, deren Aufgabe es ist, einem breiten Publikum die Trennung zwischen Gerüchten und den durch wissenschaftliche Untersuchungen erworbenen Kenntnissen zu erleichtern.*[329]

Wobei wir „wissenschaftliche" notgedrungen in Gänsefüßchen setzen müssen.
Beginnen wir mit der gesamtgesellschaftlichen Legende von der Widernatürlichkeit der Homosexualität: In der Erforschung dieser widernatürlichen Natur tierischer (und vermutlich auch menschlicher) Homosexualität ergeben sich folgende Schlüsse:

> *Sie gilt als spielerisches Training für den Ernstfall, als Notlösung mangels Auswahl, oft als bloßes Begrüßungsritual, Unterwerfungsgeste oder Aggres-sionsverhalten, und nicht selten als schlichter Irrtum, weil sich im Tierreich Männlein und Weiblein manchmal gleichen...*[330]

Da haben dann die Naturforscher doch noch einiges zu tun:

> *Der erste Grund für ein derartiges <homosexuelles> Verhalten ist die Schwierigkeit, das wirkliche Geschlecht des Partners zu erkennen.*[331]

> *Beispielsweise haben Forscher schwangeren Schafen [Schafen! Man bedenke...] Hormone injiziert, die für männliche Schafe typisches Verhalten hervor-rufen. Die weibliche Nachkommenschaft dieser Schafe entpuppte sich als Lämmer im Wolfspelz, die derart viele stereotype männliche Verhaltenswei-sen zeigten, daß die anderen Schafe sie wie Böcke behandelten. Diese Lämmerdamen besprangen sogar andere Weibchen, was zu Spekulationen veranlaßte, daß durch die Injektion männlicher Hormone lesbische Lämmer [!] entstanden waren.*[332]

> *Das Vorhandensein (oder Nichtvorhandensein) von homosexuellem Verhalten bei einigen Tieren sagt nichts*

---

[329] Dietz, Klaus 258
[330] DER SPIEGEL 14 (1999),164
[331] Kon 94
[332] Joannides 327-27

über die Ursachen der Homosexualität beim Menschen aus, auch nichts darüber, ob sie für „biologisch normal" gehalten werden kann. Eine Analogie ist nicht nur kein Beweis, sondern auch keine Erklärung. [333]

Noch im Jahre 1909 stellt ein Sexbuch das alles in Frage:

Ob es solche Naturanlagen bei Tieren gibt, ist sehr unsicher. Man kennt bei ihnen homosexuelle Akte, aber keine Homosexualität. [334]

Aber nun ist es gewiß:
Ein Abgrund droht uns zu verschlingen, denn es gibt wirklich Homosexualität bei über 450 Tierarten:

Wie der amerikanische Zoologe DENNISTON (1980) schreibt, ist homosexuelles Verhalten praktisch bei allen Tierarten... zu beobachten. [335]

Der sexuelle Kontakt ist ein Element der Spielaktivität junger Tiere, die die Kopulation unabhängig vom Geschlecht des Partners imitieren. [336]

Meerschweinchen tun es, Wanzen und Würmer tun es, Eidechsen und Stich-linge tun es, Makaken tun es, Schimpansen tun es erst recht... [337]

Es gibt sogar Fakten einer gegenseitigen Masturbation gleichgeschlechtlicher Tiere (z.B. Elefanten) [338]

Und weil der Schrecken der Natur kein Ende nimmt, gibt es eine Exklusivnachricht von zwei männlichen *Homogeiern Daschik und Jahuda*, die im *„Biblischen Zoo"* von Jerusalem zum Entsetzen aller rechtgläubigen Rabbis

---

[333] Kon 84
[334] Bloch 587; er zitiert in Anm. 64 die Werke „Päderastie und Tribadie bei Tieren auf Grund der Literatur" und „Die Päderastie bei Tieren"
[335] Kon 93
[336] Kon 95
[337] FAZ zit. in DER SPIEGEL 16 (1992), 258
[338] Kon 95

und Ultraorthodoxen ihr Unwesen treiben: *Schon wird die Höchststrafe erwogen: Zooverbot!*³³⁹
In einer der neusten SPIEGELAUSGABEN finden sich noch weitere Arten und Weisen:

> *Weißwedelhirsche tun es, Grau- und Schwertwale tun es, Schwarzbären tun es, Giraffenmännchen tun es, Straußenmännchen tun es mit einem aufwendigen pittoresken Balztanz, der bis zu 20 Minuten dauern kann (bei Straussenweibchen fehlt er, und mann tut 'es' kaum länger als 3 Minuten - die armen Weibchen!), schwule Schwäne* verjagen die *natürlichen Eltern von ihrem Nest und übernehmen das Gelege. Schafböcke tun es regelmäßig zu 10 %, Amazonasdelphine tun es und benutzen dabei ihr Nasenloch (!), Große Tümmler dagegen bedienen und lassen sich bedienen* unter Zuhilfenahme jedweder Körperöffnung und -ausstülpung. *Austernfischer tun es im flotten Dreier. Königspinguine und Silbermöven und Langohrigel und Bonobo-Äffinnen und Grizzlybärinnen tun es sogar lesbisch*³⁴⁰

> *Und zu allem Überfluß, Emu-Männchen tun es auch und ziehen sieben kleine Küken auf und machen in „moderner Familie" ganz ohne Emufrauen.*³⁴¹

Und die Rüsselkäfer gar, diese Ferkel, sind

> *von Natur aus bisexuell, exhibitionistisch und voyeuristisch. Immer wieder besteigen Weibchen andere Weibchen – und nur aus einem Grund: Mit der Lesben-Show versuchen sie, ... Männchen zum Dreierkäferstündchen zu verführen. Mit der homosexuellen Einlage, so die Forscherinnen, lockten die Weibchen jene großen, starken Männchen heran, die sich sonst für sie nie interessiert hätten... Als nächstes wollen sich die Forscherinnen dem Rätsel der schwulen Männchen widmen.*³⁴²

---

³³⁹ DER SPIEGEL 30 (1998), 141
³⁴⁰ DER SPIEGEL 14 (1999),194, Ergebnisse gerafft und zusammengefaßt
³⁴¹ 15 Uhr aktuell, Nr. 193/99, 21. 9. 99, S. 6
³⁴² DER SPIEGEL 43 (1999),283

Als Höhepunkt der SPIEGELNACHRICHTEN gelten die australischen Meeresplattwürmer. Hierbei handelt es sich um echte Hermaphroditen. Sie vollführen

> bis zu einer Stunde dauernde Zweikämpfe. Bei den Sex-Duellen richten sich die Tiere auf und versuchen, ihren Penis in den Leib des Kontrahenten zu stoßen. Gelingt dies, spritzt der Sieger sein Sperma ein... Der Sperma-Spender vermeidet die Belastungen der Wunde, die ihm beim Penetrieren durch den Partner zugefügt wurde, er braucht die Nachkommen nicht auszutragen und kann mehr eigene Eier produzieren für den Fall, daß er das nächste Mal beim Penis-Duell unterliegt. [343]

Auch den „absoluten Höhepunkt" beschreibt der SPIEGEL, die Lust der Tiere mit sich selbst:

> Auch pure Lust ist im Spiel. Nichts zeigt das besser als die Onanie.: Elefanten besaugen ihr Genital mit dem Rüssel, Nubische Steinböcke belecken ihre Penisspitze. Wenn der Bärenmakak den selbstfabrizierten Höhepunkt erreicht, bebt der ganze Körper, der Mund formt sich zum „O". [344]

Alles das sind Wunder der Natur.
Warum nur, warum sollten da die Menschen zurückstehen, das höchstentwickelte Ungeziefer der Evolution? Das klingt doch so 'biologisch'! Merke:

> Manche Affen verwenden Dominanz; wir verwenden sie auch, aber wir sexualisieren sie! [345]

Als ausgleichende Gerechtigkeit jedoch folgenden Zeitungsausschnitt als Programmhinweis für eine Dokumentarsendung:

> Regie: Philip Saville
> **23.35 Quasi-TV (1)** 98-15-529
> **Dreiteiliges Magazin**
> **U.a.: Heiße Hündinnen –**
> **ein Tierbordell**
> **0.05** ⓒ **Rockpalast** 268-44-844

---

[343] DER SPIEGEL 23 (1998), 179
[344] DER SPIEGEL 30 (1998), 141
[345] Comfort 11

Fazit:
> *Aus diesem Grunde sind Wissenschaftler und besonders Psychologen nicht geneigt, im bisexuellen Verhalten der Tiere den Prototyp oder das Analogon der menschlichen Homosexualität zu sehen...*[346]

...nicht etwa der menschlichen Bisexualität, und das ist dann auch wieder so tröstlich, weil es ja naturwissenschaftlich begründet ist.

„Rein wissenschaftlich" und damit als ausgezeichnet belegt gebe ich im Folgenden eine **Litanei der Schwulen** zur Kenntnis – wobei man nach jeder Zeile wahlweise: „Herr, erbarme dich!" oder: „Maria, hilf!" oder: „Heiliger Spekulatius, bitte für uns!" mitbeten sollte. Hier ist sie also, die:

---

[346] Kon 95

Litanei der Schwulen
Stark behaarter Grieche übt sich im Waffenspiel
(nach einem rotfigurigen Vasenbild um 490 v. Chr. zu Basel,
Antikenmuseum)

6.1 Litanei der Schwulen

Litanei der Schwulen

Homosexualität ist heilbar!
Homosexualität ist unheilbar, also *nicht heilbar*! [347]
Homosexualität ist natürlich!
Homosexualität ist natürlich unnatürlich! Nein! Besser noch:
Homosexualität ist widernatürlich, denn *jeder hat nur sein eigenes Geschlecht, so daß die Wirbildung im eigenen Geschlecht widernatürlich, infantil ist.*[348]
Homosexualität ist normal!
Homosexualität ist unnormal, ein Verstoß gegen die Norm, oder besser: ein Verstoß gegen sämtliche gesellschaftliche Normen, oder noch besser: *eine angeborene moralische und physische Abnormität*[349]!
Homosexualität ist die Angst vor Frauen!
Homosexualität ist die Angst vor Männern!
Homosexualität ist ein Umweltprodukt!
Homosexualität ist ein Produkt der Erziehung!
Homosexualität ist ein Produkt von beidem, Umwelt und Erziehung!
Homosexualität ist angeboren!
Homosexualität ist nicht angeboren, sie ist ein Spiel falscher Gene.
Homosexualität ist anlagemäßig bedingt.
Homosexualität ist nicht anlagemäßig bedingt: *Ob sie anlagemäßig bedingt ist, steht wissenschaftlich noch gar nicht eindeutig fest. Wenn aber, dann nur äußerst selten...*[350]
Homosexualität wird durch postnatale (nachgeburtliche) psychosexuelle Einflüsse verursacht.
Im Gegenteil, Homosexualität wird durch pränatale (vorgeburtliche) Bedingungen verursacht; sie ist entweder genetisch angelegt oder intrauterinär (im Mutterleib) erworben.
Homosexualität ist das Zusammenwirken beider Faktorenbereiche, prä- sowie postnatal.

---

[347] Rinard (41. Aufl.), 160
[348] Wörterbuch 314
[349] Kon 17
[350] Rinard (41. Aufl.), 160

Homosexualität ist durch Hormone verursacht, ist das Produkt eines Ungleichgewichtes zwischen männlichen und weiblichen Hormonen.

Nein, Homosexualität ist eine hormonelle Polung des Gehirns, weil ein männliches und ein weibliches, aber unterschiedliches Erotisierungszentrum im Gehirn existiert: Männliche Feten mit extrem niedrigem Androgenspiegel bilden ein weibliches Erotisierungszentrum und haben damit eine 'Anlage' zur Homosexualität. — Für weibliche Babys gilt das Entsprechende, aber das sagt nicht der Autor, das füge ich hinzu. Der hat nur Männer im Kopf.

Homosexualität ist eine physische Ausdehnung des Gehirns, keine hormonelle: *Mitten im sexuell dimorphem Kerngebiet befindet sich eine Zellgruppe, die bei heterosexuellen Männern doppelt so viel Platz einnimmt wie bei Homosexuellen und bei Frauen.*[351]

Homosexualität braucht kein Erotisierungszentrum im Gehirn: sie ist abhängig von den Keimdrüsen; Fehlleistungen der Keimdrüsen richten die Libido auf das eigene Geschlecht!

Homosexualität ist erblich bedingt; hierfür spricht, daß sie sich so früh zeigt!

Homosexualität ist konstitutionell vorgegeben, da kann man nichts machen!

Nein, sie ist ein angelerntes, zur Gewohnheit gewordenes Sexualverhalten, da kann man eine Menge machen!

Sie ist stark sexualisiert: *Die Kindheit homosexueller Männer ist im allgemeinen stärker „sexualisiert"*[352]

Sie beruht auf Verführung!

Sie beruht nicht auf Verführung; sie ist eher eine Konditionierung, wie seinerzeit die Pavlow'schen Hunde.

Sie beruht aber doch auf Verführung, nur anderes herum: Die fast ausnahmslos vorhandene Neigung schafft die Bereitschaft, sich verführen zu lassen oder selber aktiv zu verführen.

Sie beruht auf dem Zufall, der eine Person bei ihrem ersten, sexuellen Erfahrungstun zu einem gleichgeschlechtlichen Partner hinführt, in seiner prägenden Wirkung!

Sie entwickelt sich aus Lebenserfahrungen durch die sog. **peer group**: Versuch, Irrtum und Belohnung, darauf beruht ihre Erworbenheit, aufgrund der Lerntheorie.

Sie ist eine Neurose, etwa in Form einer psychischen

---

[351] bild der wissenschaft 10(1992), 27 Wir armen Frauen, wir armen Schwulen, nur die Hälfte Grips in der Birne!
[352] Kon 245

Fehlentwicklung.
Sie ist keine Neurose, sie liegt nur durch die soziale
Konfliktsituation des Andersseins und seiner oft massiv
negativen Einschätzung durch die Mitmenschen in
steigendem Maße der Gefahr, neurotisch zu werden.
Sie ist das Fehlen des Durchbruchs zur gereiften Sexualität: die Bekanntschaft des gleichgeschlechtlichen Organismus' läßt „gewisse Schwierigkeiten" beiseite.
Sie ist eben Kameradschaft der Leiber: *Beim eigenen Geschlecht herrscht von vorneherein eine Vertrautheit durch die „Kameradschaft" der Leiber.*[353]
Masturbationsphantasien und nächtliche Emissionen haben eine führende Rolle zur homosexuellen Orientierung. — Merk's wohl! Dies schrieb ein Mann. Es gilt weniger für Frauen, doch die können ja auch ganz schön phantasieren, aber Emissionen? Das denn doch nicht, höchstens: Immissionen...
Homosexualität ist sogenannte psychische Intersexualität als Folge der allgemein bipolaren Sexualität, Intersexualitätsstufen sind abhängig vom Drehpunkt der Ontogenese, deren stärkster Grund der Geschlechtsumschlag ist.
Homosexualität entwickelt sich zu einem sehr frühen Zeitpunkt der Kindheit und läßt sich durch spätere Ereignisse kaum verändern, dabei sind psychische Einflüsse möglich.
Nein, in der späteren Kindheit wird die sexuelle Orientierung geprägt.
Unsinn, zur Zeit der Reifung ist die Orientierung der Sexualvorlieben (**sex drive**) kritisch; denn wenn in dieser Zeit die meisten der sozialen Gruppe den gleichen Sex haben, dann tendiert man eben zur Homosexualität.
Quatsch, es sind die vorzeitig Gereiften mit Tendenzen zum gleichen Geschlecht in der **peer group**: diese entwickeln homosexuelle Vorlieben.
Homosexualität ist Aufwachsen in weiblicher Umgebung: Zur Ergänzung der stark weiblichen Komponente wird eine männliche Persönlichkeit gewählt. — Achtet darauf: Dieser Schreiber hat nur Buben im Kopf!
Homosexualität ist eine durch Fehltritte in jugendlichem Alter erworbene Neigung!
Homosexualität ist eben zur Gewohnheit gewordenes Sexualverhalten!

---

[353] Wörterbuch 257

Homosexualität ist durch Übersättigung am anderen Geschlecht entstanden! Genauer: *durch heterosexuelle Übersättigung erworben.*[354]

Homosexualität ist eine Vorbeientwicklung am anderen Geschlecht. *Wird dieser Übergang verfehlt, so findet eine Vorbeientwicklung am anderen Geschlecht statt, und zwar unabhängig davon, ob der Betreffende sich heterosexuell oder homosexuell betätigt.*[355]

Homosexualität ist ja gerade unzivilisiertes Verlangen!

Homosexualität ist eine krankhafte Störung, tatsächlich *stets eine Entwicklungsstörung.*[356]

Homosexualität beruht auf einer *Mißbildung der Keimdrüsen, gehört infolgedessen nicht unter die Obhut der Richter, sondern unter die der Ärzte.*[357]

Homosexualität ist eine Unreifeerscheinung der menschlichen Persönlichkeit, die durch eine fachärztliche Nachentwicklung ausgeglichen werden könnte.

Homosexualität ist im Gegenteil angsterfülltes Reagieren auf eine als feindlich erlebte Umwelt.

Homosexualität umschließt infantile Ängste, ist das pathologische Resultat der sogenannten ödipalen Phase.

Homosexualität hat den Ödipus-Komplex gestört; das erzeugt ödipale Konflikte, und das hemmt die Psychosozialentwicklung, und das führt zur Homosexualität.

Homosexualität ist keine Hemmung, sondern im Gegenteil! ein Produkt von Enthemmtheit, wenn nicht gar Hemmungslosigkeit!

Homosexualität beruht auf der grundsätzlichen Fähigkeit eines jeden Säugetieres, auf jeden ausreichenden Reiz zu reagieren. — Das klingt so richtig bio - logisch!

Homosexualität ist eine fehlgeleitete Bisexualität: *Die anscheinende Homosexualität ist bei (durch äußere Verhältnisse bedingtem) langem Leben in ausschließlich gleichgeschlechtlicher Umgebung durch die physiologische Bisexualität erklärbar.*[358]

Homosexualität ist ein dynamischer Stereotyp. In der Biologie. — Wo denn auch sonst?

---

[354] Wörterbuch 162
[355] Wörterbuch 159
[356] Rinard 150
[357] Neubert 2, 61
[358] Wörterbuch 275

Homosexualität ist eine Krüppelform des Liebeslebens, eine seelische Entwicklungsstörung, sogar eine tiefliegende, seelische Störung.

Homosexualität ist eine unverschuldete Veranlagung!

Homosexualität ist ein Verschulden der Umwelt und der Gesellschaft, ja der gesellschaftlichen Zwänge gegen jeden einzelnen.

Homosexualität ist ein Fehler in der Wirbildung: *Wirbildung ist nur nach einer Seite möglich; Wirbildung im eigenen Geschlecht ist ein Stehenbleiben auf einer infantilen Stufe.*[359]

Die verbotsbetonte Erziehung der Eltern ist schuld.

Die besitzergreifende, dominante Mutter ist schuld.

Der kühl abweisende, feindliche Vater ist schuld.

Das kann so nicht sein! Es ist gerade umgekehrt, also:

Die böse, kalte, dominierende Mutter ist schuld!

Der gute, milde, weichliche Vater ist schuld!

So kann das auch nicht sein! Also:

Die auf pathologische Weise verführerische Mutter ist schuld!

Der dieses abweisende und dadurch bedrohlich gewordene Vater ist schuld!

Ach wo! Das Brüderchen ist schuld! Homosexualität ist unerfüllt gebliebener Wunsch nach einem „lieben Brüderchen". —

Beachte: Das gilt aber nicht fürs Schwesterchen! Der Mensch hat wieder nur Buben im Kopf.

Besser: das Zwillingsbrüderchen ist schuld! *Homosexuelles Verhalten ist bei eineiigen Zwillingen häufiger anzutreffen als bei zweieiigen*[360]. – Beachte: Das gilt wieder nicht fürs Schwesterchen"

Die Eltern allgemein sind schuld! Es kommt darauf an, wie das Kind von seinem Vater und von seiner Mutter behandelt wurde.

Oder besser noch: Die Großeltern sind schuld!

Das kühle, distanzierte Verhalten der Großmutter gegenüber der Mutter ist schuld.

Der die männlichen Züge an der Mutter befördernde Großvater ist schuld. — Beachte: Das gilt wieder nicht für Mädchen, der Mensch hat bloß Knaben im Kopf!

Homosexualität ist ein Ausweichen und eine Abwehr von Kastrationsangst bei Jungen!

---

[359] Wörterbuch 388
[360] Comfort 170

Homosexualität ist dergleichen betreffs des Penisneids bei Mädchen!

Homosexualität ist kein isoliertes Ereignis, bei dem man den Beginn festlegen könnte.

Die Syphilis ist schuld. *Als wichtig für die erbliche Belastung sieht TARNOWSKY ferner die Syphilis an. Er führt einige hierauf bezügliche Fälle an...* [361]

Das Opium ist schuld, allerdings nur bei schwulen Chinesen. *Das Opium bewirke zunächst eine Hyperästhesie des Geschlechtstriebes und führe dadurch zu Excessen, die schließlich bewirkten, daß die natürlichen Vergnügungen nicht mehr zur Befriedigung der Leidenschaften genügen und widernatürliche Akte aufgesucht werden... Erst zu der Zeit, wo der Opiumgebrauch in China eingeführt wurde, sei die homosexuelle Prostitution in größerem Maße aufgetreten.* [362]

Die Pille ist schuld. *Wenn die Pille weiblichen Makaken-Affen – eine auf verschiedene Weise Menschen ähnelnde Spezies – verabreicht wird, ist die Reaktion geradezu erschreckend: die männlichen Tiere hören auf, sich fortzupflanzen und verlieren jegliches Interesse für die Weibchen, statt dessen beschränkt sich ihr Sexualverhalten ausschließlich auf andere Männchen. Obwohl aus dem Verhalten der Makakenaffen keine definitiven Parallelen gezogen werden kann* [N.B: hört, hört!] *ist es auffällig, daß die Verwendung der Pille in der ganzen westlichen Welt mit einer ungeheuren Steigerung der männlichen Homosexualität zusammenfällt...* [363]

Die Nachahmung ist schuld. *Ganz sicher, glaube ich, kann die Neigung zur Nachahmung gelegentlich auch einmal dazu führen, perverse Sexualakte zu probieren. Ob aber eine Perversion des Geschlechtstriebes durch Imitation herbeigeführt werden kann, bezweifle ich.* [364]

Die Gesellschaft ist schuld. Homosexualität entsteht durch den indirekten, aber machtvollen Einfluß, den die Ansichten anderer Personen und die Gesellschaftsordnung auf die Entscheidung eines Menschen ausüben können. Der Autor dieser These erläutert das tatsächlich mit *literarischen*

---

[361] Moll 364
[362] Moll 366-367
[363] Lawlor 174
[364] Moll 372, Anm. 1

Suggestionen, Jugendbewegung, Frühzeit des Faschismus, soziale Entwicklung durch den Krieg usw. [365]

Und die Mutter ist doch schuld. Die Ursachen der Homosexualität liegen in einem Hormonschaden der Mutter während der Schwangerschaft.

Nein, der Vater ist doch schuld. Die homosexuelle Erziehung ist eine Unterwerfung unter den gleichgeschlechtlichen Elternteil als Abwehr ödipaler Rivalität: es entsteht der „Kerl"-Typus.

Das stimmt nicht, weil es nicht für Mädchen gilt.

Die Eltern sind nun doch schuld. Homosexualität wird dort am meisten angetroffen, wo strenge Sitten herrschen: Frühkindliche, sexuelle Spiele erscheinen deswegen homosexuell, weil die Eltern das andere Geschlecht fernhalten.

Homosexualität kommt aber bei Jungen viel häufiger als bei Mädchen vor.

Es gilt auch für Mädchen, aber dann ist es die Mutter.

Also, die Mutter ist doch schuld. Es besteht eine Identifizierung mit dem Bilde der eigenen Mutter.

Aber das gilt nicht für Jungen. Enttäuschung durch Mutter führt zur Abwehr von Mutter, zum Haß auf Mutter, zur Zuflucht zu einem Mann!

Homosexualität ist zu starke Mutterbindung, unbewußtes Identifizieren mit der Mutter!

Aber das gilt nicht für Mädchen.

Nun aber Schluß damit! Der Homosexuelle ist selber schuld! Der Homosexuelle erlebt seine homosexuellen Objekte [N.B. verräterisch, dieser Sprachgebrauch eines Unmenschen!] als Vertretungen seines eigenen, infantilen Selbstes; so entsteht der „Tunten"-Typus.

Das gilt nicht für Mädchen. Für die wäre dann der Vater ein entsprechendes Identifizierungsobjekt...

Und die Mutter ist doch schuld. Begehren der Mutter führt zu Angst vor Inzest und somit zur Homosexualität.

Und die Mutter ist doch wiederum schuld. Für einem homosexuellen Akt gilt: *Dabei wird das Liebesobjekt, das im Unterbewußtsein die Mutter repräsentiert, in eine ‚unendliche Reihe' von stets fallenzulassenden Liebesobjekten aufgelöst. Die Reihenbildung schützt davor, daß die Gleichsetzung von Liebesobjekt und Mutter bewußt wird.* [366]

---

[365] Dietz 137
[366] Steinhäuser 170

Entwarnung, Entwarnung! Die Eltern sind unschuldig. Das Kind ist
  schuld, mit seiner überbesetzten - Selbstbefriedigung!
Das stimmt nicht! Die Frauen allgemein sind schuld. Es ist das
  Abdrängen des Knaben von der Frau durch grobe Schocks
  oder Häufung kleinerer Schocks.
    — Merke: Das gilt auch für Mädchen, nur umgekehrt!
  Auch hier hat der Schreiber wieder nur Buben im Kopf!
Homosexualität ist eine „Selbst-zu-selbst"-Beziehung mit ihrer
  Neigung zu kurzfristigen, wechselnden Partnerschaften;
  gemeint ist - [N.B. der Schreiber ahnt, es wird mißverständlich]
  gemeint ist also, daß das Selbst auf ein anderes, äußeres
  Selbst projiziert wird, weil es für das eigene Selbst steht.
    — Man beachte die sexistische Sprache dieses Mannes: es
  'steht', es 'projiziert' d.h. „wirft vorne raus"!
Homosexualität ist infolgedessen narzistisch und dient zur
  Stabilisierung eines schwachen Selbstsystems, einer
  bröckeligen Identität, eines strukturellen Selbstmangels.
Homosexualität ist aber nicht Autoerotik, diese allein ist narzistisch:
  sie findet nämlich zwischen Partnern statt, nicht etwa
  allein!
Der Partner des Homosexuellen ist ein gynäkomorpher Athletiker
  (weiblich geprägt: weiter Beckenausgang, großer Brust-
  warzenhof, Neigung zu Fettansatz); für ihn erscheinen
  Frauen zu weich, zu gleichwertig.
Im Gegenteil! Der Partner ist ein andromorpher Astheniker
  (männlich geprägt: trichterförmiges Becken, kleiner Brust-
  warzenhof, Neigung zu Magerkeit); für ihn erscheinen
  Frauen zu schwach.
Blödsinn! Meist liegt gar kein bestimmter Typus von Partner vor!
Homosexualität kann aktiv sein!
Homosexualität kann passiv sein!
Homosexualität kann beides sein!

Und das macht sie so — — —
  Tja, was denn nun?
Nach Ihrem Belieben, meine Herren Fachleute, Doktoren, Pastoren, Juroren,
Psycho-logen, Ethnologen, Ethologen –
Tja, wie hätten Sie's denn gerne???

Gefährlich?
Biologisch und sozial zwecklos?[367]
Sündhaft?
Geil?
Lustig?
Abnorm?
Asozial?
Strafwürdig?
Schuldlos?

Sollte ich besser schreiben:

Unschuldig?

Einigen wir uns doch auf den Untertitel meines anderen Buches:

HERRLICH DÄMLICH KINDLICH TRIVIAL

Ich bin schon ganz gierig darauf, was die Forscher noch so alles finden, erforschen und rauskriegen. Das alles ist ungeheuer spannend, denn:

> ***KEINE* der bisher vorgebrachten Theorien erwies sich als zutreffend!**

Dazu bemerkte ein Fachmann:

> *Es ist erstaunlich, wieviel falsche Ansichten über die Entstehung der männlichen und weiblichen Homosexualität heute verbreitet sind.*[368]

Als wissenschaftliche Begründung für eine solche zwecklose Suche nach den Ursachen der Homosexualität schreibt ZINN:

> *Die Frage nach einer möglichen Angeborenheit* (NB. welch eine Wortschöpfung!) *der Homosexualität ist bis heute unbeantwortet und allein die Fragestellung erscheint problematisch. Denn der Versuch einer Erklärung der Homo-sexualität birgt fast immer den Wunsch nach ihrer „Therapie" und hat in der Vergangenheit häufig zur Verfolgung Homosexueller beigetragen. Rüdiger Laut-*

---

[367] Dietz 138
[368] Caprio 21

> *mann hat deswegen schon 1977 ein Moratorium gefordert, „um in Selbstdisziplinierung einen Akt wissenschaftlicher Reinigung zu vollziehen: Die Erforschung der Ursachen der Homosexualität könnte für eine gewisse Zeit ausgesetzt werden, um die ständige Intervention der Wissenschaft zu Lasten der gesellschaftlichen Situation der Homosexuellen zu beenden...* [369]

Und erörtert auch die Frage:

> *...ob es vor der „Erfindung" des modernen Homosexuellen eine homo-sexuelle Identität gegeben habe... Der moderne Homosexuelle sei eine „Spezies", die erst durch die juristischen und medizinischen Diskurse des 19. Jahrhunderts hervorgebracht worden sei, während es zuvor keine homosexuelle Identität sondern nur homosexuelles Verhalten gegeben habe.* [370]

Aber getrost, da bringt Laienprediger und Jesusfuzzy DREYER zu Papier:

> *Ich kenne Leute, die durch den Glauben und eine gesunde Beziehung zu einer Frau von der Homosexualität geheilt wurden.* [371]

Und die Pädophilen tröstet das „Wörterbuch":

> *Homosexuelle, die pädophil sind, können vor Pädophilie bewahrt bleiben, indem sie zum homosexuellen Verkehr mit Erwachsenen aufgefordert werden (oder dieser ihnen suggeriert wird).* [372]

Dieses Kapitel fände kein Ende, wollte ich alles über Homosexualität Erschienene namhaft machen, und ich verschone schon die Leser in meiner **Litanei der Schwulen** auch mit den Belegstellen der Herren Fachleute. Jeder Fachmann, der solches schrieb, wird sich wiedererkennen, aber wer möchte es schon in diesem Zusammenhang? Und aus allem diesem erkenne man:

---

[369] Zinn 44, Anm. 45
[370] Zinn 44, Anm. 46 Da seien aber die alten Griechen und die alten Römer vor!!
[371] DER SPIEGEL 36 (1994), 123
[372] Wörterbuch 250

> *Die homosexuelle Liebe ist genau so kompliziert und vielgestaltig wie die heterosexuelle. Auch sie hat ihre Werther, Casanovas und Don Juans.*[373]

Aber

> *letztlich wird unser Mangel an Wissen durch die intensiven Bemühungen, den Ursprung der Homosexualität zu verstehen, <u>ja nur unterstrichen</u>.*[374]

Als Schlußfolgerung aus dieser **Litanei der Schwulen** darf nun jeder Mensch sagen: Vater, Mutter, Natur, Herrgott, und wer sonst noch alles können nichts dafür. ICH kann auch nichts dafür. Sogar FREUD kann nichts dafür, er schreibt:

> *Gewiß ist Homosexualität kein Vorzug, aber an ihr ist nichts Schändliches. Sie ist kein Laster und keine Degradierung, und sie darf nicht für eine Krankheit gehalten werden.*[375]

Ach, den haben viele Fachleute sicher nicht gelesen. Einer aber doch, denn er fordert:

> *Das Wichtigste, was sich der Arzt einprägen muß, ist, daß die Homosexualität keine Krankheit ist.*[376]

Über ihr eigenes Verhältnis zur Homosexualität verraten zwei Wissenschaftler:

> *Alles in allem handelt es sich - wie es sich schon an diesen Beispielen über Homosexualität erkennen läßt - um eine <u>abseitige, medizinische Betrachtungsweise</u>, für die in der Sexualwissenschaft kein Platz ist.*[377]

> *So möchte ich die Frage, was dem Patienten weniger schadet, die Syphilis oder die Homosexualität, in dem*

---

[373] Kon 299
[374] Carnes 67
[375] Kon 281 zitiert Freuds „Brief an eine amerikanische Mutter" in American Journal f. Psychology 102 (1951), 786
[376] Kon 307
[377] Wörterbuch 280

> Sinne beantworten, daß die letztere meistens immer noch ein geringeres Übel darstellt als die erstere. [378]

Und über das Verhältnis zur Sexualwissenschaft allgemein schreibt ein Fachmann:

> Und ich glaube, es ist ganz gut, wenn wir Mediziner uns daran gewöhnen, auch Vertreter anderer Wissenschaften in derartigen Dingen etwas zu Worte kommen zu lassen und zu berücksichtigen, da wir sonst sehr leicht einseitig werden. [379]

Wir sind halt so, sagen die Fachleute, und sie beugen sich wieder über ihre tiefgreifenden Forschungen.
Ich bin halt so, meint der homosexuelle Mensch, bitte, bitte, darf ich endlich so sein wie ich bin?? Darf ich 'so' sein??? Ich bin doch gesund!
Nein, tönt da das Verdikt eines Fachmannes:

> Ganz besonders aber scheint mir eine pathologische Erscheinung da vorzuliegen, wo Organe und Funktionen in einem gewissen Mißverhältnis zu einander stehen. Dies ist beim homosexuellen Mann der Fall. Das membrum virile ist zur Introductio in vaginam bestimmt. Dafür spricht seine Lage und Form, die bekanntlich im erigierten Zustand der Vagina angepaßt ist. [Der Mann hatte eben nur Buben im Kopf!] [380]

So kommt er zu dem Schluß, der uns nicht rasten noch ruhen läßt:

> Fälle von Homosexualität bieten deshalb eine gewisse Ähnlichkeit mit Mißgeburten... [381]

> In der Tat betrachte ich die vollständige Geschlechtsreife als eine Hauptbedingung zu der Annahme, daß die homosexuelle Liebe eine krankhafte Erscheinung sei. [382]

Er nennt sie *Leib-Seelenzwitter*. Das denn nun doch nicht!

---

[378] Moll 458
[379] Moll 364
[380] Moll 427
[381] Moll 428
[382] Moll 431

Merke:

> **Homosexualität ist keine Krankheit, sie ist halt eine andere Gesundheit.**

Ich bin halt 'so' gesund. Laßt ihr mich so gesund sein, weil ich 'so' bin? Bitte, liebe Fach-leute, bitte, Papa Staat, Mama Kirche und die ganze liebe Gesellschaft drum herum.
Ach Kinder, seid doch nicht so quengelig! sagen die bösen Onkel Doktors:

> *Wir glauben ja nun, daß es einen guten Grund dafür gibt, daß Homosexualität nicht als 'sexuelle Krankheit' **(disorder)** angerechnet wird. Homosexualität ist weit verbreitet, obwohl nicht so weit wie allgemeines Sexualverhalten. Die allgemeine Zahl der Homosexuellen ist wirklich hoch. Ein Hauptkriterium, eine Praktik als 'abnormal' zu bezeichnen, ist Seltenheit. Und keine dieser Formen der Sexualität ist heute selten. Was die sexuellen Verhaltensweisen der Vergangenheit unannehmbar machten, war die Einstellung der Gesellschaft gegen sie, nicht organische oder seelische Abnormität.*[383]

Na gut, wir überlegen uns das noch einmal, sagen die bösen Onkel Doktors und wollen wieder lieb sein, aber forschen wollen wir doch auch, und wir müssen doch etwas tun! Dürfen wir nun weiterforschen? Paßt mal auf, ihr Onkels, sagen die Kinder, ihr habt **wirklich noch sehr viel** zu tun. Denn nach der Entstehung der **HOMO**-SEXUALITÄT zu fragen ist doch nur dann sinnvoll (ach, es waren ja so kluge Kinder!), wenn erst mal über die **URSACHEN DER HETERO**-SEXUALITÄT nachgedacht wird. Habt ihr denn schon mal richtig nachgegrübelt, was das für eine schlimme Krankheit ist und was für eine böse Seuche, die überwiegende Mehrzahl aller Menschen müssen ja darunter leiden?
93 % der Menschen leiden unter dieser Seuche, das sagt ihr ja selber. Eine richtige Lustseuche, die die Volksgesundheit bedroht und den Volkskörper schwächt! Und 93 %, das sind doch viel, viel mehr als die paar Lesben und Schwulen mit ihren pisseligen sieben Prozent!
Ja, da habt ihr recht, sagen die Onkels, die immer noch ganz lieb sein wollen (sie haben ja auch viel gut zu machen an uns Schmuddelkindern, und das wissen sie) Da haben wir ja wirklich noch sehr viel zu tun!
Und Homosexualität ist nun nicht mehr krankhaft, therapiebedürftig, existenzgefährdend, nicht mehr sündhaft, schwer beladen mit Schuld? fragen nun die Menschen, die Herren, die Damen und die Kinder.

---

[383] Rosenhan 375

Nein, gewiß nicht! sagen die lieben Onkel Doktors, sie sind schon etwas unwirsch, Hört auf mit den DÄMLICHEN Fragen! Endlich haben wir ein HERRLICHES Forschungsgebiet! Sie freuen sich wie die KINDER.
Da sind die Väter und die Mütter aber froh und erleichtert, denn jetzt können sie nichts „dafür".
Und die Verfolger von Schwulen und Lesben sind beschwichtigt und geben Ruhe, denn die medizinischen Fachleute haben es ja gesagt, nicht irgend so ein Trottel.
Und ein Wissenschaftler hat bereits geahnt, was wir schon lange wissen:

> *Oft werde ich gefragt, was den nun der Grund für Homosexualität sei. Ich finde diese Frage müßig wie die Frage, was denn die Ursache für Heterosexualität sei. Denn eine letzte Antwort wird es wohl nicht geben. Aber diese Anschauung hat etwas sehr Männliches: die Dinge fest machen zu können* [N.B. sexistischer Sprachgebrauch], *denn erst das gibt Sicherheit, festen Grund unter den Füßen... Auf die Frage, woher (die Homosexualität) kommt, pflege ich zu sagen, das sei mir gleich, denn wenn man sich auch in der Natur umschaue, gebe es dort Vielfalt, niemals EIN-Falt, und das müsse als Erklärung genügen.*[384]

Und die Therapeuten müssen stempeln gehen, denn es ist unwissenschaftlich und erfolglos, nach der Herkunft von Homosexualität zu fragen, weil das doch nur in der Absicht geschieht, Homosexuelle therapieren zu wollen. Ein Fachbuch tut da Abgründe auf:

> *Eine Befragung amerikanischer Psychologen ergab, daß Homosexualität per se von mehr als 20% der Therapeuten als pathologisch behandelt wurde. STEIN schreibt: „Die feindselige Haltung gegenüber Homosexualität innerhalb der Psychotherapie beginnt sich erst durch zunehmende Veröffentlichungen von Forschungsergebnissen zu verändern."*[385]

58 % der weißen Homosexuellen in San Francisco befanden sich 1981 in psychiatrischer Therapie![386] Dazu schreibt CAYCE:

---

[384] Jung 89
[385] Pope 72-73
[386] DER SPIEGEL 16 (1981), 246

> *...die meisten Autoren wollen den Homosexuellen von seiner Homosexualität heilen. Das hat für mich eine andere Bedeutung: den Homosexuellen vor sich selbst, vor seiner Selbstverurteilung zu retten. Ich glaube, Sie werden mit mir einer Meinung sein, daß es viele Abstufungen der Sexualität gibt. Es gibt kein Schwarz und Weiß, kein Homosexuell und Heterosexuell. Vielmehr gibt es das Phänomen der Bisexualität. Ich kann mir vorstellen, daß einige dieser Fälle Personen sind, die physisch heterosexuell, mental aber homosexuell sind.* [387]

Und eine Heilung ist außerdem ohnehin fraglich und *schwierig, da Perverse ihr sexuelles Fehlverhalten positiv bewerten, also meist gar nicht geheilt werden wollen.* [388]

> *Auf die Frage: Wenn es eine sichere Methode geben würde, mit der Homosexualität behandelt werden könnte und die nicht viel kosten würde: Würden Sie sich behandeln lassen? antworteten 13 % „ja", 22 % „vielleicht", aber 65 % „Nein!"* [389]

Recht haben sie!
Tscha, wo nu nix krank is, da gibt's nix zu therapieren.
Ist das kein Grund zur Freude? sagen Mama und Papa und die ganze Elternschar.
Und dabei auch noch kostensparend, zumindest was die Kosten für die Therapie betrifft, sagt Papa Staat und hat den Sozialhaushalt im Kopf.
Aber, aber, laßt die Ärzte ruhig weiter forschen! Billiger wird's eben nicht, meint begütigend Mutter Kirche - sie hat halt ein weiches, weites Herz.
Und sogar die schwulen Chinesen kommen angerannt (die meisten, will ich hoffen!) und *„umarmen uns voll Dankbarkeit"*.
Hihi! kichern die Kinder, denen haben wir's aber gegeben, diesen böhsen Onkelz! Denn wie sagten sie seinerzeit immer, als sie uns noch therapieren wollten? Sie sagten:
Den Jungen gehören die Flausen tüchtig ausgetrieben!
Den Mädchen aber auch! warfen die Feministinnen dazwischen, die ja immer was zu mäkeln haben, und beugten sich wieder über ihre hochwichtige Frauenforschung.
Und die Doktoren waren mit der Männerforschung befaßt, weil sie das besser können.

---

[387] Cayce 157
[388] Dietz 217
[389] Steinhäuser 171, Anm. 439

Aber bitte, bitte, nicht so viel abschreiben! warnte die Tante Pädagogik, ich merke es ja doch! Und wenn sie nicht gestorben sind, dann forschen sie noch heute...
Am liebsten aber forschen die Forscher im Urlaub, in exotisch fernen Ländern bei exo-tisch fremden Völkern, die sich dann immerhin mit Sportlern westlicher Herkunft auf eine Stufe stellen lassen, meint Herr COMFORT:

> *Primitive Krieger enthalten sich aus magischen Gründen des Geschlechtsverkehrs, bevor sie in den Kampf ziehen. Bei uns werden Sportler, die während des Trainings nicht enthaltsam leben, der Unsportlichkeit bezichtigt. Bei all unseren Versuchen, vernünftig zu handeln, müssen wir solche Lächerlichkeiten beachten...*[390]

Bei den <u>Sambia</u> in Papua-Neuguinea vor allem, da ist Intimleben noch so richtig interessant![391] Auch über die <u>Eskimos</u> ist Staunenswertes zu berichten:

> *...nach langem Stubenhocken und Mangel an Sonnenlicht – die Eskimofrauen menstruieren in der langen Polarnacht überhaupt nicht – kann die Regel auch vorübergehend ausbleiben...*[392]

Noch viel interessanter ist es da bei den <u>Nuba</u> im südlichen Sudan, denn die laufen mit Vorliebe nackt herum, und da muß man sich der quälenden Frage stellen:

> *Kann etwa Voyeurismus dort existieren, wo das Verbot der Nacktheit fehlt??*[393]

Und :

> *anstatt zu sagen: „Ich weiß es nicht, im Rahmen meiner Wissenschaft ist die-se Frage heute nicht lösbar", erklärt der anmaßend-selbstbewußte beschränkte Wissenschaftler: „Eine solche Erscheinung kann es nicht geben."*[394]

Lernen kann man auch dabei, zum Beispiel etwas über Toleranz:

---

[390] Comfort, Eros 69
[391] DER SPIEGEL 16 (1981), 246
[392] Ankenbrand 123
[393] Kon 331
[394] Kon 334

> *Von 76 Völkerschaften, über die einschlägige Informationen vorliegen, halten 49 (= 64 %) homosexuelles Verhalten für normal und duldeten, daß bestimmte Mitglieder sich in der einen oder anderen Form homosexuell betätigten.*[395]

Aber, liebe Forscherinnen und Forscher, warnt das „Wörterbuch", hütet euch davor, Kaffee zu trinken bei den Kaffern, (so werden die Hottentotten auch genannt):

> **Soretrinken**, *ist ein hottentottischer Brauch: die Überreichung einer Schale Kaffee bekundet die Absicht zu außerehelichen oder* [wie gräßlich!] *zu homosexuellem Geschlechtsverkehr.*[396]

Und so macht Forschung in der Humansexuologie auch im Urlaub Spaß. Eben, weil es echte Forschung ist. Aber bitte, keinen Kaffee dabei trinken! Sonst, siehe oben!

Komm doch mal rüber auf die andere Seite
Sexuelle Spielereien: Zwei Männer, ein Bursche, ein Knabe
(nach einem rotfigurigen Vasenbild um 500 v. Chr. zu Berlin)

---

[395] Dietz 217 vgl. DER SPIEGEL 20 (1985), 256f
[396] Wörterbuch 330, mir persönlich war Sore nur als „Diebsware" bekannt und Hottentottisch kann ich nicht, aber woher die Gelehrten dieses Sprenkelchen haben, DAS möchte ich doch zu gerne wissen.

7. Komm doch mal rüber auf die andere Seite!

> Motto:
> Wer nicht Teil einer Lösung ist, der ist Teil des Problems. *Meulenbelt, 42*
>
> Vorurteile und Ängste bezüglich der fremden, unbekannten Variante der Sexualität... *Jung, 199*

Sie gelten als Abweichung von der Norm, als etwas Besonderes, Abseitiges, Eigenartiges... Nein, ausnahmsweise ist das mal nicht über Schwule geschrieben, wie wir ahnungslosen Laien vermuten könnten, sondern – halten Sie sich fest, Damen und Herren, liebe Kinder! – über:

Intimküsse,

die ja *traditionell verbotene Küsse sind.*[397] Und die finden, so die benutzte Sexstudie in ihrem 'koituszentrierten Denken', nur „*unter heterosexuellen Partnern*" statt, nicht etwa unter Menschen. (Sie finden zwar zwischen ihnen statt, aber das wäre eine ganz andere Geschichte).
In diesem Zusammenhang fällt mir noch die Story mit den Tempelrittern ein, vor denen lüstern gewarnt wurde: *Custodiatis ab osculo Templorum!*[398] Denn das waren möglicherweise auch intime Küsse, sogar - o Schauder! - Küsse von schwulen Rittern. Also stimmt es doch mit diesen zwei Deutigkeiten (oder besser. Zweideutigkeiten)!
Die Menschen begreifen eben ihre Umwelt durch Abgrenzen, Verallgemeinern, Vergleiche. In Begriffen, die Vorurteile schaffen:

> *Es ist ja das Merkmal eines Vorurteils, daß man es automatisch und von vorneherein formuliert, bevor die Vernunft Gelegenheit hat, es als solches zu erkennen. Auch wenn man das Vorurteil als solches erkannt hat, ist die Gewohnheit zu festgefahren, daß es Wachsamkeit und ständige Anstren-gung kostet, nicht wieder darauf zurückzugreifen.*[399]

Das Problem Homosexualität wurde schon früher erkannt: HEINRICH HÖSSLI hat in einem mutigen Buch „Eros, die Männerliebe der Griechen.

---

[397] Starke 79
[397] Starke 219
[398] „Ihr sollt euch vor dem Kuß der Templer hüten" Havemann 311; vgl. das Kapitel „Andere Länder..."
[399] Belotti 52

Ihre Beziehungen zur Geschichte, Erziehung, Literatur und Gesetzgebung aller Zeiten" Glarus 1836-38 die wissenschaftliche Erforschung dieses besonderen Fachgebietes begründet.
Das heute meist gebräuchliche Wort für gleichgeschlechtliche Orientierung führte der ungarische Schriftsteller und Arzt BENKERT im Jahr 1858 ein: Homosexuell.
Es ist nun nicht BENKERTS Schuld, wenn in Wissenschaft und Alltag Menschen mit und durch diesen Begriff lediglich auf ihr geschlechtliches Dasein reduziert werden, und dann meistens auch noch einseitig:

> *Obwohl das Wort Sexualität in den letzten hundert Jahren zu einem Allgemeingut geworden ist, wurden die vom als normal geltenden heterosexuellen Geschlechtsakt abweichenden Formen immer nur am Rande berücksichtigt.*[400]

Aha, ein Homosexueller! Wie oft meinen auch wir, dann alles schon zu wissen:

> *Die dunklen und verbotenen Eigenschaften werden abgespalten und auf einen Feind projiziert, auf das andere Geschlecht oder auf die Natur. Durch eine Tabu-Schranke zwischen Ich und Anti-Ich, eine Art Berliner Mauer, die uns unterbewußt hält, werden wir vor der Erkenntnis geschützt, daß das Böse unser eigener Schatten ist. Die 'Autoritäten' Kirche, Staat, Sitten [N.B. hier: Mama Kirche, Papa Staat und die ganze Elternschar] mit ihren allgegenwärtigen Überwachungssystemen zensieren unsere Träume, unsere Gedanken und unsere Handlungen. Sie erzwingen den Konsenz durch die erpresserischen Schuld-, Scham- und Angstgefühle.*[401]

Der allgemeine Mißbrauch des inflationären Wortes „homosexuell" hat noch einen ande-ren Effekt, einen ganz TRIVIALEN: So wird strenger getrennt zwischen Homosexuell und Heterosexuell.
Anders gesagt: Homos können nicht hetero, Hetis können nicht homo sein.
Für die naturwissenschaftlich geprägte Forschung vergangener Jahrzehnte war eine solch krass-deutliche Abgrenzung direkt notwendig.
Für uns heute ist sie aber ghettobildend, ausgrenzend, diskriminierend, beleidigend, ein Grund zur Verfolgung. Dabei spielen noch viele Faktoren mit:

---

[400] Schenk 14
[401] Keen 137

- die eigene Unaufgeklärtheit
- die Souveränität
- die Sensibilität, sich in anders geartete [N.B. heißt wohl: aus der Art geschlagene?] Menschen hineinzudenken
- die generelle Akzeptanz von anderem Fremden [402]

Gefährlich ist aber nicht der andere. Gefährlich ist die grundsätzliche Abwertung von Anderssein, Anderstun, Andersverhalten, das Mißtrauen gegenüber Ungewohntem, die dünkelhafte Überbetonung der eigenen Verhaltensweise als das einzig 'Normale', bloß weil das 'Normale' im eigenen, weil verengten Blickfeld am häufigsten vorkommt: Das bildet den Standard. Freilich einen zweifelhaften, wie KON feststellt:

> *Je mehr Angst und Beunruhigung die Sexualität als solche bei den Menschen hervorruft, desto feindlicher verhalten sie sich auch zur Homosexualität.*[403]

Und dieser Hetero-Standard wird gekoppelt mit der Behauptung: Hetero-Verhalten gilt als gesund, homosexuelles Verhalten dagegen als irgendwie krank. So schreibt ein Frühreifer:

> *Scharf hiervon trennen aber muß ich meine sexuellen, selbst meine erotischen Gefühle; ich habe **keine** Beziehung der Liebe gegenüber dem Mann, jedenfalls nie sexuelle Liebe. Die wird es für mich einem Manne gegenüber niemals geben... Ich bin den Zeiten, in denen ich „unglücklich verliebt" war, unendlich dankbar.. Gerade, wenn man gegen einen Widerstand anrennt,, gewinnt man innerlich Form und Kräftigung, man lernt an und von sich, an und von anderen, im ganzen: man wird besser.*[404]

Doch die strenge Abgrenzung muß gar nicht sein:

> *Zum Beispiel kann jemand, der bei anderen Homosexualität nicht akzeptiert, zu seiner Bestürzung einen homosexuell ausgerichteten Traum haben und diesen Traum sogar genießen. Ein derartiger Traum kann die Angst hervorrufen, latent homosexuell zu sein. Das ist vielleicht gar nicht der Fall, aber immerhin ermöglicht dieser Traum*

---

[402] vgl. Starke 300
[403] Kon 155
[404] Vogelstein, Juli (Hrsg.) Otto Braun. Berlin 1920, 203 „An Herrn von B. Zehlendorf 6.9.17.")

Denn *jemandem, der sich durch Homo-sexualität gestört fühlt, ein besseres Verständnis dessen, warum sich andere dazu hingezogen fühlen.* [405]

*eine Gesellschaft, die mögliche Spielarten der Sexualität diffamiert, verwundet nicht nur die Betroffenen... Aus dem individuellen Leid wächst das Leid der Gruppe. Betroffen sind letztlich **alle**.* [406]

Man fühlt sich verfolgt. Entsprechend wird auch verfolgt – erbittert. Die erbitterte Verfolgung der Homosexuellen – aus bevölkerungspolitischen Gründen, versteht sich! – hat im Dritten Reich ihren Gipfel erreicht und teilte die Menschen ein in ein überschaubares Ganzes vieler verunsicherter Kleinbürger: ein volkhaftes Wir und ein Die da.
Entsprechendes gilt für die Juden: Eine irrationale Angst vor Homosexuellen und irrationaler Haß gegen sie ist wahrscheinlich genau so tiefgehend wie die Judaeophobie, der Antisemitismus.[407]
Gleiches gilt übrigens auch für die Intellektuellen (ich spreche immer noch vom Dritten Reich):

Bei der in Berlin inszenierten Bücherverbrennung hieß es: Gegen Dekadenz und moralischen Verfall. Für Zucht und Sitte in Familie und Staat. Ich über-gebe der Flamme die Schriften von Heinrich Mann, Ernst Glaeser und Erich Kästner. Sexueller 'Schund und Schmutz' sollte aus den Bücherregalen und aus den Köpfen der Bürger verbannt und durch deutsche Sauberkeit ersetzt werden.[408]

Die Verfolgung der Sondergruppen, der Intellektuellen[409], der Juden und der Schwulen, ist von Haß geprägt, der auf Selbsthaß zurückgeht. Über den Selbsthaß der KAPOS in den Konzentrationslagern schreibt ZINN:

Und die homosexuellen Beziehungen, die gerade unter den Funktionshäftlingen weit verbreitet gewesen sind, werden dabei als geeignetes Kampfmittel erkannt und genutzt. Man muß nicht tiefenpsychologische Studien treiben, um zu erkenne, daß hier auch latenter Selbsthaß, den die

---

[405] Cayce 249
[406] Schwule Väter 18
[407] Eskapa 263
[408] Lautmann-Schetsche 143
[409] Gruber 95: *berechnend genießenden Geistspielern (Intellektuellen) und Schönheitsschmeckern (Ästheten)*, vgl. Anm. 1201

> verbreitete Not-Homosexualität bei so manchem ausgelöst haben wird, eine Rolle spielt. Eine Mischung aus der eigenen Sehnsucht nach Liebe und tiefsitzenden Vorurteilen, die auf Dritte projiziert werden, denen man eine homosexuelle Veranlagung andrichtet, um sie dann bei der SS zu denunzieren. [410]

Jeder kann (unbekannterweise) intelligent sein. Jeder kann (unbemerkterweise) jüdisch sein. Jeder kann (unvermuteterweise) homosexuell sein.
Alle drei sind gefährlich.
Keiner ist ja schließlich ganz dumm, ganz ungläubig oder ganz hetero orientiert.
Gerade das macht die Verfolger und Unterdrücker so unsicher.
Sie könnten es ja <u>selbst</u> sein, und obendrein von allen dreien vielleicht sogar ein bißchen! Darum müssen diese drei verfolgt werden. Der Haß auf sie ist bei dem 'breiten Volk' so verinnerlicht, daß selbst heute noch Akademikern, Rabbinern und Schwulen mit Verach-tung, wenn nicht gar mit Haß begegnet wird. Zumindest werden sie mit mildem Spott belächelt.
Haß auf anders Empfindende (Schwule) und anders Denkende (Akademiker) mischt sich trefflich mit dem Haß auf anders Gläubige, anders Aussehende, Andersfarbige:

> *Sehr viele Menschen...vergessen dabei, daß Männer die Bannerträger des Sexismus sind, und so scheint es, als ob die Schwarzen* [oder die Schwulen oder die Intellektuellem oder die Juden] *das Problem SEIEN und nicht die Probleme HABEN. Die Weißen bleiben außen vor, während sie doch diejenigen sind, die das Entstehen des Rassismus* [und des Sexismus und des Antiintellektualismus und des Antisemitismus] *und auch für seinen Wegfall verantwortlich sind. Rassismus ist ein weißes Problem...*[411]

Sexismus ist ein heterosexuelles, füge ich hinzu.
Davor möchte mann sich als Betroffener schützen.
Die Akademiker schließen sich in ihren Elfenbeinturm ein. Dieses geflügelte Wort stammt übrigens aus dem Anekdotenschatz meines schwulen Kinderkaisers ELAGABAL.
Die Schwulen tauchen ins Ghetto ab, das sie lieblos als 'Sub' bezeichnen. Wirklichkeitsarm und vorurteilsschwanger lassen sie sich ein beträchtliches Stück ihres Anspruchs auf Glück abschachern, abkaufen und abmarkten. Sie

---

[410] Zinn 247
[411] Meulenbelt 182

steigern ihre Leidensbereitschaft ins Maßlose und wirken so cool als es eben nur geht.
Politiker und Mediziner wiegeln ab:

> *Es ist falsch, Homosexuelle durch Druck zur Heirat zu bewegen, weil diese Ehen niemals befriedigend werden können* [N.B. die Verfasser haben nur Weiber im Kopf!] *und auch die Bevölkerungszahl dadurch kaum gehoben wird. Auch das Aufwachsen von Kindern in derartigen Familien ist abzulehnen, da meist das abwegige Verhalten allerseits Neurosen, auch der Kinder, erzeugt.*[412]

Für Schwule gibt es außerhalb des Sexus und der Travestie keine Lebensform. Macho-Verhalten, Frauenverachtung, gefühlsarme Sexualität prallen aufeinander, oberflächliche Mode mit schnell wechselnden Logos und prestigeverheißende Etiketten sind gefragt, cooles outfit und ebensolches Verhalten, schnelllebig, beziehungslos, hart aber einsam: Cowboys des Asphalts mit Lederkluft und triefigem Hundeaugenblick, Rocker mit schwarzen, schweren Panzern und weichen Kernen.
Pathos, Verklärung des richtigen Mannes, faschistoider Männerkult, die sind IN. Aber es bleibt so schön im Ghetto.
Die innere Emigration hält mit der äußeren Verweigerung Gleichstand. Die

> *schwule Sexualität hat die Funktion einer Droge, ja zwanghaften Charakter angenommen. Der anonyme Sex in Klappen, Saunen und Dunkelräumen - das alles hat mit der Befreiung nichts zu tun.*[413]

Orte schwuler Sexualität und schwuler Phantasie sind armselig, dürftig, Stätten der Verklemmtheit und der Beklemmung, ja der Selbstunterdrückung. Das Geschehen dort im Austausch von Sex verbirgt sich hinter Wänden aus Schweigen und Sprachlosigkeit. Klappe, Park, Schwulenstrich... Wem das zu schmuddelig ist oder zu öffentlich, wird betreut, wird abgezockt, wird nach amerikanischem Vorbild Opfer grenzenloser Ausbeutung. Man heißt es euphemistisch: *Subkultur*, die hat aber mit 'Kultur' nix am Hut!
Es ist ein Tummelplatz gewissenloser Goldgräber und Freibeuter: Diskotheken, Cafés, Bars, Saunen sind kommerzialisierter, trostloser Mangel an gefühlsmäßiger Wärme und Menschlichkeit.
Und die Boulevard-Presse feuert kräftig nach. 'Schrankenloser Sex!' Die haben 'es' wie 'wild, ja, wie Wilde getrieben!' Man setzt 'Tatsachen' in die

---

[412] Dietz 188
[413] Schwule Väter 133

Welt, vermengt heimtückisch und lüstern Halbinformationen über Krankheit + Kriminalität + Obszönes + Laszives und schürt so lange Schwulenhaß und Schwulenangst, bis sich die dumpfe Angst vor AIDS und der heiße Haß auf die Betroffenen trefflich mischen.
Schwulsein gilt in der Presse als

> Selbstbefreiungsneurose...
> falsche Prägung...
> schrankenloser Sexkonsum...
> heidnische Entartung...
> Gott ein Greul...
> Verschleiß der Partner...
> heillos....
> Aufruhr gegen Gott...
> Sünde muß doch auch mal Sünde genannt werden können....
> Kann es für AIDS-Kunden Vergebung geben? [414]

Welcher Normalbürger und welcher Durchschnittsschwule wußte schon vor solchen Illustriertenkampagnen über 'fist-fucking' (Faustverkehr), Darkrooms, Partnertausch-Clubs, Telefonsex, Brutalo-Sex im Internet, bisexuellen Ehemännern Bescheid?
Das alles ist jetzt Thema.
Diese Normbrecher, diese Bi-Männer, Kriminellen, Stricher, Fixer sollen verantwortlich dafür sein, daß die Krankheit AIDS über die Ghetto-Grenzen hinaus in die angeblich so saubere Welt der Normalen vorgedrungen ist.
'Natürlich' ist AIDS durch homosexuelle Praktiken in die Welt gekommen und macht sich, wie schaurig, gerade daran, dieses Schwulen-Ghetto zu entvölkern. Opfer dieser Krankheit sind glücklicherweise zunächst die Bewohner dieses Ghettos. Dann aber alle!
Ghettobewohner haben eine entsprechende Mentalität: „Niemand mag mich so, wie ich bin, ich bin ein von Grund auf schlechter Mensch, und eigentlich bin ich wertlos."

> *Aber der erste Schritt ist, es vor sich selbst zuzugeben. Der zweite, es anderen zu sagen.* [415]

Darüber zu sprechen könnte wirkungsvoll die Fabel vom Opferdasein aus der Welt schaffen, über den Fluch des Andersartigen, über das hilflose Ausgeliefertsein an unsere repressive Gesellschaft.

---

[414] Bleibtreu 209
[415] Wenn ich nicht 268

Um das alles zu kompensieren, führt man die angeblichen Koryphäen und Highlights schwuler Kultur ins Feld: Michelangelo, Leonardo da Vinci, Friedrich der Große, Kant, Oscar Wilde[416] und wer weiß wer noch, jedoch:

> *Das Etikett, daß der Dichter A homosexuell war, trägt zum Verstehen seines Lebens und Schaffens genauso wenig bei wie die Mitteilung, daß der Prosa-iker B kahlköpfig war, daß der Künstler C hinkte, der Komponist D sich kei-nen einzigen Rock entgehen ließ und der Bildhauer E hingegen keine andere Frau außer der eigenen kannte... Unabhängig von ihrer faktischen Richtigkeit sind die Verzeichnisse „großer Homosexueller" beleidigend und unerträglich abgeschmackt. Solche Biographien bewerten das Ganze unter dem Aspekt des Teils, ob sie nun das Positive oder Negative akzentuieren.*[417]

Andererseits ist es aber auch sehr bequem, sich außerhalb der Gesellschaft zu fühlen:

> *Ich bemerkte, daß es in einer bestimmten Weise bequem ist, einer unter-drückten Gruppe anzugehören. Das Recht ist immer auf ihrer Seite. Über Frauen-* [N.B. und Schwulen-!] *Unterdrückung brauchte mir niemand etwas zu erzählen.*[418]

Ein Betroffener meint:

> *Es ist schwer, den Menschen klar zu machen, daß Homosexualität nicht monströs und daß Homosexuelle weder Monster noch Heilige sind, und daß nicht jeder eine Tänzerkarriere vor Augen hat. Normale Menschen eben. Wir Homos sind ja keineswegs der Mittelpunkt der Gesellschaft und wollen es auch gar nicht sein.*[419]

Ein Wissenschaftler schreibt ganz nüchtern:

> *Indes können wir, die wir die Frage objektiv studieren, überhaupt nicht im homosexuellen Triebe an sich etwas Lasterhaftes finden, und wenn man die Möglichkeit annimmt, daß es einen homosexuellen Geschlechtstrieb*

---
[416] D'Arcangelo, S. 215ff gibt ein ausführliches Verzeichnis von *Achilles* bis *Verlaine*
[417] Kon 311-12
[418] Meulenbelt 32
[419] TAZ vom 22. 9.1980

> *giebt, dann darf man auch dessen Befriedigung nicht für das Zeichen eines verderbten Charakters ansehen. Der Urning verlangt Befriedigung seines Triebes mit derselben Leidenschaft, wie der normale Mann den Beischlaf bei dem Weibe.[420]*

Und einer, der es glaubt, geschafft zu haben, sagt dazu: „Es werden noch Zeiten kommen, da werden Schwule und Frauen Witze über Heteroböcke machen..." Leider werden landläufig immer noch viel mehr Weiber-Zoten oder Tunten-Witze erzählt als gerade sol-che über Heteroböcke! Denn

> *die Diffamierung von 'Tunten' tritt oft in Verbindung mit einer Herabsetzung von Frauen und von Weiblichkeit allgemein auf. 'Homos' werden nicht von Männern zusammengeschlagen oder verspottet, die in stabilen Ehen leben, sondern von unsicheren, ungefestigten Jugendlichen, die Frauen gegenüber meistens dieselbe Verachtung und Furcht empfinden wie gegenüber Schwulen.[421]*

Zentraler Punkt der Schwulen allgemein ist die Annahme bei den Hetero-Männern: „*Ich war nicht in ihrer Achtung gestiegen, sie verachteten mich nur weniger.*" Oder spöttisch: „*Als Homo bin ich wenigstens ein ganzer Mann!*" Irgendein VOLKER trumpft sogar auf:

> *Zu mir will ich sagen, daß ich zum Glück schwul bin. Die Heteros sind arm dran, weil sie Frauen zu Objekten machen, die anscheinend ganz anders empfinden. Ich als Schwuler brauche kein schlechtes Gewissen zu haben, mir beim Wichsen nur einen Schwanz vorzustellen. Denn der gehört zu einem Mann, und Mann bin ich auch selbst.[422]*

Schon im vorvorigen Jahrhundert stellte sich die Frage:

> *Warum dürfen zwar Männer und Frauen einander unbeanstandet an den Geschlechtsteilen berühren, aber ein Mann nicht das Glied eines anderen Mannes oder die Frau die Spalte einer anderen? Jeder, gleich welchen Geschlechts, hat im Laufe seines Lebens derlei getan. Warum sollte nicht eine Gruppe von Leuten sich diesen sinnlichen Vergnügungen privat überlassen, wann immer sie wollen?*

---

[420] Moll 177
[421] Sullivan 149
[422] Dodson 99

> *Was ist Entsetzliches daran? Es ist das Vorurteil der Erziehung, das uns dieses Entsetzen lehrt.* [423]

Heute liegt es an der Kommunikation:

> *Schlimm, daß Schwule und Heteros nie miteinander kommunizieren. Beide Seiten behalten krampfhaft ihre fixen Ideen, die gar nicht stimmen. Der eine lebt eben im Schwulenghetto, der andere im Mittelklasse-Ehe-Ghetto.* [424]

Die Angst geht um bei den normalen Männern, selber in Schwulitäten zu kommen, kein ganzer Kerl und damit doch wohl eine halbe Tunte oder eine viertel Schwuchtel zu sein, oder 'irgendwie' dazwischen zu liegen. Darum wird die gesellschaftlich aufgezwungene Männerrolle so besonders betont. Und darum beschimpft man 'die anderen' mit Warmer, Homo, Schwulian und stellt sie in die gleiche Reihe wie Türke, Nigger, Rothaut, Jude.

Der scheinbar 'natürliche' Zwang zur Heterosexualität ist aus Monogamie und brutaler Macho-Dominanz der Männer zusammengejocht. Antihaltungen gegen Schwule belohnen auch ihre Verfechter: Ein schwulen-hassender Mann festigt seine eigene, leicht schwankende Identität, sichert sich seine Manneskraft und stärkt seine Position bei den anderen Männern, die auch darunter leiden.

Hierzu ein bildschönes Merkverschen, das WILLIAM JAMES „als das Geheimnis des Universums" im Traum erfahren hat, der „große amerikanische Psychologe und Philosoph" schreibt:

> *Hogamous, higamous*
> *Man is polygamous*
> *Higamous, hogamous*
> *Woman monogamous.* [425]

Das trifft sogar für den Revolutionär FIDEL CASTRO zu, der 1966 in einem Interview verrät:

> *Wir sind niemals zu der Überzeugung gekommen, daß ein Homosexueller die Charakterstärke eines aufrechten Revolutionärs hat.* [426]

---

[423] Walter lxxv
[424] DER SPIEGEL 19 (1994), 156
[425] Eysenck 183
[426] Miller 153

Die moderne Gesellschaft, speziell die in den USA, ist homophob geworden, aber erst seit kurzer Zeit, vielleicht nach Einführung der Pille mit ihrer Emanzipation der Frauen. Denn einige besonders markant raue und ausgesprochen männlich amerikanische Typen wie Gangster Billy the Kid, Sheriff Wyatt Earp, ungezählte Cowboys und Trapper und Holz-fäller und Pfadfinderobermeister z.b. waren Homosexuelle, darum

> diese weitverbreitete Angst vor der Homosexualität ist nicht älter als fünfzig oder sechzig Jahre. Literarische Quellen betätigen diesen Eindruck.[427]

Aber in dem Maße, wie die moderne Gesellschaft homophob („ängstlich vor den Schwulen") geworden ist, wurde sie auch philiaphob („ängstlich vor der Freundschaft") Dieses scheußliche Wort stammt übrigens nicht von mir. Denn:

> Im Grunde genommen führten homosexuelle Männer damit jedoch lediglich eine „Spaltung des Liebeslebens in Sex und Freundschaft" aus, die bei Männern allgemein gängig sei.[428]

Die moderne Gesellschaft wurde auch ärmer an engen Beziehungen generell und kultiviert durch Internet und Computer den vereinsamten Vereinzelten. Aber sie kultiviert ja den Sex als Seller, wohlgemerkt, den Hetero-Sex, und stellt ihn an allen Ecken und Enden aufdringlich zur Schau. Da stellt sich ein Fachmann denn doch die Frage:

> Weshalb ist gleichgeschlechtliches Sexualverhalten – angesichts des angenommenen biologischen Selektionsnachteils und trotz jahrhundertelanger geschichtlicher Verfolgung – noch nicht ausgestorben?[429]

In Deutschland immerhin „wirbt" nach der neuesten Wahlschlappe immerhin

> der FDP-Politiker Guido Westerwelle schon seit längerem engagiert für die Gleichstellung solcher <homosexueller> Paare, und selbst CDU-Politiker suchten die Nähe zum warmen Wählerpotential., der Hamburger Innenpoli-tiker HEINO VAHLDIECK beispielsweise, der dabei völlig neue

---

[427] Keen 136
[428] Steinhäuser 167
[429] Steinhäuser 153

Erfahrungen erwarb. Er habe es vorher noch nie erlebt, sagt er, „neben jemandem im pinkfarbenen Kleid an der Pinkelrinne" zu stehen.[430]

Ob das freilich Ausdruck selbstbewußten Umgangs mit den Schwulen ist, neben 'so einem' an der Pinkelrinne zu stehen, und das o Gott! in einem pinky Fummel, wage ich zu bezweifeln.
Homosexualität ist, besonders bei 'echten Männern' so gefürchtet, daß selbst bloße, einfache Freundschaft schwierig wird:

> *Nachdem ich in vielen Jahren so viele einsame Männer erlebt habe, kam ich zu dem Schluß, daß der moderne Mann Freundschaften mit anderen Män-nern meidet, weil er fürchtet, jede Zärtlichkeit könne ein Zeichen von Homosexualität sein. Wir wagen es nicht, einander zu berühren, wagen nicht, die Fassade ins Wanken zu bringen. Wir wagen nicht einzugestehen, daß wir verletzlich, einsam, müde, unkontrolliert sind, daß uns die Beziehungen zu Frauen nicht immer die gewünschte Intimität gebracht haben.*[431]

Nur ab und zu wird die Verpanzerung der Hetero-Männer aufgebrochen: Ein großes Geheimnis entschlüpft dem Ghetto der mittelklassemäßigen Hetero-Böcke. Tabellen können ja so verräterisch sein (Angabe in Prozenten):

SEXUELLES INTERESSE FÜR JUNGEN BEI MÄNNERN	AUSSCHLIEßLICH HOMOSEXUELL	AUSSCHLIEßLICH HETEROSEXUELL
ja	77,6	11,8
nein	19,6	82,4

Wichtig ist dabei, daß 11,8 % der heterosexuellen Herren sich schon mal für Knaben interessiert haben, und 19,6 % der Schwulen <u>eben gerade nicht</u>. Man achte vor allem auf die fehlenden 8 %.[432]
In einem Gespräch über Sexualität wird die Frage gestellt: Kommen Männer in deinen Sex-Phantasien vor? Allzuschnelles Antworten der Männer deutet darauf hin, daß hier etwas sehr Bedrohliches angesprochen wurde. Selbst die

---

[430] DER SPIEGEL 50 (1998), 111
[431] Keen 136
[432] Kon 294 Tab 4,12.Nr. V.

Fantasie scheint demnach der Selbstzensur zu unterliegen, je nach Mann auch unterschiedlich stark.
Diese Beobachtung machte eine Frau, also ist sie wenig 'betroffen' und einfach objektiv, weil die typische Kumpelhaftigkeit und Kameradschaft zwischen Männern ja gar nicht auftreten konnte.
Der bekannte Schauspieler TIL SCHWEIGER hatte der „Bunten" verraten, daß er auch Männer streicheln mag und darum ein guter Kumpel und Kamerad ist:

> *(Til Schweiger) reagierte schnell, als das Gerücht aufkam, daß er auch Männer liebe. Der Schauspieler hatte erklärt, daß er ganz gern mit seinen Männerfreunden „im Bett kuschle". Als er sah, „auf wie viel Interesse das stieß", dementierte er jegliche schwule Neigung öffentlich. „Das heißt nicht, daß wir uns streicheln", sagte er in einer Talkshow, und daß er mit seinen Auskünften in Zukunft etwas vorsichtiger sein werde: „Ich hab' das ja ein bißchen unterschätzt".*[433]

Mensch, Til, „kuscheln" IST doch auch „streicheln", vielleicht mit den anderen Mitteln des ganzen Körpers, der Unterschied ist doch wirklich nicht so groß, und wenn dabei Gefühle aufkommen, sei's drum! Sei doch nicht so verklemmt! Ist doch piepegal, was Lisbet Müller oder Hugo Meier von nebenan dabei und darüber denken. Und außerdem: Ein bißchen Bi / schadet nie... das sollte doch gerade auch die BUNTE wissen.
Ein anonymer WALTER schreibt in der Mitte des 19. Jahrhunderts:

> *Extravagante erotische Vergnügungen gehörten damals nicht zu meinen Gewohnheiten und kamen mir nicht einmal in den Sinn. Der Vorschlag, mich mit einem Mann zu belustigen, hätte mich schockiert. Beim Anblick seines Saftes hätte sich mir der Magen umgedreht... und doch war es mir bestimmt, all dies zu tun, ohne festen Vorsatz, so wie es Augenblick und Gelegenheit mit sich brachten.*[434]

Und dann schildert er sogar schockierende Einzelheiten:

> *Ich empfand ein gewisses Maß an Ekel, doch ein wollüstiger Kitzel durchfuhr meinen Sack, wenn ich an seinen Schwanz dachte. Ich hätte ihn gern länger gestreichelt, hätte ihn gern beim Vögeln beobachtet, hätte ihn gern bis*

---

[433] DER SPIEGEL 50 /(1998), 112
[434] Walter 179

> zum Erguß gewichst. Dann wieder ärgerte ich mich über mich selbst und staunte über solche Gedanken bei mir, der ich die Nähe eines Mannes sonst nicht ertragen konnte. [435]
>
> Was mich oft erstaunt, ist mein Wunsch, alles, was ich getan habe, noch einmal zu tun. Ich hatte einen Mann gewichst. Meine Neugier war befriedigt. Nie mehr, sagte ich mir, werde ich einen Mann wichsen. Aber ich möchte es wieder tun... Ich möchte alles wiederholen. Die früheren Befriedigungen scheinen in meiner Erinnerung verblaßt zu sein. [436]

Irgendein UTZ erzählte folgendes:

> Meine sexuellen Phantasien beziehen sich ganz selten auf Männer. Eher oral, nicht anal. Die Phantasie, 'nen erregten Penis in den Mund zu nehmen, hab ich schon gehabt. Ich kann's mir sehr schön vorstellen, wenn man 'ne zärtliche Beziehung zu anderen hat. Das ist was, was mich inbezug auf zwei Männer zu unterschiedlichen Zeitpunkten gebannt hat. Vermutlich hätte ich es auch umgesetzt, wenn der andere nicht gegangen wäre. So viel Zärtlichkeit war im Raum, daß wir fast explodiert sind. Ich bin ein Fan von Frauen, ich hätte keine Angst gehabt, daß mich das auf die andere Seite zieht. Ich hätt's gemacht, weil es mich maßlos fasziniert hat... Aber diese Nähe, diese Intensität, die haben wir nicht verdaut, unter Männern ist es noch nicht so gang und gebe, daß man mit dem Gedanken leben kann, den anderen fast vernascht zu haben. Aber das könnte ich mir schon vorstellen, das find ich reizvoll. [437]

Til und Utz, ihr starken, ach so schwachen Männer! Es wird wirklich endlich Zeit, daß man 'solche' Gefühle schon mal hat und sie zuläßt, weil mann sie hat, und daß mann zugibt, auch mal 'solche' Gedanken zu haben! Daß man Nähe zu anderen Männern zuläßt und kuschelt, streichelt und auslebt! Daß man das alles 'verdaut'!
Weg mit den Zwängen! Weg mit der Zensur der Phantasie! Wenigstens die gehört euch doch ganz alleine, Männer! Und wenn ich mir das so recht überdenke, lieber TIL, lieber UTZ, möchte ich euch noch einen Rat geben: Grübelt doch nicht so viel mit den Kategorien eures Verstandes:

---

[435] Walter 188
[436] Walter cxii
[437] Wenn ich nicht 312/3

> Ist er? Denkt er, daß ich?
> Wie kommt er dazu zu denken, ich sei, falls er wirklich denkt, ich sei?
> Wie komme ich dazu zu glauben, er könne?
> Ich muß an mir selbst was haben. Stimmt etwas nicht mit mir?
> (Das ist doch Unsinn! Til und Utz, also wirklich!)
> Ja, ich weiß, aber warum denke ich denn so? Und was denkt er? Vielleicht kommt es von ihm?
> Das ist doch lächerlich!
> Soll ich?
> Soll er zuerst? Usw. usw.[438]

Aber Vorsicht, warnt da ein Mann:

> *'Männerbewußt' zu sein ist nach Meinung vieler unserer Kollegen was für Schwule, Kommunisten, für Männer, die erst welche werden wollen, Pantoffelhelden, Studenten, Flippies und Softies.*[439]

UTZ, ey, alter Junge, TIL, hey altes Haus, komm doch mal rüber auf die andere Seite! Und bedenket, was SCHOPENHAUER sagte:

> *Ein Philosoph müsse nicht bloß mit dem Kopfe, sondern auch mit dem Genitale aktiv sein.*[440]

Dann können wir wenigstens mal miteinander philosophieren oder bloß mal so quatschen. *Denn jeder Mann wird eher wie eine Frau begreifen, was ein Mann verlangt und will...*
- - - Ach übrigens, das alles gilt ja für Frauen auch, die in diesem Kapitel so sträflich vernachlässigt werden mußten, weil ihr Getto eher selbst zusammengehäkelt als zusammengehaßt wurde, darum fahre ich fort: *...und so wird auch eine Frau eher als ein Mann wissen, was eine Frau verlangt, begreift und fühlt.*[441]

Bloß, Jungs, ihr wißt ja: Die Mädels quatschen ja ohnehin stundenlang über jeden Seelenfurz!

---

[438] Miller 155
[439] Ehrenforth 133
[440] Bloch 799
[441] Rutgers 389

8 Ein bißchen Bi schadet nie...

> Motto:
> Da man sich mit solchen Menschen nicht auskennt, weiß man nicht, wie man sie behandeln soll. *Steinhäuser, 198*

Die Sexualität ist der Ausgangspunkt. Menschliche Sexualität hat zwei Pole. Jeder Mensch (Mann wie Frau) hat sowohl männliche als auch weibliche Hormone im Blut, die sich wissenschaftlich Testosteron und Östrogen nennen, nur jeweils in unterschiedlichen Quantitäten. Diese Hormone in ihren Abstufungen machen den primären Sexualcharakter aus (Grundsätzliche Entscheidung zwischen Mann bzw. Frau), aber auch die sekundären Geschlechtsmerkmale werden in der Pubertät anhand dieses Musters ausgebildet.

Primär steht es also schon bei der Geburt fest, ob der Säugling zu einem Mann oder zu einer Frau sich entwickelt, das primäre Geschlecht steht fest. Die sehr selten vorkommenden Zwitter (mit einem X-Chromosom zu viel oder einem doppelten Y-Chromosom) lassen wir mal außen vor. Aber auch hier liegt in der Regel ein phänotypisches Geschlecht vor, falls es kein echter Zwitter ist.

Die übrigen, nicht zwittrigen Menschen postieren sich auf der Geschlechts-Skala Mann – Frau in jeweils unterschiedlichen Abständen. Also gibt es ausgesprochen maskuline Männer (sie sind ganz nach rechts gerutscht), weiblich anmutende Männer (sie stehen irgendwo in der rechten Hälfte), Bi-Männer (sie stehen genau in der Mitte der Geschlechtsskala), und entsprechend: Bi-Frauen, männlich anmutende Frauen und ausgesprochen feminine Frauen.

Beide Geschlechter haben aber immer noch eine geringe Spur gegengeschlechtlicher Hormone in ihrem Körper. Bei Ungleichgewicht der Geschlechts- oder Hirnanhangsdrüsen fehlt die ausgewogene Balance zwischen den Hormonen und es entwickeln sich jeweils Phänotyphen des gegensätzlichen Geschlechts.

Diese gleitende Skala ist auch für die Homosexualität verantwortlich, die als Lesben und Schwule bezeichnet werden, je nachdem sie männliche oder weibliche Phänotypen sind.

In dieser Skala ist bis auf die Extreme eben nichts festgelegt: d.h. es gibt keinen „nur maskulinen Mann" und keine „nur feminine Frau".

In den Wechseljahren, wo die Hormonproduktion absinkt, zeigen sich dementsprechend auch Kennzeichen des Gegengeschlechts: die Damen bekommen einen „Damenbart", die Herren „weibliche Hüftpartien und womöglich Ansätze von weiblichen Brüsten".

Auf der nach links und rechts gleitenden Skala finden dann auch jene seltenen Menschen Platz, die noch viel randständiger sind als die Homosexuellen, ich meine die Transvestiten und die Transsexuellen. Es sind Personen, die äußerlich oder tatsächlich einen Übergang zu dem Gegengeschlecht anstreben, entweder durch Kleidung (Transe) oder durch OP und Hormonzugaben und Namensänderung (Transsexueller), wobei zugegebenermaßen der Übergang von einer Frau zu einem Mann operativ-technisch sich wesentlich schwieriger gestaltet als umgekehrt, aber es gibt ja glücklicherweise Prothesen, auch dafür...

Immerhin, die Bisexuellen sind ein Problem für die Mediziner:

> *Es dürfte einigermaßen schwer sein, den großen Dichter [gemeint: Shakespeare] medizinisch zu klassifizieren, es sei denn als einen der in der Kunstsprache sogenannte, angeblich seltenen „Bisexuellen". Das geht aus dem 42. Sonett hervor, in dem sich der Dichter darüber beklagt, daß sein Liebling und seine Geliebte einander gefunden haben und demnach einen doppelten Liebestreubruch gegen ihn begehen; was aber den Dichter mehr schmerzt, ist nicht der Umstand, daß er sie, sondern daß sie ihn, seinen Liebling, ihm abtrünnig gemacht hat; obwohl der Dichter, wie er hinzufügt, auch sie „zärtlich geliebt habe".* [442]

Sie sind ein hartes Problem für eingefleischte Theologen:

> *Manches – zum Beispiel das Phänomen der Bisexualität – spricht dafür, daß die kategoriale Trennung zwischen Homo- und Heterosexualität eher als theoriegeschichtliche und wissenschaftshermeneutische Arbeitshypothese zu verstehen ist, als daß sie der Praxis gelebten Lebens entspringt... In der Geschichte der Sexualethik sind es gerade solche Vereinfachungen gewesen, die sexuelle Abweichungen, auch als Zwischen- und Mischformen, in ethische Grauzonen abgedrängt haben. Daher steht nicht fest, ob ein theologischer Beitrag zu einer „orientierungsdefinierten Sexualanthropologie" überhaupt sinnvoll sein kann, und was dabei zu sagen wäre.* [443]

---

[442] Wille 81-82
[443] Steinhäuser 280

> *Das ist insbesondere deshalb problematisch, weil es in der betreffenden Theoriegruppe Spannungen gibt zwischen dem hypothetischen Charakter ihrer Grundannahme (primäre Bisexualität) und ihrer ethischen Perspektive.* [444]

Für fähige Psychoanalytiker ist es auch ein „überzeugendes" Problem, denn sie schreiben:

> *Freud führte schon früh, unter dem Einfluß des von ihm eine Zeitlang in der Mitte des Lebens wahrhaft leidenschaftlich, wenn auch nicht sexuell geliebten Freundes Wilhelm Fließ, den Begriff der Bisexualität in die Psychoanalyse sein* [sic!]. *Diese Auffassung hat z.T. biologische Grundlagen (überzeugend: die Brustwarzen beim Mann).* [445]

Für eingefleischte Sexuologen aber auch:

> *In anderen Fällen wieder besteht Drang und Bedürfnis nach Befriedigung mit beiden Geschlechtern, was die Autoren veranlaßt hat, von „Bisexualität" zu sprechen: vage Analogien zur Anwesenheit von rudimentären Organen des anderen Geschlechts in jedem Organismus und männlicher und weiblicher Geschlechtshormone sowohl im Manne als auch in der Frau haben den Anstoß gegeben, die „bisexuelle Natur" des Menschen zu postulieren: Diese soll im Homosexuellen besonders ausgeprägt sein.* [446]

Dann erfaßt sie ein Grausen, denn es betrifft auch sie selber:

> *Aus der Tatsache, daß jeder Mensch von Natur aus bisexuell ist, folgt, daß in uns allen eine latente Homosexualität besteht.* [447]

Das ist jedoch nicht so schlimm:

> *Ich sagte ihr, daß homosexuelle Neigungen in allen Menschen schlummern, und daß die Mehrzahl doch glücklicherweise normal bleibt. Ich erklärte ihr, wie man*

---

[444] Steinhäuser 295
[445] Baumgart 169
[446] Rattner 126
[447] Caprio 159

> *die homosexuellen Triebe unter Kontrolle halten könne. Sie begriff die Wahrheit rasch.* [448]

Auch über die Anzahl solcher Zwischenstufen wird debattiert:

> *Hiernach werden zwar die mehr oder minder Bisexuellen nach der Wahrscheinlichkeitsveranschlagung **jedenfalls** häufiger sein, als die rein Homosexuellen. Denn selbst wenn man die gleichgeschlechtliche Liebe als eine Abweichung vom Typus oder gar als pathologisch ansehen wollte und könnte, so würde doch die Bisexualität eine weniger extreme Abweichung vom Typus darstellen als die ungemischte Homosexualität; sie wollte daher **jedenfalls** häufiger sein, als diese. Hinzu kommt, daß Mädchen und Jüng-linge, trotz aller Verschiedenheiten, in den meisten für die feinere Erotik wichtigen Beziehungen einander ziemlich ähnlich sind. Es ist daher fast **sicher**, daß die Bisexuellen häufiger sind als die rein Homosexuellen; und es ist wenigstens eine ganz diskutable, ja wahrscheinliche Annahme, daß sogar die meisten Männer von Natur mehr oder minder bisexuell sind – daß sie sozusagen eine homosexuelle Ader haben...* [449]

Ein Fachbuch schürft im Tiefen:

> *Nach Stekel schlummert die homosexuelle Komponente in jedem Menschen; es gibt keine Monosexuellen, nur Bisexuelle.* [450]

Obwohl ich die Vorstellung von **Monosexuell** doch sehr apart finde. Aber es geht ja weiter:

> *Monosexualität würde bereits für eine Prädisposition zur Neurose genügen und steht dann auch häufig an Stelle der Neurose an sich.* [451]

Und welcher Monosexuelle will sich schon mit einer Neurose abquälen? (falls es solche Monosexuellen überhaupt gibt).
Die Forscher definieren dann schon mal so vor sich hin:

---

[448] Caprio 176-177
[449] Wille 91-92
[450] Caprio 108
[451] Caprio 109

> *Bisexualität könne höchstens als Pansexualität im FREUDschen Sinn für bestimmte Entwicklungsphasen akzeptiert werden.* [452]

Wobei ich mir gar nicht im Klaren bin, was eigentlich ein „**Pansexueller**" lieben täte? Sich selbst? Die anderen ohne Rücksicht aufs Geschlecht? Die Natur so ganz allgemein?
Daneben gibt es noch folgendes:

> *Solange Menschen von Geburt aus **polysexuell** sind und sich auf jede mögliche Weise sexuell befriedigen werden (Selbstschutz mit dem Zweck, die schmerzhafte Wirklichkeit durch genußvolle physiologische Entspannung auszugleichen), wird es immer Homosexuelle geben.* [453]

Merke, so du kein schwuler protestantischer Theologe bist:

> *Unter Bezug auf KINSEYS Angabe von „46 % in dieser oder jener Weise bisexuell geprägten" Männern: „Dann ist es nötig, daß vorgelebt, gelehrt, gepredigt wird: Es ist vernünftig, daß der bisexuell Geprägte weiß, meine homosexuelle Seite aktiviere ich nicht."* [454]

Als bisexuelles Heidenkind finde ich das schade; es wäre doch nett, mit einem solchen Pfarrer seine Homo-Seite zu aktivieren – oder etwa nicht? Und man bedenke, statt der läppischen 7 % Schwule gibt es gleich 46 % Bi-Männer...
Aber die Frauen nicht vergessen! maulen die Feministinnen, doch ich kann sie beruhigen; da sagt doch ein Fachmann:

> *Meiner Meinung nach sind alle Frauen bisexuell, die meisten wissen es nur noch nicht.* [455]

> *Viele Lesbierinnen sind bisexuell; sie schwanken zwischen hetero- und homosexueller Betätigung und sind imstande, ihren Sexualtrieb mit beiden Geschlechtern zu befriedigen.* [456]

---

[452] Steinhäuser 115, Anm. 223
[453] Caprio 316
[454] Steinhäuser 420, Anm. 1022
[455] Burfeindt 242-243
[456] Caprio 23

Und meiner unmaßgeblichen Meinung nach gilt das ja wohl auch für gestandene Kerle...
Und dann quält man sich immer noch mit den Definitionen rum:

> *Dieses Wort <bisexuell> lag freilich sehr nahe, nachdem die beiden andern Wörter **homosexuell** und **heterosexuell** bereits ausgeprägt waren. „Bisexuell" soll offenbar soviel besagen wie homo- und heterosexuell zur gleichen Zeit. Wenn man aber das alte gute Wort „Päderast" nicht wegen des allzu üblen Klanges, den ihm das asketische Mittelalter verliehen hat, so übermäßig gescheut und durch neugeprägte ersetzt hätte, so würden wir eine viel bessere Terminologie besitzen; man würde dann die Männer in **Päderasten, Gynaekerasten** und **Amphierasten** (analog dem Wort Amphibium gebildet) einteilen. Freilich würde das wieder bei der Klassifizierung der Weiber hapern.* [457]

Als männlicher **Amphierast** läßt es sich dann wohl definitiv besser leben denn als **Bi-**. Aber als **Päderast** oder **Gynaekerast** – igittegitt! [und wie anbemerkt, es gilt nicht für Weiber, denn der Autor hat nur Männer oder Buben im Kopf!]
Das läßt jedoch die Sex-Forscher nicht rasten noch ruhen, sie vergreifen sich an wehrlosen Rattenmännchen, quälen sie mit Hormonen und stellen dann fest:

> *Danach dürfte die von uns experimentell erzeugte Hypo-, Bi- und Homo-Sexualität des Rattenmännchens ätiopathogenetisch der angeborenen männlichen Hypo-, Bi- und Homosexualität beim Menschen entsprechen.* [458]

Und schon haben wir einen neuen Typus (und noch völlig unerforscht, meine Herren Forscher!): die **Hyposexualität**! Und das bei Menschen (!), nicht nur bei Männern oder etwa nur bei Ratten...

---

[457] Wille 87, Anm.
[458] Szwedczyk 188

Der Lesbianismus
Eine Dame wird von einer anderen verwöhnt
(nach einem rotfigurigen Vasenbild um 500 v. Chr. aus Tarquinia)

9 Der Lesbianismus

> Motto:
> Sprich darüber, und deine Motive sind suspekt, sprich nicht darüber, und deine Motive sind suspekt.
> *Millier, 151*
>
> Merke: „**Den** Schwulen" und „**Die** Lesbe" gibt es nicht.
> *Steinhäuser, 417*
>
> Lesbierinnen sind von Natur aus unglückliche Menschen.
> *Caprio, 179*

Allein an dem Wort Lesbianismus zeigt sich die Hilflosigkeit der Forscher, die sich an die schwul-lesbische Forschung heranwagen und zaghaft sich in die Bereiche Rosa-Lila vortasten. Das Wort gehört mit Fug und Recht in den Giftschrank der Germanisten.

Man halte sich doch bitte nur das von mir analog dazu gebildete Wort **Schwulianismus** dagegen, das ich hiermit allen Homo-Forschern schenke. Klingt Schwulian nicht ähnlich vornehm wie Julian, Marian, Florian, Dorian? Oder so gut wie Lesbian? Mit einem -ismus erweitert ist es gleich ein ganzer Forschungsbereich. Dies gilt auch für jene germanistische Sumpfblüte, die ein Lexikon für wert hält, als Stichwort aufgenommen zu werden: *„Pollutianismus"*.[459]

Das Problem aber ist grundsätzlicher Natur. Merke:

> *Frauenfrage, das ist so alt wie das Geschlecht und nicht jünger als die Menschheit.*[460]

Eine Binsenweisheit vorab:

> *Lesben sind Frauen!*[461]

Das muß einem doch auch mal gesagt werden, denn hätte mann's gewußt? Also noch einmal, zum Mitschreiben, und diesmal von einer Feministin:

> *Lesbierinnen sind in erster Linie Frauen.*[462]

---

[459] Das *Wörterbuch der Sexuologie*. 4. Aufl. 1971, 265 erklärt es wie folgt: „Das Erreichen sexueller Befriedigung durch Beschmutzen der Kleider von Frauen mit Samen" Igitte baba!! Schönen Gruß an Bill Clinton!
[460] Weininger 57
[461] sic ! in: Lesben 78

Hoffentlich auch in zweiter und dritter... wage ich hinzuzufügen. Es ist schon schlimm genug:

> *Denn bei Frauen wie bei Männern ist die Homosexualität eine erworbene Neurose...* [463]

Aber es kommt schlimmer:

> *Auch die Homosexualität der Frau ist ein rein psychologisches Problem. Lesbische Frauen unterscheiden sich häufig [!] körperlich in keiner Weise von Frauen, deren Gefühlsrichtung auf den Mann orientiert ist.* [464]

Und es kommt noch schlimmer:

> *Der Zustand* (zweier Mädchen als ‚törichte Liebespaare') *ist anormal und wird sich bei näherer Untersuchung vielleicht als eine Art von perverser Sexualempfindung, eine Geisteskrankheit herausstellen, die unverzüglich energische Maßregeln erfordert.* [465]

Nein, nein, ruft da entsetzt ein Forscher:

> *Hierunter leidet die psychische und endlich auch die rein intellektuelle Vertrautheit. Eine wirkliche, allseitige und uneingeschränkte Intimität gestatten wir eben nur zwischen Mann und Weib (und zwischen – Weib und Weib!)* [Hört, hört!] *und erzeugen hierdurch, soweit die Sitte überhaupt gegen einen Naturtrieb aufzukommen vermag, eine künstliche Hypertrophie der Familieninstinkte...* [466]

Merke:

> *Es hat keinen Zweck, Lesbierinnen als „seltsam", „degeneriert", „pervers" oder „monströs" zu bezeichnen. Nimmt man gegen Homosexuelle eine ablehnende Haltung ein, so macht man die Dinge nur noch ärger.* [467]

---

[462] sic ! in: Chesler 182
[463] Caprio 46
[464] Rattner 137
[465] Wood-Allen 174
[466] Wille 198
[467] Caprio 292

Beginnen wir also wie sonst auch beim Urschleim, in diesem Falle beim Alten Testament. Da bemerkt ein Theologe:

> *Eher am Rande soll vermerkt werden, daß sich das Fehlen eines alttestamentlichen Verbotes homosexuellen Verhaltens unter Frauen wohl am plausibelsten durch die strikt Vater-Sohn-bezogene Sexualökonomie des* בית אב *erklärt. „Die weibliche*[468] [Homosexualität] *ist den verantwortlichen* [männlichen] *Tradenten der Leviticus-Texte entweder nicht bekannt oder für sie uninteressant."* [469]

Tasten wir uns weiter vor bei den Theologen; da schreibt einer:

> *Für diese These bietet MILLER ein breites Spektrum griechischer, römischer und jüdischer Belege auf, aus denen hervorgehe, daß homosexuelle Beziehungen unter Frauen fast nie (1) in unmittelbarem Zusammenhang, (2) gleichstufig und (3) vorgeordnet zu solchen unter Männern thematisiert worden seien. „It would be anomalous for Paul to initiate a condemnation of both types of homosexuality by describing female homosexuality first, without the specifics such as found in verse 27... The obvious partner for the woman in verse 26 is male and the relationship heterosexual."* [470]

Und befragen wir die Psychoanalytiker:

> *Man hat in der Psychoanalyse zwei Typen von Lesbierinnen unterschieden, von denen die eine den Mann* **nachahmt** *und die andere vor dem Manne* **Angst hat**. *Naturgemäß gibt es noch viele Nuancierungen, aber grundsätzlich dürften die beiden Motivationen eine wesentliche Rolle spielen. Entscheidend ist wohl der weibliche* **Minderwertigkeitskomplex**. [471]

Die armen Lesben waren also damals schon und sind heute noch so etwas wie Null-Personen, für die kein Status, nicht einmal ein Feindstatus existiert.

---

[468] im Text skurril verdert: weiblät iche
[469] Steinhäuser 349, Anm. 879
[470] Steinhäuser 369, Anm. 918
[471] Rattner 140

Immerhin, Schwule *haben* einen solchen Feindstatus (aber glücklicher werden sie damit auch nicht!). Lesben werden nirgends gerichtlich belangt, polizeilich verfolgt, öffentlich angeprangert, bilden keine Scene und kennen keine nennenswerte Subkultur. Und sie haben auch keine objektive Forschung:

> *Viele Forscher und Kliniker haben die lesbische Liebe mit der männlichen Homosexualität verwechselt oder gleichgesetzt. Viele von ihnen haben die letztere auch weitaus eingehender studiert und für männliche homosexuelle „Patienten" ein viel besseres „Verständnis" als für weibliche. Da **alles**, was Männer tun, als wichtiger angesehen wird als **alles**, was Frauen tun, ist die männliche Homosexualität freilich auch offener bestraft worden – in gesellschaftlicher, juristischer und ökonomischer Hinsicht – als die lesbische* Liebe. [472]

Das verfolgt die armen Lesben bis weit ins tiefe Mittelalter zurück:

> *Der Anteil wissenschaftlicher Veröffentlichungen über Lesben beträgt weniger als ein Zehntel der über Schwule.* [473]

Schon Liselotte von der Pfalz wettert im Jahr 1699 mit sichtlicher Entrüstung:

> *Was noch mehr ist, die Weibsleute sind ineinander verliebt, welches mich noch mehr ekelt als alles.* [474]

Doch auch noch 1787 beschäftigte das nachhaltig die (männlichen) Gemüter:

> *...die Gefahr für die allgemeine Sittlichkeit (sei) bei geschlechtlichem Verkehr der Weiber deshalb nicht so groß, weil die Freuden des Beischlafes bei diesem Verkehr der Weiber doch nur sehr unvollkommen seien; ferner werde der Durst nach Wollust bei unzüchtigen Umarmungen zwischen Weib und Weib mehr erhitzt und genährt als gestillt und befriedigt. Unzüchtige Mädchen, die diesen*

---

[472] Chesler 181
[473] Paczensky 18; im „Sexualleben unserer Zeit" ist das Verhältnis signifikant: Schwule werden auf 74, Lesben nur auf 4 Seiten bearbeitet; in der „Konträren Sexualempfindung": Schwule werden auf 503, Lesben auf 80 Seiten abgehandelt.
[474] Briefe der Elisabeth Charlotte von Orléans 1673-1715. Ausgew. v. Ludwig Geiger. Stuttgart (1883), 69

> Weg einschlügen, würden daher immer noch eher auf den normalen Weg der Natur zurückkehren als derartige Männer. Außerdem sei die Zahl der Knabenschänder bedeutend größer als die Zahl der Mädchen und Weiber, die ihre Lust in wechselseitigen Umarmungen befriedigten. Auch sei beim weiblichen Geschlecht die Quelle der unnatürlichen Befriedigung gewöhnlich die Furcht vor Schwängerung im Verkehr mit dem Manne, ferner der Stolz, sich nicht bei Mannspersonen durch schnelle Hingabe verächtlich zu machen u. dergl. mehr.[475]

Das bestätigt, wenn auch indirekt, der umfangreiche Wälzer, den IVAN BLOCH geschrieben hat über „Das Sexualleben unserer Zeit". Darin schreibt er:

> Neben der echten originären Homosexualität bei Männern hat diejenige bei Weibern eine viel geringere Bedeutung, weil sie ohne Zweifel **viel seltener** ist als jene. In Vergleichung mit der Zahl der Urninge ist die Zahl der **weiblichen Homosexuellen**, der „**Urninden**" oder „**Lesbierinnen**" oder „**Tribaden**", eine relativ kleine, während umgekehrt bei Frauen auch im späteren Alter die sogenannte „Pseudo-Homosexualität" weit häufiger vorkommt als bei Männern... **Trotzdem läßt sich an der Existenz echter originärer Homosexualität bei Frauen nicht zweifeln.**[476]

Und das war schon im Mittelalter nicht anders, wie eine hochoffizielle Untersuchung des Rates der Stadt Köln im Jahre 1487 festgestellt hat. Diese Aktennotiz ist wohl eines der ältesten einschlägigen Dokumente für die Lesbenforschung:

> ...die dynge, daevan dat men yem gesacht have, die synt leyder me dan waire. Ind id sy leyder darzu kommen... Hey have ouch ze etzlichen zyden die selve sunde (gemeint: Homosexualität unter Männern) mit anderen sunden, die der gelychen synt, frauwepersonen mit frauwepersonen, in syme kyrspele offentlicht bestain zu straiffen...[477]

---

[475] Moll 495
[476] Bloch 851-852 Hervorhebungen vom Verf.
[477] Hashagen 311

Am 15. September 1695 schreibt die Herzogin Elisabeth Charlotte in einem Brief aus St. Cloud:

> *Die historie von St. Cire (eine Abtei und Erziehungsanstalt für 300 adlige Töchter) ist ärger alsz in dem buch steht undt auch possirlicher. Die junge jungfern dort wurden in einander verliebt, und man ertapt sie, daß sie wüstereyen mit einander thaten. Mad. de Maintenon solle hertzlich darüber geweint haben und alle reliquien expossieren haben laszen, umb den teüffel der unzucht zu vertreiben.* [478]

Da gibt es an sehr entlegener Stelle eine Zeitungsmeldung von 1728:

> *Stockholm, den 20. Oct. Aus Malmö wird berichtet, daß sich daselbst folgender Casus zugetragen: Eines Bauren Tochter, so von ihren Eltern etwa vor 7 Jahren entlauffen, kleidete sich in Manns-Kleider, und engagierte sich unter dortiger Artillerie, diente auch unter derselben als Handlanger von obiger Zeit an, ohne daß jemand wegen ihres Weiblichen Geschlechts einigen Argwohn gehabt: Vor etwa einem halben Jahre aber heyratet dieselbe eine andere Bauren-Tochter, da denn nach einiger Zeit unvermutet ein Gerücht entstehet, daß dieselbe ein verkleidetes Weibes-Bild sey, worauf bemeldter verstellter Artillerie-Kerl mit der geheyrateten Bauren-Magd nach Norwegen entweichet, und um sicheres Geleite angehalten, dasselbe auch bekommen; Wie diese Sache werde angesehen werden, dürffte mit dem ehesten zu vernehmen seyn.* [Vossische Zeitung. Berlin 1728, Nr. 133.][479]

Vergleichbare Meldungen sind auch in der ZEITSCHRIFT FÜR SEXUALWISSENSCHAFT, Leipzig 1908 auf den Seiten 254 ff aufgeführt und aus dem Jahr 1721 in MOLL.

Im Jahr 1819 definiert JÖRG erstmals die Lesben:

> *Er erwähnt Weiber, die er Mannweiber, Viraginen oder Heroinen nennt. Körperlich erinnern sie an den Mann, indem sie männliche Gesichtszüge, einen robusten Körper, hervorstehende Muskeln usw. hätten. Sie hätten wenig Vermögen, ihre Bestimmung zu erfüllen, das Kind zu empfangen, zu nähren und zu pflegen. Aber es gehe ihnen*

---

[478] Moll 530
[479] Buchner, Eberhard. Das Neueste von gestern. Bd 2, 201, Nr. 392

> *auch die Neigung zum Kinde und mit dieser zugleich **der Wunsch nach dem Manne** ab.... und wir erhalten also in selbigen ein Gemisch vom Weiblichen und Männlichen unter einander.* [480]

Im Jahre 1899 galt als wichtigstes Erkennungsmerkmal für Lesben die Untersuchung und Vermessung des Kehlkopfes:

> *Nach Herrn Dr. THEODOR S. FLATAUS Ansicht (fanden sich) bei einigen homosexuellen Weibern zweifellos Andeutungen eines männlichen Kehlkopfes, ja, daß bei einigen sogar der Kehlkopf entschieden männliche Formen darbot.* [481]

Im Jahre 1909 erfährt man etwas über geheime Bälle von Lesben und Schwulen in Berlin:

> *Wenn man z.B. einen Urningsball besucht, ist man sicher, daß 99 % der dort versammelten männlichen Homosexuellen echte Homosexuelle sind, auf einem Urnindenball – auch solche gibt es in Berlin – ist sicher ein viel kleinerer Prozentsatz „echt", das Gros setzt sich aus weiblichen Pseudo-homosexuellen zusammen.* [482]

Und selbst in der verfolgungswütigen Nazizeit meint der Reichsstrafrechtsausschuß im Jahr 1935, der Tausende von Schwulen in die KZ's getrieben hat und dort vernichten half:

> *Bei Frauen ist [das Vergeuden von Zeugungskraft] nicht oder zumindest nicht im gleichen Maße der Fall. Das Laster bei Frauen entzieht sich mehr der Beobachtung, es ist unauffälliger, die Gefahr der Verderbnis durch Beispiel geringer... Die weibliche Homosexualität ist weniger gebrandmarkt, sie neigt weniger dazu, sich zu ängstigen oder sich als ungeeignet zu betrachten wie der männliche Homosexuelle es ist und sich fühlt* [N.B. eine Zwischenfrage: Ist der schwule Mann denn tatsächlich so ungeeignet?]

Im Jahre 1899 wird sogar eine Methode der Heilung von Lesben propagiert:

---

[480] Moll 82
[481] Moll 528; außerdem Fallbeispiele S. 542 +547+553+559+563+574+577
[482] Bloch 582

153

> *Es sollte mich nicht wundern, wenn er eines Tages genauere Vorschriften über die elektrotherapeutische Behandlung der sexuellen Perversionen gäbe und uns mitteilte, bei welcher Stromdichte eine blonde Dame, bei welcher eine brünette geliebt wird, welchen Rollenabstand wir bei faradaïschen Strom nötig haben, um eine alte, welchen um eine junge Dame lieben zu lassen; wie viele Funken bei der statischen Elektrizität überspringen müssen, damit eine Engländerin und wie viele Funken notwendig sind, damit eine Französin geliebt wird. Wie gesagt, es würde mich nicht mehr zu sehr wundern, wenn uns LÖWENFELD mit einer derartigen Arbeit überraschte. Dann hätte er in der Tat, vorausgesetzt, daß es stimmt, den Beweis geliefert, daß man der Elektrotherapie auch eine wissenschaftliche Grundlage geben kann.* [483]

Das alles haben Männer geschrieben. Und sie bekennen frank und frei:

> *Wir wissen nur zu wenig über die Sexualität des Weibes... Die Meinung anderer Autoren, daß die diese sexuelle Frigidität des Weibes nicht bestehe, ja daß das Weib nach dem Koitus viel mehr dränge als der Mann, scheint mir im allgemeinen nicht richtig. „Die Frau, obgleich sie das Klopfen des Busens und die häufigen Begierden unter weiten Kleidern verbirgt, sehnt sich doch mit stärkerem Gefühl als der Mann nach diesen Genüssen; weil dieselben für sie wegen des Mysteriums, das ihr von der Scham und den sozialen Gewohnheiten auferlegt wird, noch verführerischer sind.* [484]

> *Vieles ist sonst noch dunkel auf diesem Gebiete, und die Angaben sind oft widersprechend... Man muß, wenn man hierüber ein zuverlässiges Urteil gewinnen will, in den verschiedensten Kreisen seine Erkundigungen einziehen.* [485]

> *Statt zu begreifen, daß sie an einer unverschuldeten Neurose leiden, halten sie sich für schlecht und verworfen, fühlen sich von der Gesellschaft verspottet, wenn nicht gar*

---

[483] Moll 461, Anm. 1
[484] Moll 511
[485] Moll 547-548

> verachtet und ausgestoßen und laufen Gefahr, einer Sucht zu verfallen, ja, selbst Selbstmord zu begehen. [486]

Aber immerhin, es gibt Heilungschancen:

> Es ist für die Heilung unerläßlich, daß die Lesbierin selbst wünscht, ihre homosexuellen Neigungen los zu werden. Ist dies nicht der Fall, so kann ihr nicht geholfen werden. [487]

Nun sind Frauen gefragt, die über dieses Problem nachdenken.
Aber Vorsicht, warnt ein Aufklärungsbuch:

> Those who knew – women – did not write and those who wrote – men – did not know. [488]

Gleichberechtigung ist nun wirklich einmal angesagt! Sie ist ja auch im Grundgesetz festgeschrieben. Nicht nur von Lesben und Schwulen, auch von Forscherinnen und Forschern sollte diese Forderung eingelöst werden! Denn:

> Für Lesben (und schwule Männer) war das, was sie im Bett taten, von zentraler Bedeutung für ihre Identität und Kultur. [489]

Dabei ist es doch hochinteressant, was sie so im Bett taten.
Eine Grundsatzerklärung findet sich in einem Fachbuch:

> Die Lesbierin verliebt sich unbewußt in sich selbst. Sie liebt die Liebe an sich, und dazu wird sie durch den Glauben veranlaßt, daß man lieben muß, um zu leben. Liebe ist ihrem Ursprung nach weiblich. [490]

Eine Forscherin verrät außerdem:

> Es ist in diesem Zusammenhang vielleicht auch wichtig zu bedenken, daß eine der häufigeren sexuellen Praktiken von

---

[486] Caprio 10
[487] Caprio 275
[488] Laqueur 67
[489] Grant, 25
[490] Caprio 115

> *lesbischen Frauen der orale Verkehr ist, ein wechselseitiges **Stillen und Gestilltwerden**.*[491]

Ein zweiter Forscher untersucht das Paarungsverhalten der Lesbierinnen im Detail und läßt dabei nichts Wesentliches aus, getreu nach dem Schema Vater-Mutter-Kind:

> *Liegt sie auf ihrer Partnerin und kommt sie durch Reibung der Klitoris zum Orgasmus (Tribadismus), so befriedigt sie ihre **männliche Komponente** – sie identifiziert sich mit einem Mitglied des männlichen (einen Penis besitzenden) Geschlechts. Saugt sie an den Brüsten einer anderen Frau, nimmt sie die Rolle eines **Kindes** an, das an der Mutterbrust saugt. Und reicht sie selbst der Partnerin die Brust, so befriedigt sie ihren **Mutterinstinkt** – das geliebte Wesen zu nähren und zu schützen.*[492]

Ein dritter Forscher fügt kennerisch hinzu:

> *Orgasmen werden übrigens auch in lesbischen Paarbeziehungen vorgetäuscht. Es ist <u>kein</u> heterosexuelles Phänomen.*[493]

Ein vierter Forscher rät in diesem Zusammenhang:

> *Frigidität sollte nie den Grund dafür abgeben, die Homosexualität der Heterosexualität vorzuziehen.*[494]

Ein fünfter Forscher fügt hinzu:

> *In Berlin ist die Trennung bei den Weibern mitunter ganz scharf, (gemeint: eine Trennung zwischen in die aktive und in die passive Rolle)... Beiden wäre eine Umkehrung der Verhältnisse geradezu unangenehm und ekelhaft.*[495]

Frau CHESLER erhebt erst einmal grundsätzliche Bedenken:

---

[491] Gambaroff 85
[492] Caprio 31
[493] Burfeindt 92
[494] Caprio 52
[495] Moll 544

> *Die Bezeichnung „Lesbierin" ist problematisch: Sie identifiziert, ebenso wie das Wort Frau, eine Frau allein auf Grund ihrer sexuellen Aktivität. Leider ist der Ausdruck auch historisch negativ belastet. Viele Lesbierinnen halten es jedoch für ein durchaus „respektables" Wort – andere meinen, es sollte häufiger und in positiverem Sinn verwendet werden, um es zu einem solchen zu machen.[496]*

Frau WESTHEIMER stellt zunächst eindeutig klar:

> *Lesben scheinen mehr an Intimität interessiert zu sein und weniger an einer fordernden Sexualität.[497]*

Herr CAPRIO stellt abschließend fest:

> *Bei Frauen läßt sich die Homosexualität wesentlich schwerer feststellen als bei Männern. Was sie tun, wird besser getarnt, und der Öffentlichkeit ist es nicht verdächtig, wenn zwei Frauen vor aller Augen einander umarmen.[498]*

Sodann definiert frau erst mal bloß so vor sich hin: Es gibt an Lesben

* frühe, konsequente
* frühe, inkonsequente
* späte, inkonsequente
* späte, konsequente

... und Schwule und Schornsteinfeger und Mauerblümchen und Maikäfer. Ach, Frau SUSANNE VON PACZENSKY, welch einen Scharfsinn entwickeln Sie da auf Seite 67 Ihres tiefgreifend umfassenden Buches! Und so geht es weiter und weiter:

> *Im Gegensatz zur allgemeinen Meinung nehmen lesbische Frauen nicht überhand. Lesbisch zu sein ist nicht ansteckend.[499]*

---

[496] Chesler 122, Anm. 13
[497] Westheimer 257
[498] Caprio 66
[499] Sag mir 62

> *Nicht jedes Mädchen, dem während der Kindheit oder der Pubertät ein seelisches Trauma widerfährt, wird zur Lesbierin. Von der persönlichen Reaktion auf ein bestimmtes Trauma hängt sehr viel ab.*[500]

Das auch noch! Und dann:

> *Offensichtlich ist es leichter und selbstverständlicher, über eine konkrete Partnerin zu reden als abstrakt über eine sexuelle Neigung.*[501]

Also frage man die betreffenden Partnerinnen, und was sagen die? Auch alles mögliche:

> *Die Männer reden nicht darüber, akzeptieren das vielleicht, oder sehen weg, wie beim Krüppel.*[502]

> *Sie würden versuchen, mich umzupolen, mich womöglich für krank halten.*[503]

> *Mein Vater würde mich als pervers abtun und wahrscheinlich rausschmeißen*[504].

> *Ich möchte eine normale Frau sein. Ich kann das Bewußtsein nicht ertragen, daß ich homosexuell, anomal und degeneriert bin. Ich hasse mich selbst so sehr, daß ich davon ganz krank bin.*[505]

> *Meine Mutter meinte, das wäre nur eine Störung, ich solle zum Psychiater gehen oder zum Frauenarzt. Die kriegen das weg, mit Hormonen.*[506]

Aber leider, die Psychiater helfen da auch nicht, denn *es ist eine Erfahrung der Psychologen, daß es für die Frau wesentlich schwieriger ist als für den Mann, sich von dieser abartigen Sexualität zu lösen.*[507]

---

[500] Caprio 125
[501] Paczensky 86
[502] desgl. 133
[503] desgl. 132
[504] desgl. 121
[505] Caprio 290
[506] desgl. 110
[507] gemeint „lesbische Liebe"; Bretschneider 67

Dem widerspricht aber ganz energisch der Psychoanalytiker CAPRIO (denn dann würde er ja arbeitslos):

> *Psychoanalyse und Psychotherapie sind die eigentlichen Verfahren zur Behandlung von Lesbierinnen. Alle Versuche, Homosexuelle durch Hormontherapie zu heilen, haben sich als vergeblich erwiesen.* [508]

Es beruhigt dann auch nicht mehr, wenn man erfährt, *daß bei weiblichen Homosexuellen Promiskuität weniger häufig vorkommt als bei männlichen.*[509] und schon gar nicht die Tatsache: *Ein Straßenstrich für Lesbierinnen ist jedenfalls so gut wie unbekannt.*[510]
Hier bemerkt ein Forscher außerdem:

> *Unschuldige oder unerfahrene Frauen lassen sich leichter zu homosexuellen Akten verführen als unschuldige Männer. Wenn ein junges Mädchen von einer Freundin geküßt wird, so mißt es dem keine Bedeutung bei. Frauen küssen und umarmen einander ja ganz ungehemmt vor aller Augen. Bei Männern ist das bekanntlich anders.* [511]

Die Gefängnisdirektoren sind ratlos:

> *Alles in allem ist es ein noch ungelöstes Problem, wie man sich zur weiblichen Gefängnishomosexualität verhalten soll, ein Problem, mit dem etwas geschehen muß, und über das recht verschiedene Meinungen bestehen. Meine eigene Untersuchung homosexueller Beziehungen unter weiblichen Gefangenen hat mich davon überzeugt, daß wir in Wirklichkeit erst begonnen haben, die Frage auch nur oberflächlich zu studieren. Noch viel Arbeit ist nötig, um zu einem klaren und umfassenden Verständnis der lesbischen Liebe in den Strafanstalten zu gelangen.* [512]

Die Feministinnen sind auch ratlos:

> *Sie wandten ihre Aufmerksamkeit von der Gesellschaft ab und lenkten sie nach innen, auf den Körper, den sie als*

---

[508] Caprio 22
[509] Tennov 312
[510] Caprio 80
[511] Caprio 141
[512] Caprio 85

> eine Lustmaschine oder unvermessenes Territorium betrachteten, dessen erotische Geographie sie erforschen wollten, um jeden nur erdenklichen Ort der Sinnlichkeit aufzuspüren.[513]

Auch die Lesben selbst sind ratlos:

> Ich habe Homosexualität nie im Zusammenhang mit Frauen gesehen, nur mit Männern.[514]

Und davor kriegen sie Angst:

> Ich hatte Angst, wenn ich nur an das Wort „lesbisch" dachte. Um mich zu beruhigen, redete ich mir ein, ich sei normal, verstehst du? Und das einzige, was mir meine Normalität nehmen könnte, wäre, mich tatsächlich auf ein lesbisches Erlebnis einzulassen. Ich sagte mir, man ist nicht schwul, wenn man es nie macht. Also hielt ich mich raus, denn ich wollte mir meinen Verstand intakt halten. Also redete ich mir ein, mir was aus Jungen und Kleidern und Parties und dem ganzen Scheiß zu machen.[515]

Und das lehnen sie ab:

> Viele Lesbierinnen lehnen es ab, etwas über ihre Triebabweichung zu lesen, und ziehen es vor, nichts darüber zu erfahren. Das ist eine Verteidigungsreaktion gegen die Möglichkeit, etwas zu lesen, das ihre Schuldgefühle erhöhen könnte.[516]

Die Sexuologen sind erst recht ratlos:

> Das Vorkommen lesbischer Prostitution ist entweder nichtexistent, ganz geringfügig oder überhaupt ein Phänomen, das nur im 'underground' gedeiht.[517]

Das gilt umso mehr für die männliche Prostitution:

---

[513] Grant, 63
[514] Joannides 327
[515] Chesler 195
[516] Caprio 244
[517] Eskapa 268

> *Die Tyrannei gegen das andere Geschlecht zeigt nie solche Auswüchse; so bleibt es bei Ansätzen zur Männerprostitution, schon weil ihr der Organismus des Mannes Grenzen setzt...*[518]
>
> *Hier ist ausführlich auch von der* ***"männlichen Prostitution"*** *die Rede, d.h. der Prostitution von Männern für Männer, welche Begriffserweiterung meines Wissens hier zum ersten Male sich findet. Natürlich werden auch in älteren Schriften häufig die käuflichen Päderasten erwähnt, aber der Begriff "Prostitution" wurde streng auf die Klasse der käuflichen Weiber eingeschränkt.*[519]

Und die Wissenschaftler sind noch viel ratloser:

> *Infolge des diffusen Charakters der weiblichen Sexualität bleiben die homoerotischen Nuancen und Motive der weiblichen zwischenmenschlichen Bindungen oft unbemerkt, ja sogar unerkannt.*[520]

Und die Naturforscher sind erst recht ratlos, haben sie doch durch Hormonspritzen erst kürzlich „lesbische Lämmerdamen" hervorgebracht[521] und ständig mit allerlei lesbischen Getier wie Königspinguininnen und Grizzlybärinnen zu tun (vgl. Anm. 225). Hier hat jedoch Herr SUHR einen guten Rat:

> *Die inaktive Homosexualität ist nach Ansicht vieler Wissenschaftler äußerst verbreitet. Da sie meist inaktiv bleibt, jedenfalls mit normalgeschlechtlichen Empfindungen gepaart ist, nimmt die Gesellschaft kaum Notiz von ihr.*
>
> *Selbst konsequente Lesbierinnen pflegen, weil vom Gesetz nicht bedroht, Skandal und Ächtung zu entgehen.*[522]

Aber Vorsicht beim Forschen! Das Studium der Lesben kann sehr leicht zum Feminismus ausarten, darum ist dringend Mäßigung geboten:

---

[518] Chesler 275, Anm. 23
[519] Bloch 351
[520] Kon 291
[521] Joannides 328, vgl. Anm. 459
[522] Suhr 53

> *Aus dem radikal feministischen Separatismus entwickelte sich die politische Lesbierin, die nicht aus sexuellen, sondern aus politischen Gründen mit Frauen schlief. Lesbischsein wurde Pflicht.*[523]

> *Denn dann macht sich die radikale Lesbenfraktion auf ihre Weise die patriarchalische Argumentation zueigen, wonach das weibliche Geschlecht nur unter dem Verwertungsstandpunkt interessant ist: Läßt eine Frau Männer ran oder nicht?*[524]

Männer und Lesben! Fürwahr, ein heikles Kapitel!

> *Männer stört es wenig, geilt sie eher auf, wenn man auch mit Mädchen schläft. Frauen nehmen es übel, wenn man noch 'nen Kerl hat.*[525]

Symptomatisch ist auch der Stoßseufzer eines betroffenen Mannes:

> *Nach ein paar Tagen habe ich mir gedacht, Gott, was soll's. Ist ja nur 'ne Frau, ist ja nicht so schlimm. Besser, als wenn sie's mit einem Mann macht.*[526]

Und bezeichnend ist das offene Bekenntnis einer Betroffenen:

> *Nur politisch bin ich lesbisch, sexuell bin ich heterosexuell.*[527]

Und das Lüften dieses „wundervollen Geheimnisses" bei einer anderen:

> *Unsere sexuelle Beziehung haben wir für uns behalten, und das fand ich aufregender als alles andere. Es war einfach ein wundervolles Geheimnis. Und gleichzeitig habe ich total auf einen Mann gestanden.*[528]

---

[523] Grant, 312
[524] Paczensky 161
[525] desgl. 145
[526] Frank 112
[527] Meulenbelt 279
[528] Joannides 327

Und die Bekenntnisse einer schönen „Ausnahme"-Seele aus dem Jahr 1908:

> *Alle feinen, zarten Sensationen, die die Freundin mir gegeben, verdichten sich mir zur Schaffenskraft – die Ekstasen meiner Brust nehmen Form und Gestalt an; aus der Vergeistigung der Triebe strömt mir ein silbern klarer Quell, sprudeln mir Leidenschaft und Glut, meine Ausnahmeseele hebt mich aufwärts, über Leiden und Qualen hinweg, so ist ein Talent gezeugt und in Wonneschauern geboren.*[529]

Es muß halt noch viel getan werden auf dem Einödgelände des Lesbianismus. Auch die Statistik tröstet nicht:

> *Wieviele weibliche Homosexuelle es auf der ganzen Welt gibt, läßt sich unmöglich schätzen. Unter Wilden und Zivilisierten, unter Armen und Reichen wird der lesbischen Liebe gehuldigt.*[530]

Halt, aber nicht zu viel veröffentlichen! warnt die SUSANNE von oben, die ja schon ein ganzes Buch darüber geschrieben hat, *denn dem Interesse der homosexuellen Frauen werde durch Veröffentlichung nur geschadet.*[531]
Wieso eigentlich geschadet??
Da gehöre ich denn zu den einigen wenigen, die ihr Buch gelesen haben.
Und habe damit den Lesben, nicht etwa mir selbst geschadet?
„*Einige bezweifelten auch den Sinn einer solchen Untersuchung...*"
(Klappentext), **ich** nicht! Zumal sie auch einen so verheißungsvollen Titel trägt:

Verbotene Liebe

Merke: *Lesbianismus geschieht sehr isoliert, in intimen Zirkeln oder zu zweit.*
Ich gestehe, es ist halt wirklich noch sehr viel zu tun, wenn man rund eine Million Frauen erforschen möchte, aber nur ganze 75 befragt!

---

[529] Bloch 585
[530] Caprio 64
[531] Paczensky 145

[532] Ich hab' geträumt, S. 46

Dunkelziffern, das Kreuz der Statistik
Ringrichter weist auf die anstößige, und darum verbotene Pimmelgröße des Boxers
(nach einem rotfigurigen Vasenbildern um 490 v. Chr. zu München)

10. Zahlenspiele

10.1 Dunkelziffern, das Kreuz der Statistik

> Motto:
> Die Dunkelziffer ist jedoch noch immer hoch...
> *Lexikon, 91*
>
> Sich an der Statistik orientieren ist nicht viel besser als sich nach den Geboten der Bibel oder dem Geklatsch der Nachbarn zu richten...
> *Kon, 336*
>
> Je technischer Sexualität gefaßt wird, je meßbarer Erregung und Orgasmus, je definierbarer die Abläufe, desto moralischer wird auch das Sprechen über Sexualität - gegen das Exzessive.
> *Schenk, 54*
>
> Was als ‚normal' zu gelten habe, kann nicht durch einfaches Abzählen festgestellt werden.
> *Comfort, 26*

DIE HOMOSEXUALITÄT IST wenig erforscht, und der homosexuelle Mann stand im Zentrum ablehnender Aufmerksamkeit.[533] Bei einer Umfrage der amerikanischen Fernsehgesellschaft CBS kam noch sehr viel Schlimmeres heraus:

> *...daß zwei von drei Amerikanern der Homosexualität mit Abscheu, Unbehagen und Furcht gegenüberstehen, jeder zehnte sogar mit offenem Haß...*[534]

Und weil das so ist, und weil wir das ändern müssen, wollen wir frohgemut mit der Forschung beginnen, studieren wir eifrig die Lehrbücher und suchen nach allerlei Dunkelziffern. Doch je mehr wir suchen, desto düsterer wird es...
Also, ihr lieben Fachleute, stellen wir Euch mal eine ganz dumme Frage, die uns alle interessiert, dich, mich, ihn, uns, Papa Staat, Mama Kirche und die ganze Elternschar:

---

[533] Starke 299
[534] Perutz 147

Wie viele Homosexuelle gibt es denn nun eigentlich?

Ich mein' ja bloß, ungefähr? So in etwa?
Ach, seufzen die Fachleute, das ist ein weites Feld. Das sind *Daten über eine mit gesellschaftlichem Tabu belegte Einzelheit der sexuellen Verhaltensweise.*[535] So einfach rechnet sich das nicht!
O doch, sagen die Statistiker, bezeichnen den Männlichkeits- und Fraulichkeitsanteil als „M- und F-Grad" jedes einzelnen Individuums und zählen auf (natürlich etwas umständlich):

> *Alle Skalen gehen davon aus, daß sich die Individuen nach dem M- und F-Grad innerhalb einer bestimmten Norm unterscheiden können. Die Eigenschaften der Maskulinität / Feminität zeigten sich jedoch als alternative, als sich gegenseitig ausschließend: Eine hohe Maskulinität mußte mit niedriger Feminität korrelieren und umgekehrt. Als normativ oder wünschenswert für Männer galt ein hoher M-Wert, für Frauen ein hoher F-Wert...Durch Vergleich der Meßwerte ein und desselben Individuums mit der M- und F-Skala kann der Grad seiner psychologischen Androgynie errechnet werden.*[536]

Und so fördert dann die Statistik Erstaunliches zu Tage:

> *Es erschienen nunmehr vier psychologische Typen: maskuline Männer (hohe Meßwerte in den maskulinen und niedrige in den femininen Merkmalen); feminine Männer (viel feminine und wenig maskuline Merkmale); androgyne Männer (hohe Meßwerte nach beiden Skalen); psychologisch nicht-differen-zierte Männer (niedrige Meßwerte nach beiden Skalen).*

Und zum Entsetzen der Frauenforschung der beunruhigende Nachsatz:

> *Die gleichen vier Kategorien wurden auch für Frauen gebildet.*[537]

(Man stelle sich das doch bloß mal vor: maskuline Frauen oder gar: psychologisch nicht-differenzierte Frauen - o diese widerlichen Kerle mit ihrer verdammten verhexten versexten Statistik!)

---

[535] Kinsey 578
[536] Kon 255
[537] Kon 256

Doch zur Beruhigung aller Maskulinisten und Feministinnen abschließend das noch erstaunlichere Endergebnis:

> *Von der Mißglücktheit des Begriffs Androgynie abgesehen, sind selbst die M-F-Skalen nicht eindeutig.*[538]

Eindeutig ist nur die „*Mißglücktheit*" solcher Statistik und solch miserabliger Wortbildung. Hier füge ich noch als Praliné das Wortungetüm *Wahrscheinlichkeitsveranschlagung*[539] hinzu, was Statistik meint.
Also nein, wirklich!
Trotz aller Erhebungen, Fragebögen, Rundungen, Stichproben, Zählungen und statistischen Materialien sind die Forscher über die prozentuale Häufigkeit der Homosexuellen so uneins wie nie.
In dem repräsentativen, sexualstatistischen Werk von STARKE / FRIEDRICH werden gleich **drei verschiedene** Werte genannt (!), im LEXIKON DER HUMANSEXUOLOGIE sind es immerhin noch **zwei**, doch auch die **unterschiedlich**.
Dabei hatte die ganze statistische Zählerei schon so viel früher begonnen, als nämlich der Altmeister der Sexualstatistik ALFRED C. KINSEY noch gar nicht das Licht der Welt erblickt hatte. Er kannte und nannte sie nicht, weil er seine Daten rückwärts nur bis 1920 erfaßte. Aber schon bei WEST aus dem Jahr 1902 gibt es einige Ausführungen zu dem Thema:

> *Ihre Zahl wird von den meisten als viel zu hoch angegeben. Lächerlich ist es, wenn H. SEIFFERT z. B. angibt, daß 25 % aller Menschen homosexuell seien.*[540]

Nun sind Prozentzahlen ohnehin nur ungefähre, meist ungenaue Näherungswerte, die offenbar noch „ungefährer und ungenauer" gestaltet werden müssen[541], und man achte auf die allgemein verbreitete Unsicherheit „Von - bis".
Warum nicht einfach Prozentzahlen pur, oder noch viel einfacher: nackte, absolute Zahlen? Um dem gesellschaftlichen Tabu Tribut zu zollen. Man schlottert schier in der Angst vor Ansteckung, denn

> *unter bestimmten Bedingungen können sie* [die Schwulen] *sich epidemie-ähnlich ausbreiten, vor allem bei gleichartiger Abschirmung vor dem anderen Geschlecht. Das ist gut bekannt,*

---

[538] Kon 257
[539] Wille 91
[540] West 153 - 55
[541] Lexikon 151

meint zuversichtlich ein salopp unseriöses Forscherteam.[542]
Wir scheuen indessen solche Ansteckung nicht! Forschung verlangt Bekennerwut und Opfermut. Zunächst aber eine Grundsatzdeklaration (die muß freilich auch nicht stimmen!)

> *Zwei Drittel sind heterosexuell, ein Viertel bisexuell und ein Zwölftel homosexuell - aufgrund ihrer musikalisch - proportionalen Universalität ausgewählt.*[543]

Mit anderen Worten, aber ebenso ungenau:

> *Statistisch gesehen schätzt man, daß mindestens 60 Prozent der Bevölkerung hetero sind, 15 bis 30 Prozent bisexuell sein könnten (was von kaum „bi" bis volle Pulle „bi" reicht) und 2 bis 7 Prozent der Bevölkerung homosexuell sind.*[544]

Was immer „das musikalisch Proportionale" auch sein mag, das sich da in Universalität tummelt und „kaum bis volle Pulle" in den Statistiken herumgeistert.

10.2 Schwulenprozente

Machen wir eine Liste! >>Dieses Mal ist es keine Litanei, also bitte nicht beten!<<
Fügen wir, sofern bekannt, Angaben über die Region und das Erhebungsjahr dazu. Geben wir für jede Zahl nur einen Beleg. (Mehrfachzitierungen sind also möglich in der Literatur)

---

[542] Starke 79
[543] Lawlor 81
[544] Joannides 319

Zahlenliste der Schwulenprozente ab - Zahlenliste läuft!

40 % Deutschland um 1980 Jellonek, 28, Anm. 30
25 % Deutschland vor 1902 H. Seyffert zit,. In West, 154 [545]
10-7 % Deutschland 1937 H. Himmler in: Jellonek, 27
10 % Großstädte Deutschland 1998 DER SPIEGEL 51 (1998),111[546]
9 % USA 1991 Lawlor, 81 der Wert wurde umgerechnet
8 % USA 1953 Kinsey, 601
8-5 % DDR Lexikon, 91
7-6 % Deutschland vor 1902 West, 154
7-2% USA 1996 Joannides, 319
7 / 6 -1 / 2 % Russland 1983 Kon 284 („von 1 bis 2% bis zu 6 bis 7%")
7,5 % Deutschland statistisches Mittel

| 7 % ein Durchschnittswert, der plausibel ist |

6,3 % USA 1953 Kinsey, 564
6 % USA 1947 Kinsey, 574
5 % Deutschland 1998 DER SPIEGEL 51 (1998), 111
5 % DDR 1976 Brückner,203; 1989 Lesben, 156
5 % Europa 1988 Bleibtreu, 137
5 % USA 1987 Eskapa, 275
5-4 % BRD Grossman, Schwul, 32
5-3 % DDR 1990 Lexikon, 151, vgl. obige Angabe 8-5%!
5-2 % England 1938 Kinsey, 574
4-3 % Gesamtbevölkerung Schnabl, 284; Rinard (41. Aufl.), 160
4 % BRD 1969 Gimott 146
4 % DDR 1971 Wörterbuch 161
4 % Europa 1950 Dietz, 137
4 % USA 1939 Kinsey, 574
4 % USA 1984 Rosenhan, 375; Kaplan, 45
3-2 % Deutschland vor 1902 Numa Prätorius zit. in: West, 154
3-2 % Europa/USA 1984 Starke, 79
3-1 % DDR Starke, 309
2,3 % Deutschland 1920 Kinsey, 574
2,2 % Deutschland 1909 Bloch, 558
2-1 % Deutschland vor 1902 Hirschfeld zit. In: West 154
2-1 % DDR 1972 Schnabl, Intimverhalten 158
2-1 % USA Pietropinto, 93
2-0.1 % Deutschland 1908 Bloch, 557
2 % Deutschland 1884, Jäger, 257 zit. in: Moll 146

---

[545] N.B. Beide Werte erfassen nicht nur ausschließliche homosexuelle Betätigung, sie schließen auch gelegentlich homosexuelle Betätigung mit ein; das paßt dann zu den 40-50 %, die der Kinsey-Report angibt.
[546] Wie DER SPIEGEL zu „zehn Prozent der Wähler in den Großstädten" gegenüber „fünf Prozent der Bevölkerung" kam, bleibt sein Geheimnis; statistisches Mittel ist jedenfalls **7,5 %**

1,9 % Amsterdam um 1908 v. Römer, zit. in: Bloch, 557
1,7 % DDR Schnabl, Intimverhalten 158 zit. in: Rennert 1968
1,5 % Deutschland um 1909 Bloch, 557
1,425 % Deutschland um 1869 Kertbeny, zit. in: Bloch, 557
1,3 % USA 1977 Pietropinto, 83
1,1 % Berliner Metallarbeiter Bloch, 558
1 % in Köln im Jahr 1484 Zeitschrift, 32
1 % USA Pietropinto, 93 Kinsey, 577
weniger als 1 % USA 1947

Interessant in diesem Zusammenhang ist die Koinzidenz dazu, die die Sex-Statistiker des FOCUS im Jahr 2011 ermittelt haben:

> *7 % der von FOCUS befragten Männer finden die gleichgeschlechtliche Erotik attraktiv (Frauen 4 %, die Grünen als Partei 8 %, die Partei Die Linke sogar 9 %)*[547]

Was den hier bevorzugten Durchschnittswert von den 7 % Schwulen wundersam bestätigt, denn offenbar haben alle Männer geantwortet, nicht nur die Schwulen.
Und was ist nun der Lohn für all diesen Zahlenhokuspokus?
Eines muß doch feststehen und das steht auch felsenfest!
Ein bestimmter Prozentsatz aller Menschen ist gleichgeschlechtlich orientiert, diese Zahl ist bestimmt absolut.

> *Alle Schätzungen über Betroffenenzahlen können dann aber auch nur eines sein: **falsch**. Denn zum Wesen der Dunkelziffer gehört, daß sie dunkel ist.*[548]

Aus der Liste ersieht man, wie sehr gesellschaftliche Ächtung der Homosexualität die Zahlen der Forscher ganz einfach schönt. Oder besser: duckt.
Es ist wohl ausgeschlossen, daß es im prüde-puritanischen Nordamerika (durchschnittlich sowie real) weniger Schwule gibt als in dem verklemmten Frankreich, im repressiven England, der permissiven, ehemaligen DDR oder der aufgeklärten UDSSR..

---

[547] FOCUS 7 (2011), 90
[548] Grau 71

Für die BRD hat Gimott eine interessante Einzelheit ermittelt:

> *37 % aller Männer und halb so viele Frauen haben irgendwann zwischen Jugend und Greisenalter homosexuelle Erfahrungen, aber nur 4 % bleiben von ihnen ausschließlich homosexuell.* [549]

Für die USA hat Kaplan folgendes herausgefunden:

> *Nach amerikanischen und englischen Daten gibt es etwa vier Prozent ausschließlich homosexueller Männer und weitere sechs Prozent, die ihre Befriedigung sowohl bei Männern als auch bei Frauen finden. Dem entsprechen etwa zwei Prozent Lesbierinnen und drei bis vier Prozent bisexuelle Frauen... Bisexualität ist bei Männern doppelt so häufig wie bei Frauen, obwohl beim Gruppensex Frauen leichter und ohne Hemmungen bereit sind, mit einer anderen Frau Berührungen auszutauschen.* [550]

Merke:
> *In der modernen Wissenschaft umfaßt das im statistischen Sinne Normale nicht nur den statistischen Mittelwert, sondern auch eine Reihe davon abwei-chender Werte in einem bestimmten Streubereich.* [551]

Merke weiterhin:
> *Die Liebesbeziehungen adäquat zu erfassen, überschreitet die Möglichkeiten massenstatistischer Erhebungen.* [552]

Merke außerdem:
> *Sie sagen mehr Allgemeingültiges aus. Aber wieder nur als Meinung. Wie es wirklich steht [NB sexistische Sprache], könnte nur eine Untersuchung in der Art des Kinsey-Reports aufdecken.* [553]

---

[549] Gimott 146
[550] Kaplan 45
[551] Kon 30
[552] Schnabl, Intim 252
[553] Neubert 2, 1224

KINSEY hat das trefflich formuliert:

> *Kurz, derartige Informationsquellen sind nicht viel besser als Klatsch!*[554]

Und der gehört ganz einfach nicht in die Wissenschaft. Und schon gar nicht in die Wissenschaft vom Menschen! Denn

> *...so ist für den Zoologen Kinsey der Mensch recht eigentlich ein zoologisches Objekt geworden. Und auf der anderen Seite lassen gewisse Psychoanalytiker ihren Phantasien die Zügel schießen.*[555]

Und im übrigen:

> *Bei allen Naturvölkern oder zivilisierten Völkern ist stets Homosexualität bei beiden Geschlechtern vorgekommen. Beides spricht mehr für biologische als für soziologische Bedingtheit der Homosexualität.*[556]

Am Schluß denn doch noch ein bißchen Klatsch, diesmal aus der Völkerkunde. Auf den Südseeinseln hätten es unsere lieben Sex-Statistiker viel, viel einfacher. Sie bräuchten nur ihre Ohren zu spitzen, auf Klingelingeling zu lauschen und das Gebimmel zu zählen, so wenigstens steht's im LEXIKON:

> ***Penisglöckchen.*** *- Sitte auf Südseeinseln, Homosexuelle ständig an ihre Haltung zu erinnern, indem sie ein Glöckchen in den Penis einwachsen lassen müssen, das auf Schritt und Tritt läutet.*[557]

Ich weiß nicht, woher der Forscher das hat, aber niedlich ist die Vorstellung schon: eine Bimmel im Baumel!
Und vielleicht wäre das sogar ein Vorschlag zur eindeutigen Markierung von Schwulen im Rahmen der Sonderbehandlung von AIDS-Kranken? Wenn sich was regt, dann bimmelt's eben, und der Partner weiß positiv: positiv!

---

[554] Kinsey 576
[555] Potin 304
[556] Wörterbuch 161
[557] Dietz 215

Das Märchen vom Größenwahn I
KURZ und NORMAL
(nach schwarzfigurigen Vasenbildern um 550 v. Chr. zu Berlin und Boston)

Das Märchen vom Größenwahn II
LANG
(nach schwarzfigurigen Vasenbildern um 550 v. Chr. zu Berlin und Boston)

Das Märchen vom Größenwahn III
LÄNGER
(nach einem rotfigurigen Vasenbild um 510 v. Chr. zu Cambridge)

Das Märchen vom Größenwahn IV
NOCH LÄNGER
(nach schwarzfigurigen Vasenbildern um 550 v. Chr. zu Berlin und Boston)

Das Märchen vom Größenwahn V
AM LÄNGSTEN
Frau streichelt überdimensionierten Phallos mit der Aufschrift
'Schön!'
(nach einem rotfigurigen Vasenbild um 500 v. Chr. zu Rom)

10.3 Das Märchen vom Größenwahn

> Motto:
> Ohne den kleinen Unterschied macht die ganze Gleichberechtigung keinen Spaß.
> *Graffito im Herrenklo der FU Berlin*
>
> Jedes Dings macht auch mal Bums.
> *Volksmund*

Man begegnet dem Märchen vom Größenwahn in den Sagen und Legenden, die im Volke so umlaufen. Über die fülligen Volumina des Pos. Über den Umfang der Brüste. Über die Länge des Schwanzes. Über die Größe des Sackes oder der Hoden. Über die Menge des Ejakulats. Oder über die Anzahl der Stöße, oder die Anzahl der Orgasmen, oder die Anzahl der Spermien, oder, oder, oder...
Solche Märchen hören nimmer auf.
Nur die Fachleute betonen stets das Gegenteil und wollen Mann und Frau mit ihren Infor-mationen trösten und beruhigen. Doch, sie lassen sich nicht so einfach trösten:

> *Es ist erstaunlich, wie viele junge Leute Mängel an sich selber suchen und finden, die entweder überhaupt nicht vorhanden oder völlig nebensächlich sind. Viele junge Mädchen leiden unter einer zu kleinen Brust, so wie viele junge Männer meinen, ihr Glied sei zu klein (obwohl es tatsächlich ein zu kleines Glied gar nicht geben kann).* [558]

Ein zu großes aber auch nicht, um in gleichem Atemzug verängstigte Mädchengemüter zu beruhigen.
Denn kein Schwanz, der 'da' reingeht, kann so groß und schwer und umfangreich und dick sein wie ein Babykopf, der 'da' rauskommt.
Merks wohl, liebes Mädchen, und sei getrost, lieber Junge:

> *Das Glied ist von Natur aus nun einmal ganz unter-schiedlich. Deshalb sind Vergleiche unangebracht.* [559]

Obwohl wir als Kinder durchaus vergleichen, wie JUDITH VIORST schreibt:

---

[558] Starke 288
[559] Der Liebe 60

> *Aber wie alles andere, was Papa hat, ist auch sein Penis auffallend größer als das, was sie haben. Und nach der Theorie der kleinen Jungen (die oft auch die Theorie des erwachsenen Mannes ist), daß größer besser sei, sind sie neidisch.* [560]

Also brauchen wir Laien weder Maßband noch Meßlatte, das heißt, 'ne Latte kriegen wir getrost auch ohne Zentimetermaße. Eine Maßtabelle über die „wahre" Durchschnitts-größe des Pimmels ist fast genau so belustigend und informativ wie die Dunkelziffern der Schwulenprozente. Nur wird es hier noch viel finsterer. Weil man nichts weiter tun müßte als Maßband in die Hand und Hose runter!
Das ist ja nun bei der Zählung der Homosexuellen anders. Man kann ja nicht alle Männer aufstellen in Reih und Glied [sexistische Sprache!] und den Befehl erteilen: Zum Apell - stillgestanden! Ruhe im Glied! Schwule - einen Schritt vor, marsch marsch! Von rechts nach links abzählen!
Für Pimmel gilt gleiches, mit einem Unterschied, die kann man sehen (Schwulsein kann man ja nicht sehen, ätsch!), also: Ruhe im Glied! Achtung! Maßband - legt an! Legt - um! Die Maße - gerade...aus!
Da werden die kleinen Rekruten aber schön stramm stehen! [Vorsicht, auch hier sexistischer Sprachgebrauch, immer wieder dieses verräterische Deutsch!]
Bei Geburt sind die Pimmelchen ja noch intakt — und dann kommt der liebe Onkel Doktor oder der liebe Onkel Rabbi oder der liebe Onkel Mullah - jawoll, einer von diesen gaaanz gaaanz böhsen Onkelz - die machen Schnippeldischnipp - und weg ist das Mützchen vom Zipfelchen.
Das ist sauber, behaupten sie, hygienisch, vor allem heilig und gottgewollt, verhindert den Gebärmutterkrebs, es rettet gar vor ewiger Verdammnis! Und wie sehr und wieviel, schreibt OMER HALEBY:

> *Die Abtrennung der Vorhaut behütet das Kind vor dem Jucken, welches infolge des Urinierens an der Eichel entsteht, und hält den Knaben ab, sich den Penis zu reiben, bewahrt ihn also vor einem unwillkürlichen Triebe der Onanie. Es wird ferner durch die vollzogene Operation die Entwicklung des Dkör, des Gliedes, erleichtert und seine Kraft erhöht. Und wenn der Jüngling in das Alter tritt, wo ihm die Morgenröte der geschlechtlichen Genüsse lacht, ist sein beschnittenes Glied vollkommen entwickelt und kräftig und ermöglicht es ihm, den Coitus mit geringerer Gefahr für seine Gesundheit und mit größerem Vergnügen für die Frau auszuüben, deren Geschlechtsteile von einem durchaus festen, süßen und vollkommenem Dkör berührt*

---

[560] Viorst 137

> werden. Wenn der Mann den Coitus mit einer Frau ausübt, die krank ist, dann ist er der Gefahr der Ansteckung weniger ausgesetzt als ein Unbeschnittener; und wenn er krank wird, kann er sich leichter heilen!. Die Beschneidung ist also für uns eine mannhafte Macht gegen die Onanie, wenn wir Kinder sind, und gegen ithyphallischen Unmoralitäten, wenn wir erwachsen sind. Aus den angegebenen Gründen beschneidet also euere Söhne – aber zwinget die Operation dem neuen Mitgliede des Islam nicht auf! [561]

In seltenen Fällen ist solche Behandlung sogar medizinisch notwendig, aber *wenn sie auch nicht mehr als physische Kulthandlung besteht, so ist sie doch ganz gewiß erlaubt!* [562]
Und für die Nichtbeschnittenen folgt nun eine Sammlung Basiswissen: Denn schon Waschen des Pimmels hat seine Probleme:

> *Diese hygienische Vorkehrung (öfters die Vorhaut hinter die Eichel zurückziehen und waschen) bewirkt aber eine Reizung der Lustgefühle an dem empfindsamsten Teil. Sehr leicht führt sie zu sexueller Erregung und zur Masturbation. Im Leben zahlloser junger Männer war dies die HAUPTURSACHE eines schwerwiegenden, vorehelichen 'Sexualproblems'* [563]

Beschneidung ist auch nicht ganz ohne! Zunächst erst mal der Zeitpunkt:

> *Es beginnt sich heutzutage einzubürgern, daß der Arzt die Beschneidung unmittelbar nach der Geburt vornimmt. Lassen Sie das nicht zu! Gott lehrt, daß es im Alter von acht Tagen getan werden soll. Am Tag, an dem das Baby acht Tage alt ist, d.h. also acht Tage nach der Geburt, oder: am neunten Lebenstage. Der einzige Grund, warum die Ärzte den Brauch entwickeln, die Beschneidung sofort nach der Entbindung vorzunehmen, ist ihre eigene, egoistische Bequemlichkeit... aber ich habe nun einmal kein Verständnis für solchen Egoismus, der nur die eigene Bequemlichkeit im Auge hat und auf Eltern und Kind keine Rücksicht nimmt!* [564]

---

[561] Stern 364-365
[562] Armstrong 144
[563] desgl. 144
[564] Armstrong 145

Und dann noch das Wieviel:

> *Manche Ärzte schneiden heute zuviel Vorhaut oder die ganze Vorhaut ab.* Sagen Sie dem Arzt einfach, er solle nicht alles entfernen [N.B. O Gott, gleich ALLES?] *aber bleiben Sie fest, bei aller Höflichkeit! Ich weiß, wovon ich spreche! Wem zuviel oder die ganze Vorhaut abgeschnitten wird, zieht sich bei der Erektion die Haut vom Berührungspunkt mit der Eichel zurück, und Überreizung und Versuchung sind die Folge!* [565]

Und dann noch das Problem: Wie viele?

> *In den USA werden jährlich ungefähr 1.325.000 Beschneidungen an Neugeborenen vorgenommen. Das ist ein Alarmzeichen, da jährlich ungefähr 230 Tote infolge eines Unfalls oder einer Infektion zu registrieren sind... Sie vollführen diese „Operation" nur aus Profitgier. In den USA werden jährlich über 150 Millionen Dollar für die Beschneidung aufgewendet.* [566]

Darum fordern beherzte Amerikaner, denen „dieses" passiert ist, *das Menschenrecht auf eine Vorhaut* ein. Und das zu Recht: Alle 30 Sekunden fällt ein amerikanisches Schniedelkäppchen. Und das spornt sogar zu poetischen Ergüssen der Partnerin eines Beschnittenen an:

> <u>*Ode an die fehlende Vorhaut meines Ehemannes*</u>
>
> *Wie viel Freude wäre mir beschieden,*
> *könnt' ich dich auf- und niederschieben;*
> *Ich sähe, wie der Spaß in seinen Augen steht*
> *Und sein Druck nach oben geht.* [567]

Zurück zum Glied. Nun, in welchem Winkel er (oder 'es') steht bei einer Erektion während der Epoche der Versuchung? Auch das haben Forscher genauer gemessen:

- 45 Grad über der Horizontalen (15-20 %)
- in fast vertikaler Richtung, also mehr oder weniger dicht

---

[565] desgl. 145/6
[566] Eskapa 55/6
[567] DER SPIEGEL 33 (1999), 164

am Leib (8-10%)[568]
- der Rest hängt mehr oder weniger (70 %, das muß man sich mal vorstellen!)

Aber nicht der Winkel macht's, die Länge bringt's!
Also, um es KURZ zu machen: *Große individuelle Unterschiede kommen vor...* tröstet vor-sorglich ein Lexikon[569], falls die eigene, gemessene Länge mit den Durchschnittszahlen differieren sollte. Manche Fachbücher klammern diese heikle, sehr „penible" Größe ein-fach aus[570] oder verlieren sich in Allgemeinplätzen:

> *Die Volumenzunahme kann das drei bis fünffache der ursprünglichen Größe betragen.*[571]

Oder gar:

> *Der Penis verdoppelt in diesem Zustande etwa seine Größe*[572]

Und wenn man schon über Maße spricht, redet man von Länge und von „Kaliber"[573]. Ich finde das lieblos: als ob es sich um eine Kanone handelte! (Verquere Tiefenpsychologie läßt grüßen!):

> *Wenn man die physiologischen Vorgänge bei der Expedition des Samens in die Außenwelt beobachtet, denkt man unwillkürlich an einen Kanonenschuß. Doch - während dort der Tod expediert wird, wird hier neues Leben expediert. Beides geschieht aber auf explosive Weise.*[574]

Kanone vielleicht nicht gerade, schränkt der Forscher dann schnell ein, aber immerhin Doppelgewehr:

> *(Die Schwellkörper) bilden zwei zylindrisch aufeinander-gelagerte Röhren, die man schon mit den beiden Läufen eines Doppelgewehres verglichen hat...*[575]

---

[568] Rutgers 77
[569] Lexikon 150
[570] z.B. Dietz, Klaus 180; Meißner 18, "penibel" kommt tatsächlich von Penis
[571] Lexikon 195
[572] Hunold 91
[573] Starke 62
[574] Potin 72
[575] Potin 39

Pimmel und Kanone liegen vielleicht doch nicht so weit auseinander, beide dienen zum Imponieren und beide machen Bums, wahrscheinlich daher auch der im Volksmund weit verbreitete Ausdruck '*bumsen*'. Oder der Ausdruck kommt von Bommel, hängt mit Baumel zusammen und Bummel und meint das wippende Anhängsel?
Das erste große Mysterium des Mannes enthüllt sich statistisch wie folgt (Angaben in cm):

	Länge schlaff „im Ruhezustand"	bei Erektion	Durchmesser „Kaliber"
Allgemein in der Welt			
	o. Angabe	etwa 14	3 - 4 Fried, 85
	7 - 11	14 - 17	3 - 4 Starke, 62
	o. Angabe	10 - 18	3 - 4 Lexikon, 150
	8,5 - 10,5	o. Angabe	o.Angabe Kon, 96, Anm. 3
	7,5 - 10	13 - 18	o.Angabe Haeberle, 30
Allgemein in Europa			
	9 - 10	14 - 17	Umfang 9 cm in Ruhe 12 cm in Action Wörterbuch, 213-14
	o. Angabe	14 - 17	3 - 4 Wörterbuch 261
Allgemein in Frankreich, statistischer Mittelwert			
Nationalakademie für Chirurgie	9 – 9,5	12,8 - 14,5	8,5 - 9 (Ruhe) – 10,5 (Erektion) DER SPIEGEL 44 (2011), 129

Allgemein in Westeuropa, statistischer Mittelwert			
	9,51	o. Angabe	2,253 Dickinson, 75

Allgemein in Rußland			
	5 - 12	o. Angabe	o. Angabe Kon, 96, Anm. 3

Allgemein in Japan			
	o. Angabe	12,7	o. Angabe Kon, 96, Anm. 3

Allgemein in USA			
	6 - 14	o. Angabe	o. Angabe Kon, 96 Anm. 3
	o. Angabe	10,69 +/- 1,9	o. Angabe Mischke, 75
	o. Angabe	12,7-17,8	Umfang 11,4-14 Paley 31

Allgemein in Kanada			
	7,6-15,2	10,1-20,7	3,8 Taguchi, 14

Allgemein in Deutschland			
	o. Angabe	14,5	**Penis-Breite 5,2** Öko-Test, 98
	o. Angabe	16,4	DER SPIEGEL 21 (2001), 204
Durchschnitt in Dresden	o. Angabe	17,4	DER SPIEGEL 21 (2001), 204
Durchschnitt in Hamburg	o. Angabe	16,8	DER SPIEGEL 21 (2001), 204
Durchschnitt in Stuttgart	o. Angabe	15,6	DER SPIEGEL 21 (2001), 204

Die französische Nationalakademie für Chirurgie begründet ihre Messungen damit:

> Ziel der Akademie ist es nach eigenem Bekunden, den Franzosen etwaige Minderwertigkeitskomplexe zu nehmen. "Das Gefühl, einen nicht ausreichend langen Penis zu haben, kann die Quelle von Angst und psychischen Leiden sein", heißt es zur Erläuterung der Erhebung. [Sexistische Sprache][576]

Ein weiteres Nebenergebnis solcher Messungen ist dieses hier:

> Der Schwanz ist keine Wunderwaffe. Es geht nicht darum, mit dem schwer-sten Geschütz aufzufahren, um eine Frau beeindrucken zu können. Weder Länge noch Umfang noch Neigungswinkel sind entscheidend für den Geschlechtsverkehr. Es gibt halt unterschiedlich große Schwänze.

Und merke weiterhin:

> Selbst wenn das Leben nichts als Verdruß zu bescheren scheint, bleibt dem Mann doch immer noch wenigstens **ein** verläßlicher Freudenspender! Es sei denn, die Welt wäre wirklich ganz und gar aus allen Fugen geraten. Dann hülfen nur noch stärkere Mittel, sprich Tequila oder Gebete.[577]

Ein Rauschen ging durch den Blätterwald, als in einem journalistischen Aufklärungsbericht den Briten märchenhafte Maße zugeschrieben wurden. Ein Viertel aller Briten habe eine **Stärke von sieben Zentimetern** an ihren **private members**, die unbedingt bei der Kondomherstellung berücksichtigt werden müßten. Aber, zum Glück! war nur „der halbe Umfang" gemeint, der mit Hilfe der Zahl π umgerechnet 4,46 cm ergibt, dem handelsübliche Präservative „nur" 3,57 cm entgegensetzen.[578]

Und wieder rauschte es im Pressewald: Für rund 20 % der deutschen Männer ist das deutsche Standard-Kondom zu groß und rutscht daher bei Gebrauch runter. Dieses Durchschnittsmaß liegt „angeblich bei 14,48 Zentimeter Länge und 3,95 Zentimeter Breite im aktivierten Zustand. **Jeder fünfte deutsche Mann hat weniger!**" Pressearbeit kann ja sehr tröstlich

---

[576] DER SPIEGEL 44 (2011), 129
[577] Joannides 50
[578] DER SPIEGEL 52 (1993), 12

sein...[579] Nach DIN-EN-ISO 600 dürfen Kondome sogar ‚mindestens 16 cm lang und 5,6 cm breit' sein.[580]
Da war die ehemalige DDR ja doch sehr viel einfacher gestrickt:

> *Präservative müssen von bester Qualität und frisch sein, Gummi wird mit der Zeit brüchig. Sie müssen passen. Leistungsfähige Fabriken stellen drei Größen her...*[581]

Merke also, holder Jüngling:

> *Deine gestreckte Länge reicht vollkommen, um eine Frau sexuell zufriedenzustellen. Anatomisch gesehen genügen bereits 8,5 cm in ausgefahrenem Zustand, damit ein Mann seine Partnerin 'ausfüllen' kann.*[582]

Und warum rutscht 'er' sechsmal den Ärmelkanal-Tunnel hin und her, so ein Schwanz? Man blättere im 'PM-Magazin' – das tiefere, zweite Mysterium des Mannes wird enthüllt:

> *Geht man von 15 Zentimetern (erigierter) Penislänge aus, erlebt eine Frau während ihres Liebeslebens insgesamt '200 Kilometer Penis': Das entspricht der sechsfachen Länge des Ärmelkanal-Tunnels.*[583]

Das dritte Mysterium der Statistik ist relativ beiläufig – im wahrsten Sinne des Wortes. Da schreibt doch tatsächlich ein Sexbuch:

> *Eine kuriose Statistik, die bei unseren Recherchen anfiel, möchten wir Ihnen nicht vorenthalten: Demnach werden – allein in Großbritannien – Nacht für Nacht bei etwa 4 Millionen Orgasmen ungefähr 20 000 Liter dieser bemerkenswerten Flüssigkeit ejakuliert!*[584]

Das vierte Mysterium macht nur noch Angst:

---

[579] DER SPIEGEL 1 (2001), 72
[580] Öko-Text, 98
[581] Neubert 3, 71
[582] Mischke 252/3
[583] PM-Magazin von Peter Mosleitner, zitiert nach DER SPIEGEL 41(96), 290
[584] Delvin 35

> *Theoretisch ist die Fruchtbarkeit eines Ehepaares so groß, daß sie uns erschrecken lassen könnte, denn zur Befruchtung einer Eizelle ist nur eine Samenzelle nötig.*[585]

Es folge dann noch eine Meßkarte zum Ausschneiden für die Größen „Kim, Lord Extra, Overstolz und Eckstein"[586], womit wir wieder beim Kaliber wären. *Es läßt vorstellbar er-scheinen, daß ein dickerer Penis tatsächlich leichter den Orgasmus einer Frau herbeiführenkann.*[587]
Der Fachmann hat's ergründet: der Laie hat's verkündet: Der Volksmund hat auch hier recht:

LANG UND SCHMAL,

KURZ UND DICK,

Aber wie schnell gerät eine solche Weisheit in Vergessenheit, denn

> *der Durchschnittsexperte hat wahrscheinlich auch einen Durchschnittspenis und könnte daher mit einem Vorurteil belastet sein.*[588]

Seien wir also mit unserer Standardausdrüstung rundum zufrieden, frei nach dem schönen Volksliede:

Nicht jedoch bei den Indern: 2/3 der Inder haben einen Penis, der 2,4 cm kürzer ist als die international übliche Kondomgröße, für den Rest von 30% beträgt dieser Längenunterschied sogar mindestens 5 cm. Dafür mußten nun indische Wissenschaftler zwei Jahre in Mumbai (Bombay) forschen.[589]

---

[585] Wrage 39-40
[586] Amendt 234
[587] Pietropinto 470
[588] desgl. 469

O weh, dergleichen gilt auch für die darin etwas benachteiligten Chinesen und die armen Japaner. Es muß für sie gelten, selbst wenn sie dahingehend doch irgendwie benachteiligt sind, anatomisch betrachtet: Denn nach zähen Verhandlungen der weltweit führenden Kondomhersteller kam 1984 endlich, endlich eine ISO-Norm 4074/5 zustande. In den USA und in Europa hat

> *ein Kondom im Ruhestand* [N.B. wie das? kichert der Verfasser] *17,5 Zentimeter lang zu sein und muß einen Umfang von 52 Millimetern haben. Für Japaner und den asiatischen Markt wurden 15 Zentimeter Länge und 49 Millimeter Umfang angesetzt.* [590]

Ich hoffe inständig, daß es demnächst auch ISO-Normen für Karaiben oder Neger gibt, für Pimmelzwerge und Sexprotze, für Tschuktschen und den malaischen Raum...
... und natürlich auch für Frauen! mahnen die Feministinnen, Denn wo bleibt denn da die Gleichberechtigung??
Ach, da kann ich sie beruhigen:
Die Entwicklung eines Kondoms für die Frau ist im Frühjahr 1992 abgeschlossen und aus der Testphase der 25 000 Probekopulationen längst herausgewachsen.[591] Ob es dabei auch Normen gibt, wird die Hersteller sicher noch jahrelang beschäftigen:

> *Die Idee ist gut, aber die Ausführung eine Katastrophe. Das Ding raschelt wie ein Plastiksack. Das Ganze ist wirklich kein Witz!*

Dieses Gebilde – es sieht aus wie ein Gefrierbeutel mit 2 runden Ohren – nennt sich FEMIDOM und ist als durchsichtiger Schlauch sogar abgebildet, im ÖKO-TEST. Und wer's nicht glaubt, der schaue nach![592]
Und noch eine tröstende Nachricht für alle Männer, die „dort" irgendwie „zu kurz" gekommen sind:

> *Revolutionäre Verhütung: das Kondom aus der Dose,* titelten Anfang Dezember 2006 die Gazetten. *Kappe ab, flüssigen Latex über den Penis sprühen, kurz trocknen lassen, und fertig soll der paßgenaue Präser sein...Im Sommer 2008 soll die Verhütung aus der Dose marktreif*

---

[589] Öko-Test, 103
[590] Grau 182
[591] DER SPIEGEL 47 (1991), 150
[592] Öko-Test, 103

> *sein... noch lassen die Prototypen an der Spitze keinen Raum, um das Sperma aufzufangen. Außerdem bleibt abzuwarten, ob es die Probanden am Ende tatsächlich prickelnder finden, mit der Spraydose zu hantieren als ein herkömmliches Gummi auszupacken.*[593]

Ein tröstendes Wort zum Schluß aus dem Munde einer Feministin:

> *Ach, Männer und ihre Zahlen! Es gibt zahllose (entschuldigen Sie das Wortspiel) Geschichten darüber...*[594]

Aber eine Geschichte will ich hier nicht verschweigen:

> *Wie sich fast jedes Messungsfeld mit einer Messung irgendwie, wenn auch vielleicht unerheblich, zu ändern pflegt, so ändert sich auch fast jeder Tatbestand, an dem Menschen beteiligt sind, sobald er gründlicherer Erkundung untersteht.*[595]

Und damit Schluß für heute mit dem Kapitel vom Größenwahn. Und wer's nicht glaubt, der gehe zum FKK und schaue nach.
Nachmessen kann man nämlich nur bei sich selber... In der Regel, meine ich.
(Nein, ich meine **nicht** DIE Regel, liebe Frauenforschung, da seid mal unbesorgt!)

---

[593] Öko-Test, 98
[594] Shapiro 176
[595] Suhr 90

Nach: Zitty

Was man statistisch nicht erfassen kann, sieht man sich hier in Bildern an....

Im Folterkeller der Geschichte
Freimütiger sexueller Umgang unter griechischen Männern
(nach einem schwarzfigurigen Vasenbild um 540 v. Chr. zu London)

11. Im Folterkeller der Geschichte

> Motto:
> Eine der ehrenrührigsten Handlungen, die ein deutscher Mann begehen kann... *Jellonek, 270*
>
> Jedes Ding läßt sich von **drei** Seiten betrachten, von einer wissenschaftlichen, einer juristischen und einer vernünftigen. *August Bier in: Wissenschafteleien. Leipzig 1988, 199*
>
> Unglaubwürdige Strafandrohungen diskreditieren das ganze Strafrecht...
> *Lautmann-Schetsche, 167*

Es begann wieder mal ganz simpel: Ich wollte etwas über Homosexualität und ihre Geschichte wissen. Also suchte ich den allerältesten schriftlichen Beleg, und siehe da, ich fand ihn in Griechenland. Auf der Insel Thera steht der Tempel des Apollo Karneios, ein urtümlicher Fruchtbarkeitsgott in Widdergestalt. Unmittelbar daneben fand sich ein Graffito, das um 700 v. Chr. in dorischem Dialekt das Graffito:

> *Unter Anrufung des delphischen Apollon vollzog ich, Krimon, hier mit einem Knaben, dem Sohn des Bathykles, den Liebesakt.*

Ob das *eine dorische Frühform männlicher Initiationsriten* ist[596], mag dahingestellt sein. Es ist halt ein schwules Graffito und ist zumindestens in Griechenland der älteste Beleg für Homosexualität. Freilich, im alten Orient finden sich noch wesentlich ältere Quellen, doch die interessieren uns Abendländer weniger, die wir ja auf Griechenland als die Wiege abendländischer Kultur starren.
Ein kleiner Auflug in die Römerzeit zeigte eindeutige Graffiti in Pompeji, d.h. also um 70 n. Chr.:

> *Hier habe ich persönlich mit Venum gebumst, dann bin ich nach Haus zurückgekehrt.*[597]

Und ein niedliches Graffito in Versen gibt bekannt:

---

[596] so Theologe Steinhäuser auf S. 363
[597] CIL IV 2246

> *Wenn du die Liebe spürtest, Maultiertreiber, du führest schneller, um die Liebe zu sehen. Ich liebe einen Jungen (korrigiert: einen Jüngling), einen liebestollen. Bitte, knall mit der Peitsche! Du bist ja besoffen! Die Peitsche! Pack die Zügel und hau drauf! Schaff uns nach Pompeji, wo die Liebe süß ist. Er ist der meine...* [598]

Aus dem römischen Germanien sind im 1. Jh n. Chr. zwei verräterische Inschriften gefunden worden, die eine auf dem Boden einer Spardose, in Remagen entdeckt:

> *Wer Knaben liebt, aber am Schluß doch Mädchen, dem ist die Berechnung der Geldbörse gleichgültig.* [599]

und ein Schreibgriffel aus Mainz-Budenheim mit der Inschrift:

> *Laß mich liegen, oder ich steche dich (d.h. ich rutsch dir in den After, ich vergewaltige dich)* [600]

Alsbald stolperte ich über eine Stelle in den Briefen der Lieselotte von der Pfalz, die 1699 aus St. Cloud an Raugräfin Louise schreibt:

> *Ich weiß unseren guten ehrlichen Deutschen recht Dank, nicht in das abscheuliche Laster zu fallen, so hier so sehr im Schwang geht, daß es ganz öffentlich ist; man vexiert* (d.h. verführt) *die junge Kerls hier, daß dieser und jener verliebt von ihm ist, eben wie man in Deutschland eine ungeheiratete Jungfer vexiert... denn wenn die Franzosen einen hübschen Deutschen sehen, laufen sie ihnen so lange nach, als sie können, um sie zu ertappen. Ich weiß ihrer so viel, so sich nicht haben persuadieren lassen und mit Ehren davon gekommen sind, andre aber sind ärger geworden, als die Franzosen selber, und haben ein gottlästerliches Leben geführt, daß es nicht auszu-sprechen ist.* [601]

---

[598] CIL IV 5092
[599] Reuter, Marcus, Markus Scholz. Geritzt und entziffert. Schriftzeugnisse d. röm. Informationsges. Aalen (2004), 78 Nr. 118 Die dortige Lesung zu korrigieren: sed in (statt sene, angebl. verderbt für sine) und sacci (statt saccli); beim Schreiben das zweite ‚c' zweimal angesetzt, ein ‚l' ist gar nicht vorhanden.
[600] desgl. S. 79, Nr. 122
[601] Briefe der Elisabeth Charlotte von Orléans 1673-1715. Ausgew. v. Ludwig Geiger. Stuttgart (1883), 68-69

Sodann schlug ich in den Lexika nach. Ich nahm das älteste von 1743 und las mich tapfer bis in die Jetztzeit durch, langwierig und zähflüssig: Das diesbezügliche Stichwort hieß übrigens in jedem Lexikon anders. Gleichwohl, in allen Artikeln waren Strafandrohungen verzeichnet.
Die Stichworte waren sehr sinnreich ausgetüftelt, vermutlich, damit ahnungslose Kinderlein nicht so schnell das finden konnten, was sie interessiert hätte. Aus diesen Vergleichen ließe sich vieles gewinnen, denn die Stichworte lauteten:

> Sodomie 1743
> fleischliche Verbrechen 1842
> Unzuchtsverbrechen + Rechtsw. 1852
> Sittlichkeitsverbrechen 1909

Der Inhalt paßte sich jeweils dem <damaligen> neuesten Stand der Wissenschaft an, der freilich über die allerältesten Vorstellungen nicht hinausgeht:

- Strafwürdigkeit der Homosexualität bei Männern
- Straflosigkeit (oder überhaupt fehlende Erwähnung) bei Frauen

Und es hagelte Strafen! Ganz weit zurück im Mittelalter wurde in Europa noch gar nicht bestraft, in Byzanz dagegen schon:

> *Durch das Spiel mit den sexuellen Ängsten der Bevölkerung läßt sich der politische Gegner am leichtesten kompromittieren. Diese Methode war bereits im Byzanz des 11. Jahrhunderts bekannt, wo - so der englische Historiker EDUARD GIBBONS - die Päderastie zum Verbrechen all jener wurde, die keines anderen Verbrechens beschuldigt werden konnten.* [602]

Die liberalere Epoche der Straflosigkeit reichte bis ins Spätmittelalter. Das geht auch aus dem großen Werk des PAULUS ZACCHIAS hervor, das 1630 erschienen ist.[603]
Ein Zitat des HEINRICH VON VELDEKE in seinem ‚Aeneas', der 1184 geschrieben wurde, beschreibt einen Homosexuellen seiner Zeit:

---

[602] Kon 199
[603] Paulus Zacchias. Quaestiones medico-legales. Liber quartus. Lipsiae 1630, 222-224 „Quaestio ultima"(!)

> *Hêr geminnete nie wîb.*
> *Ezn ist ze sagenne niht gût,*
> *waz her mit den mannen tût,*
> *daz her der wîbe nine gêrt.* [604]

Eine hochoffizielle Ratsuntersuchung über Homosexualität fand in Juni-Juli 1484 in Köln unter den Pastoren statt. Die „*doctoiren in der gotheit*" (d.h. die Kölner Universitätstheologen) beschließen darob tiefes Stillschweigen, denn immerhin, ein Pastor hat behauptet, ihm wären mindestens 200 Vorfälle bekannt (bei ca 20 000 Kölnern damals ein äußerst staunenswerter Anteil). In den erhaltenen Akten ist nicht nur die häufige Verbreitung belegt, sondern werden auch die näheren Umstände geschildert:

> *... Id were yem leyder mannichwerff vurkomen, doch in vergangenen jairen vur 8 off vur 10 jairen me dan nu mit 10 off 12, dan bynnen jairs van zwey off dryn, die mit der sunden gehandelt hetten. Id were under woesten, wilden luden ind ouch etzligen anderen, die in gueder naerunge seessen...*
> *... dat die sunde leyder gemeyne sy, doch me under den armen dan under den rychen. Doch geschie sij ouch van den rychen, as man mit manne...*
> *... Hey (der verhörte Pastor zu St. Brigitten) besorge sich aver, dat leyder sulche und der gelychen sachen hudestages gemeyner syn in duytschen Landen, dan sy ye gewest syn...* [605]

So habe es auch männliche Prostitution gegeben:

> *ind dat were eyn rych selich man ind hedde wiff ind kyndere... ind wanne hey yem begaende, so verwandelde yem alle syn gebloede... ind so ducke der selve kranke man dem selven rychen burger zu willen geweist were, so hedde hey yeme 1 postulatsgulden gegeven...* [606]

Ein Quacksalber, der homosexuellen Umgang mit einem kranken Jungen plante, wurde von der wachsamen Mutter verjagt, aber nicht bestraft. Dieses Bubenstück ist im Jahr 1586 aufgezeichnet (die damalige Rechtschreibung ist der heutigen angeglichen):

---

[604] Moll 69
[605] Hashagen 311
[606] Hashagen 310

Ein Wundarzt hat auch einem Jüngling, so von der Wassersucht dicke geschwollen war, helfen wollen... hat den Patienten, als sollt er zwei junge Ottern, so ihm durch Zauberei zugebracht, im Leibe bei sich tragen, beredt... hat er nun, um sein Bubenstück desto besser zu verrichten, wie daß der Kranke, den Schmerz eines gebärenden Weibes habe, derowegen ihm solche Geburtsglieder heimlich zu begreifen gebühren wolle, als Vorwand benutzt. Da nun des Kranken Mutter den Betrug merkete, hat sie geantwortet, weil es solche Gestalt mit ihrem Sohne habe, doch wollte sie selber die Sache mit ihm, denn es ihr als einem Weibe gebühre, verrichten. Also hat der Betrüger nichts schneller mügen (d.h. zustande bringen können)... *da doch der henkwürdige Bube und Nachtvogel alsbald seinen Urlaub hinter der Tür genommen und davongeflogen ist.*[607]

Einige weitere Vorfälle werden in einem Nürnberger Scharfrichtertagebuch vom 1573 - 1616 erwähnt (die Rechtschreibung ist der heutigen angeglichen)

- versuchtes Verbrechen

211) 3. Juli 1596. Hans Hübner, ein Bauer, so von Ayldorf hereingeführt, we-gen daß er voll gewesen und die Leut angefallen, sodomitische Unzucht mit ihnen treiben wollen, allhier ausgestrichen (d.h. mit Ruten öffentlich ausgepeitscht)[608]

- versuchtes Verbrechen in Tateinheit mit Mord

170) 11. März 1596. Hans Wolf Martin aus Wassertrüdingen, Bürger zur Wehr und Krämer, welcher eines Kleibers (d.i. Fachwerkzimmermanns) *Weib zur Wehr erstochen, er den Kleiber sodomitische Unzucht angemutet, und auch einen Zimmermann, deswegen er das Weib erstochen; auch sonsten im Land hin und wieder solche Unzucht getrieben...*[folgt eine Liste mit 10 betroffenen Personen] *letztlich mit dem kleinen Stadtknechte zur Wehr, Hans genannt, deswegen aus Gnaden(!) mit dem Schwert gerichtet, nachmals verbrannt.*[609]

---

[607] Weier 340/1
[608] Schmidt, Franz 109
[609] desgl. 65

- begangenes Verbrechen

> *158) 13. August 1594. Christof Mayer, Barchentweber und Hans Weber, Obsthändler, beide Bürger, so 3 Jahre lang sodomitische Unzucht miteinander getrieben, und durch einen Knopfmacher offenbar geworden, welcher sie beide bei dem Tongäßlein hinter der Hecken erwischt; ob solchen Werkes (der Obsthändler hat solches Übel 20 Jahre lang angetrieben, nämlich mit dem Koch Endresen, mit dem Alexander, auch mit dem Georg in Wehr, und mit dem Zahnstoffel, Bäcker in Lauf, und sonst mit vielen anderen Bäckersknechten, die er nicht zu nennen weiß) den Weber erstlich mit dem Schwert gerichtet, den Körper neben den Obsthändler (gelegt), so lebendig verbrannt worden.*[610]

- mehrfach begangenes Verbrechen:

> *Haag, den 18. Juny. Am 12ten dieses wurden allhier auf dem öffentlichen Platz beym Vyverberg 7 Persohnen wegen begangenen Lasters, wieder welches Gott im 20sten Capitel des dritten Buchs Mosis im 13. Vers die Todes-Straffe verordnet hat, aufgehangen, und 2 derselben, als die Meistschuldigste, nachhero verbrannt, weilen sie die Mittel darzu angeschaffet, und denen anderen Übeltätern ihre Häuser zu ihren Zusammenkünften hergeliehen; 14 dergleichen, welche die Flucht ergriffen haben, sind desselbigen Morgens, unterm Geläute der Gerichts-Glocke, edicaliter citiret worden, und soll, nach wiederholten Citationen, gegen dieselbe in Contumaciam verfahren und geurteilet werden. Die Cörper der 5 anderen Gehenckten ließ man auf einen Wagen werffen, und sie nach Scheveningen bringen, allwo sie mit grossen Steinen an denen Füssen in die See geworffen und versencket worden.*
> [Hamburgischer Correspondent 1730, Nr. 100][611]

---

[610] Schmidt, Franz 60
[611] Buchner, Eberhard, Das Neues von gestern, Bd. 2, 239-240, Nr. 500

- begangenes Verbrechen mit Tieren:

> *Quitzin in Vorpommern. Vom 9. Maji. Vorgestern ist allhier an einem Mann / wegen begangener Sodomiterey mit 2 Pferden / die gebührende Justietz vollzogen / da die beyde Pferde todt geschlagen / der Deliquent darzwischen gesetzt / folglich selbiger mit einem Strick erwürget / und letztlich alle drey zur Asche gebrennt und in die Lufft zerstäubet worden. Bey welchem schröcklichen Spektacul von allen benachbarten Orten eine grosse Anzahl Zuschauer sich befunden. [Relations-Mercurius. <Berlin> 1705, Nr. 45]*[612]

Die Verfolgung Homosexueller im Mittelalter ist ein Musterbeispiel der Inquisitionstechnik. Die überhitzte Phantasie der Richter muß Gräßliches dahinter vermutet haben, sonst hätten sie nicht geschrieben:

> *Wie aber eine oder andere Art derselben vollbracht werden, stehet weder uns zu beschreiben, noch auch schamhaften Augen zu lesen, zu. Wie denn auch diesfalls die Gesetze selbst einen Abscheu haben, die Sache klar anzudeuten oder auszudrücken.*[613]

Kapitalverbrechen dieser Art werden 1479 bei einem Herzog von Mailand noch gnädig verhandelt:

> *Joh. Franciscus de Mayneriis aus Cremona, welcher der Sodomia beschuldigt war, führe ein durchaus sittliches und ehrbares Leben und fröne nicht dem Laster der Sodomie, sondern einmal sei er in dasselbe verfallen mehr durch die Jugend dazu gebracht oder durch listige Anreizungen eines Dämons als durch Schuld der Natur; es sei auch eine freie Vereinbarung zwischen ihm und dem Vater dessen, mit dem er sich vergangen, zu Stande gekommen... es bestimmt uns, den Joh. Franciscus von Schuld und Strafe freizusprechen und ihn in den Genuß seiner bisherigen Ehren, Rechte und Besitzungen wieder einzusetzen etc. Mediolani die 22 januarii 1479.*[614]

---

[612] Buchner, Eberhard. Das Neueste von gestern. Bd. 2, 26-27, Nr. 39
[613] Zedler, Joh, Heinrich. Großes, vollständiges Universallexicon. Bd. 38. SK-Spiel, Halle 1743, Sw. Sodomie
[614] Zeitschrift 256

Kapitalverbrechen dieser Art brauchen ein hartes Durchgreifen, wie aus alten Chroniken und Zeitungsmeldungen zu erfahren ist:

> *Es hat sich 1659 zu Stuttgart eine unflätige Sodomiterei entdeckt, deswegen ist der Urheber samt seinen Interessenten (d.h. Beteiligten) gefänglich angenommen, etlich Wochen lang in schweren Banden gehalten, endlich dem fürnehmsten Verführer bei allhiesigem Hochgericht erstlich die rechte Hand, hernach der Kopf abgehauen, folgends der Körper zu Pulver und Aschen verbrannt, zween seiner Gesellen aber deswegen zu Cannstatt auch enthauptet, einer allhie mit Ruten ausgestrichen und des Landes verwiesen; zu ewigem Gedächtnis sind des Urhebers Scheuern und Gartenhäuslein allhie (darin diese Übeltaten verbracht) niedergerissen und zween Steinhaufen daraus gemacht worden.*[615]

> *Haag, den 29. July. Die Herren Staaten von Holland haben ein nachdrückliches Mandat wider das abscheuliche Laster der Sodomiterey, welches, leyder! eine Zeithero in diesen Landen im Schwange gegangen, nach den Städten abgesandt, worin befohlen wird, daß solches Laster künftig allezeit öffentlich zu jedermanns Warnung und Schrecken, mit dem Tode gestraffet, und die Leiber der hingerichteten öffentlich zu Aschen verbrandt, in die See geworffen, oder auf dem Galgen-Felde aufgehencket, oder sonst, als der Begräbnis unwürdig, zur Schau gestellet, wie nicht weniger diejenigen, welche dergleichen Verbrechen in ihren Häusern zulassen, wann sie gleich in Persohn damit nicht besudelt, am Leben gestraffet werden sollen etc.*
> [Hamburgischer Correspondent. 1730, Nr. 123][616]

> *Aus der Schweiz, vom 30sten März. In Bern hat sich kürzlich eine Gesellschaft junger Leute, worunter auch Patrizier sind, an Gott und an der Menschheit schrecklich durch Päderastie versündigt. Ein Jüngling aus der Nachbarschaft, den sie gewaltsamerweise gebraucht hatten, verrieth ihr Verbrechen. Einer von den Vornehmsten wurde zu 15jähriger Gefängnis und nachheriger Landesverweisung verurtheilt, auch seine Güter confiscirt. Ein*

---

[615] Vom pludrigen Hosenteufel. (Hrsg. Günther Cwojdrak. 3. Aufl. Berlin 1980. 208 zit. Schwelin, „Württembergische Chronik"
[616] Buchner, Eberhard. Liebe, Kulturhist. Interessante Dok. aus alten dt. Zeitungen. München o. J. 221, Nr. 312

andrer, der das Zimmer zu solchen Schandthaten herlieh, soll in geheimen geköpft werden. Ein anderer ist nach Italien enflohen... [Haude-Spenersche Zeitung. Berlin 1789. Nr. 45]⁶¹⁷

Kapitalverbrechen dieser Art brauchen außerdem genaue Einteilungen, sie ist wiederum dreifaltig und damit TRIVIAL:

Sodomiterey ist eine widernatürliche fleischliche Vermischung mit einem anderen Gegenstande, es sei gleich ein Mensch oder Vieh, in gleichen und besonderem Geschlechte und auf dreierley Art und Weise vollbracht
1) mit ihm selber
2) mit Menschen
3) mit Vieh ⁶¹⁸

Den Juristen von 1743 mochte das genügen.
Hundert Jahre später aber ist die Definition schon von Fachwörtern aufgequollen und sehr breit.⁶¹⁹
Homosexualität geht also zwischen Männern und Tieren - für damalige Juristen waren offensichtlich alles Schweine oder noch niedriger als Vieh! - das bedarf einer gründlichen Untersuchung:

Ob zwar dieses abscheuliche Laster gemeiniglich an verborgenen und heimlichen Orten verübet wird, daß es also selten kündliche Wahrzeichen hinter sich lässet, so dienen jedoch nachfolgende Anzeigen zur Nachforschung. [Der Richter soll ungefähr folgende Fragstücke für die Hand nehmen]
Ob er nicht wider die Natur Unzucht getrieben?
Wie oft?
Mit was?
Vieh oder Knaben?
Wie das Anzeichen geben?
Wo?
Und an welchem Ort?
Mit was Gelegenheit?
Ob er die Tat wirklich vollbracht habe?
Wo damals die Leute im Hause gewesen?

---

⁶¹⁷ Buchner, Eberhard. Das Neueste von gestern. Bd. 4, 25, Nr. 33
⁶¹⁸ vgl. Zedler
⁶¹⁹ Pierer, H.A. Universallexikon. 2. Aufl. Bd. 10. Ente-Flüvogel. Altenburg 1842, Sw. Fleischliches Verbrechen

> *Ob es niemand gemerkt, da solches etwa geschehen?*
> *Was ihn dazu bewegt oder angetrieben?*
> *Obs ihm jemand gelehrt?*
> *Oder ob er es von anderen gesehen habe?*
> *Wer dieselbigen seien?*[620]

Diese Inquisition sollte geheim unter Ausschluß der Öffentlichkeit geschehen, und obgleich solche bei den Verhören auf der Folter erpreßte Ergebnisse strengster Geheimhaltung unterlagen, schildert ZEDLER genüßlich ein paar Einzelheiten:

> *Da aus der Besichtigung des Knaben ein Zeichen der männlichen Unzucht erscheint, sonderlich, da solches nicht etwa aus einem Geschwüre oder anderen Zufalls hevorgekommen wäre, insgleichen, da einer wäre gesehen worden, daß er heimlich zu einem Knaben in eine Kammer geschlichen, oder daß er nächtlicher Weise einen Knaben bei sich gehabt, sonderlich, da auf Erforschung danach etwa an dem Bettgewande, Hemde etc. Blut erfunden worden wäre; denn die pure Benennung oder Aussage eines Knaben, ohne empfindliche Wahrzeichen, Abnehmung und vernünftige Wahrscheinlichkei-ten wäre zwar wohl zur Inquisition, aber nicht zur Tortur genug. Ferner die Unterhaltung schöner Knaben, wenn der Herr zumal eine sehr geile, unverschämbare Person, und einer solchen Nation wäre, die diese Sünden nur **pro pecatillo** (span. „für ein Sündlein") halten.*[621]

Dieser letzte Satz verdient größte Aufmerksamkeit: Offenbar war also in Europa die Strafwürdigkeit der Homosexualität schon Anno Domini 1743 uneinheitlich und nicht ganz so unerbittlich wie in Deutschland oder Österreich. So wurden noch im Jahre 1750 in Paris zwei Päderasten verbrannt.[622]

Nur hier gelten „*der unnatürliche Gebrauch der Zeugungs-Glieder und die geile Absicht, die man dabei hat*" als Kapitalverbrechen:

> *Soweit es sexuelle Vergehen betraf, verschmolzen die beiden Rechte in der Handhabung ebenfalls: was für die*

---

[620] vgl. Zedler
[621] vgl. Zedler
[622] Moll 465, Anm. 4

> *Kirche eine Todsünde war, bekam den Charakter eines Kapitalverbrechens für die weltliche Obrigkeit.*[623]

Dabei spielt die Erregung eine wichtige Rolle:

> *GORDON WESTWOODS Report über Homosexuelle stellt fest, daß 16 Prozent eine zusätzliche Erregung aus dem Bewußtsein bezogen, gegen das Gesetz zu handeln.*[624]

Früher nannte man das Geilheit:

> *Vollendet ist das Verbrechen wohl mit der Erreichung des Zweckes, d.h. Befriedigung der naturwidrigen Geilheit.*[625]

Befriedigung, das war ja wohl das Allerschlimmste! Also hagelte es dafür Strafen:

→ Todesstrafe durch das Schwert Kaiser Constantinus (288-373)

→ Aus mosaischem Recht abgeleitet die Strafe des Feuertodes unter Kaiser Valentinianus (364-375)

→ Kaiser Theodosius erließ ein Gesetz gegen die Päderastie (379-395)

→ Kaiser Justinian motivierte ihre Bestrafung als Verpflichtung des Herrschers vor Gott (!) (527-565)

→ Im Pönitentiar des Papstes Gregor III. (8. Jh.) betrug die Buße für lesbische Liebe 160 Tage, für männliche Homosexualität 1 Jahr und für die Teilnahme eines Priesters an der Jagd 3 Jahre.[626]

→ Die „Livres di Jostice et di Plet" aus dem Jahr 1260 in Orléans und Paris: *„Wer der Sodomie überführt ist, soll die Hoden verlieren. Wird er rückfällig, soll er auch das Glied*

---

[623] Wörterbuch 316
[624] Perutz 149
[625] Meyer's Conversationslexikon für gebildete Stände. 2. Aufl. Bd. 13. Ungarn-Viz. Hildburghausen 1852, SW. Unzuchtsverbrechen
[626] Kon 156

verlieren. Tut er es ein drittes Mal, soll man ihn verbrennen..."[627]

→ Die „Bambergische Halßgerichtsordnung" von 1510 Artikel cxli bestimmt: *Straff der unkeüsch so wider die natur geschicht. Item so ein mensch mit einem vyhe*[Vieh] */man mit man/weib mit weib/ unkeüsch treiben/die haben auch das leben verwürckt/und man sol sie der gemeinen gewonheit nach/mit fewer vom leben zum tod richten.*[628]

→ Die Carolina straft nur Sodomie (**ratione generis et sexus**), und zwar mit der Feuerstrafe in § 116 Karl V, 1532: *Straf der unkeusch, so wider die natur beschicht. 116. Item so ein mensch mit einem viehe, man mit man, weib mit weib unkeusch treiben, die haben auch das leben verwurckt, Und man solle sy, der gemeynen gewonheit nach, mit dem feure vom leben zum tode richten.*[629]

→ Sodomiterey wird mit Feuer abgestraft, und zwar beyde Persohnen., sowohl **agens** wie **patiens**, als das lebendige Verbre-chen, und die Asche soll in die Luft, oder nach Gelegenheit des Or-tes, in ein fließendes Wasser zerstreuet werden PHOG § 116

→ *„Jeder Sodomit soll derart im Feuer gebrannt werden, daß er stirbt, und unter Sodomit ist tatsächlich und rechtlich nicht nur zu verstehen einer, der mit dem männ-lichen Geschlecht, sonder auch der, welcher mit einem unvernünftigen Tiere oder mit einem Weibe **gegen die Natur** sich zu tun macht."* Art. 33 Strafgesetz Piuro (Veltlin in Italien) 1552 [630]

→ Ein Knabenschänder oder da sonst ein Mensch mit einem anderen sodomitische Sünde getrieben hätten, solle anfangs enthauptet, und folgends dessen Körper samt dem Kopfe verbrannt werden, In besonders schweren Fällen „die Schleifung zur Richtstatt, desgleichen Zangenreißen

---

[627] zitiert nach Riquet 319
[628] Schriften zur Reformationszeit. 4, Nürnberg 1979, fol. Eiij
[629] zitiert nach Behringer, Wolfgang (Hrsg.) Hexen und Hexenprozesse in Deutschland.(4. überarb. Aufl. Frankfurt/M 2000), 125
[630] Zeitschrift 256

neben der Feuerstrafe" Niederösterreichische Landordnung, Art. 79

→ Die Notzüchtigung zieht unvermeidlich die Todesstrafe nach sich. Unnatürliche Unzucht zwischen Männern und Männern, Knabenschändung und Unzucht mit einem Viehe soll man mit dem Feuertod richten... Peter der Große, Kriegsreglement, Artikel 4+5 um 1710

→ Von gemeinen, geschriebenen Rechten ist zwar die Todesstrafe vorgesehen, aber die Formalien bedeuten kaum anderes als die Schwertstrafe. 1743

→ Die Praxis erkennet vor Zuchthaus, oder öffentliche Arbeits-, bei minderen Arten der Sodomie Gefängnisstrafe, in Mangel erschwe-render Umstände 1842

→ Die Strafandrohungen variieren zwischen einigen Monaten Gefängnis bis zu sechsjähriger Zuchthausstrafe 1852

→ Die Entziehung aller Standesrechte und der Verweisung nach Sibirien zur Ansiedlung, zugleich die Bestrafung mit der Plette (Peitsche) durch Henkershand. Russ. Strafgesetzbuch 1857

→ Der französische Psychiater Tardé behauptete, Homosexualität sei eine angeborene Abnormität, die sich sogar in der besonderen Form des Penis zeige. Der einzige Weg, Homosexualität zu bekämpfen, seien Strafmaßnahmen bis hin zur Kastration 1857.

→ Die Strafe ist Gefängnis, neben der auf Verlust der bürgerlichen Ehrenrechte erkannt werden kann 1909

Den Deliquenten, der zur öffentlichen Abstrafung geführt wurde, traf der ganze Abscheu des Publikums. So geschehen im mittelalterlichen London:

Den Abscheu, den alle Gesellschaftsschichten über die verabscheuungswerten Handlungen dieser Elenden empfanden, veranlaßte viele Tausende als Zuschauer bei ihrer Bestrafung gegenwärtig zu sein... Der erste den Verbrechern dargebrachte Gruß war eine Salve von Schmutz und eine Serenade von Zischen, Zurufen und Verwünschungen, wodurch sie genötigt wurden, sich mit dem Angesicht auf den Boden des Wagens zu werfen. Der Pöbel, insbesondere die Weiber, hatten große Mengen von Straßenkot angehäuft, um den Gegenstand ihrer Inquisition einen warmen Empfang zu bereiten... Der Schmutzregen hielt während der Fahrt zum Haymarket an. Bevor sie noch den halben Weg zum Orte ihrer Aufstellung zurückgelegt hatten, waren sie schon nicht mehr als menschliche Wesen erkennbar. Wenn der Weg noch länger gewesen wäre, würde der Wagen vollkommen über ihnen mit Unrat angefüllt worden sein... Um 1 Uhr wurden vier von ihnen an einem neuen Pranger aufgestellt, welcher eigens für diesen Zweck angefertigt wurde... Bevor sie den Platz des Prangers erreichten, waren ihre Gesichter durch Schläge und Kot völlig entstellt, und beim Besteigen des Prangers sahen sie wie Dreckhaufen aus. Etwa 50 Weiber erhielten die Erlaubnis, sich im Kreise herumzustellen, und sie bewarfen sie unaufhörlich mit Schmutz, toten Katzen, faulen Eiern, Kartoffeln und mit Blut, Abfall und Dünger enthaltenden Eimern, die von einigen Schlächtern von St. James Market herbeigebracht worden waren.[631]

Das relativ liberale Holland erließ 1730 einen öffentlichen Aufruf zwecks Bekämpfung der Homosexuellen, in folgender Form:

Plakat
...auch seit einiger Zeit in Unseren Landen von Holland und Westfriesland solche himmelschreienden Greul im Schwange sind, welche die Natur selbst verabscheut, und daß verschiedene Unserer Untertanen sich aller Gottesfurcht so sehr entschlagen haben, daß sie sich gleichsam mit aufgehobenen Händen in Schändlichkeiten gestürzt haben, die nicht einmal bekannt sein sollten und derentwegen der Allmächtige Gott einstmals Sodom und Gomorrha zerstört und der Verwüstun anheimgegeben und von denen Wir daher nicht gedacht hätten, daß sie in diesem Lande geübt werden könnten... und nachdem Wir mit gerechtem Abscheu gegen die verdammenswerte sodomitische Schändlichkeit erfüllt sind... so befehlen und beschließen (wir) hiermit:
Zum Ersten: Daß die vorgedachte Schandtat der Sodomie fortan allezeit öffentlich bestraft werden solle, gleich allen

---

[631] Potin 370

anderen Verbrechen, zur Abschreckung und Warnung eines Jeden.
Zum Zweiten: Daß besagte Schandtat nach den göttlichen und geschriebenen Rechten gestraft werden solle mit dem Tode, die Art der Todesstrafe aber dem Richter anheimgestellt werde...
Zum Dritten: Daß jene, welche überführt werden, daß sie es sich haben angelegen sein lassen, andere zu verderben oder zu obgemeldeter Greultat zu verleiten oder um feilen Gewinnst willen ihr Haus dazu hergeben, obwohl sie nicht überführt worden, sich in eigener Person damit befleckt zu haben, ebenfalls mit dem Tode sollen bestraft werden...
Gegeben im Haag unter kleinem Landessiegel am 21. Juli 1730. Im Namen der Regierung der Staaten gezeichnet Willem Buys.[632]

Und dann kam die Aufklärung und mit ihr die Französische Revolution:

Nach der Französischen Revolution wurden die Strafgesetze gegen Homosexualität im Oktober 1791 abgeschafft. Einvernehmliche homosexuelle Handlungen Erwachsener waren fortan nicht mehr strafbar. In dem 1810 eingeführten Code Pénal gab es für homosexuelle Kontakte keinen Straftatbestand mehr.[633]

Aber genutzt hat das wenig.

Juristisch sauber hingeferkelt
Jugendlicher besteigt einen sexuell erregten Mann
(nach einem rotfigurigen Vasenbild um 490 v. Chr. zu London)

---

[632] Bilderlexikon der Erotik, Bd 3, 352-353
[633] Zinn 327, Anm. 6

12. Juristisch sauber hingeferkelt

> Motto:
> Nahe der ganzen Macht strebt aber in der Regel nur der, der sich machtlos fühlt. *Beer, 20*
>
> Man sieht wieder einmal: Gesetze zu erlassen ist gar nicht so schwer, aber Gerechtigkeit auf dieser Welt zu verwirklichen ist fast unmöglich. *Vollmer, 220* <und **das** in einem Sex-Buch!>
>
> Eins steht jedenfalls fest: Die Sexualgesetzgebung ist hoffnungslos unklar und unlogisch... *Perutz, 84*
>
> Die Art der sexuellen Neigungen sollte niemals ein Kriterium sein, um irgendjemanden zu verurteilen. *Cayce, 158*
>
> Kurz, die Sittenbeschränkung traf hauptsächlich die Männer. *Wille, 65*

Welch ein Glück! Die Lexika sind mit der Zeit gegangen, und sogar die Juristen in Deutschland haben nach und nach die Theorie fallen gelassen, daß es sich bei Homosexualität zwischen Männern - wohlgemerkt! Denn zwischen Frauen war es nie die Frage - um ein todeswürdiges Verbrechen handelt. Um ein strafwürdiges, davon sind sie noch immer felsenfest überzeugt.
Aber nicht alle, denn im Wörterbuch steht:

> *Von einer Kriminalisierung sollte mangels Strafbedürfnisses abgesehen werden.*[634]

Ein Vorkämpfer dagegen war ein gewisser Herr KARL HEINRICH ULRICHS, seinerzeit Amtsassessor in Hannover, der auch unter dem Pseudonym NUMA NUMANTIUS veröffentlichen mußte. Er verlangte nicht nur, daß die Homoparagraphen in ganz Deutschland abgeschafft werden müßten, sondern sogar:

> *Daß von der Kirche Ehe zwischen Männern gestattet würden, ebenso wie zwischen Mann und Frau.*[635]

---

[634] Wörterbuch 353

Sein Literaturverzeichnis, das von 1864-1879 reicht, klingt wie ein einziger Aufschrei gegen das damals noch herrschende Unrecht:

> *Vindex.* Social-juristische Studien über mannmännliche Geschlechtsliebe. Leipzig 1864
> *Inclusa.* Anthropologische Studien über mannmännliche Geschlechtsliebe. Leipzig 1864
> *Vindicta.* Kampf für Freiheit vor Verfolgung. Leipzig 1865
> *Formatrix.* Anthropologische Studien über urnische Liebe. Leipzig 1865
> *Ara spei.* Moralphilosophische und sozialphilosophische Studien über urnische Liebe. Leipzig 1865
> *Gladius furens.* Das Naturrätsel der Urningsliebe und der Irrtum der Gesetzgeber. Cassel 1868
> *Memnon.* Die Geschlechtsnatur des mannliebenden Urnings. Schleiz 1868
> *Incubus.* Urningsliebe und Blutgier. Leipzig 1869
> *Argonauticus.* Zastrow und die Urninge des pietistisch-ultramontanen und freidenkenden Lagers. Leipzig 1869
> *Uranus.* Beiträge zur Erforschung des Naturrätsels des Uranismus und zur Erörterung der sittlichen und Gesellschaftsinteressen des Urningtums. Leipzig 1870
> *Araxes.* Ruf nach Befreiung der Urningsnatur vom Strafgesetz. Schleiz 1870
> *Kritische Pfeile.* Denkschrift über die Bestrafung der Urningsliebe. Stuttgart 1879 [636]

Aber leider, genutzt hat es nix... Bereits 1865 hatte Ulrichs gemeinsam mit Prof. TEWES aus Graz auf dem Deutschen Juristentage einen Antrag auf Abschaffung des Strafparagraphen in allen deutschen Staaten gestellt – wie wir wissen, ohne jeden Erfolg. Man schaute auch über die Grenzen und stellte Erstaunliches fest:

> *In dem modernen französischen und dem von ihm beeinflußten Recht gibt es bekanntlich kein Analogon zum § 175. Und das Motiv zu dessen Beseitigung war zweifellos ein vorwiegend naturrechtliches. Man sah wenigstens*

---

[635] Ulrichs, Karl Heinrich. Beiträge zur Erforschung des Naturrätsels des Uranismus. Leipzig 1870, 33
[636] Moll 85, Anm. 2

> *soviel ein, daß es sich um eine **private** Angelegenheit handle, die man, selbst wenn man sie durchaus mißbilligt, dennoch staatlich zu **bestrafen** kein Recht habe.* [637]

Ein Meilenstein war da das Reichstrafgesetzbuch vom 15.5.1871, das in § 175 bestimmte:

> *Die widernatürliche Unzucht, welche zwischen Personen männlichen Geschlechts begangen wird, ist mit Gefängnis zu bestrafen.*

Unter widernatürlich verstanden die Herren Juristen

> *...allgemein beischlafähnliche Handlungen, welches sind*
> *1) Analverkehr*
> *2) beischlafähnliche Handlungen zwischen den Schenkeln*
> *3) beischlafähnliche Handlungen in den Mund und*
> *4) Stoßbewegungen mit dem entblößten Glied selbst gegen den bekleideten   Körper eines anderen (Erläuterungen zum Paragraphen vom 8.1.1898)*

Aber das war ihnen noch lange nicht genug:

> *Welche Schwierigkeiten der Begriff beischlafähnlich beinhaltete, zeigte die Diskussion, ob die zum Hohlraum geformte Hand bei der Masturbation eine Körperhöhle im Sinne der geltenden Rechtsprechung (!) darstellte. Letztlich blieben Onanie-Handlungen straffrei.* [638]

Entsprechend schlau reagierten die Betroffenen:

> *Sonst pflegen sich die Urninge, die miteinander verkehren, bei gerichtlichen Schritten natürlich nicht gerade gegenseitig den strafbaren Akt vorzuwerfen; sie geben gewöhnlich, wenn der Fall zur Kenntnis der Behörden kommt, nur die mutuelle Onanie zu, so daß sie straflos bleiben, da ein Zeuge für eine strafbare Handlung nicht vorhanden ist.* [639]

Da rät ein Beteiligter:

---

[637] Wille 61-62
[638] Müller, Jürgen, 62
[639] Moll 256

> *Wir alle, vor allem die Urninge, die sich nur durch mutuelle Onanie befriedigen, sollten eine Mitteilung nicht scheuen, da ihnen ja die Polizei überhaupt nichts anhaben kann. Wenn man dann eingesteht, daß man zu diesen Unglücklichen selbst gehört, so wird man in diesem Falle nicht barsch verurteilt.* [640]

Und trotzdem ließ die Schwulen die Angst nicht los:

> *Diese Angst, das Gefühl, in den Augen der Menschen als Verbrecher dazustehen, verleiht vielen Urningen etwas Düsteres und schädigt deren Charakter aufs Tiefste.* [641]

> *Nur das Gefühl, von den meisten, die noch an Vorurteilen leiden, verachtet zu werden, oder gar die Furcht, mit den Gerichten in Konflikt zu kommen, deprimiert das Seelenleben. Es ist dem X. ein Urning bekannt, in dem die beständige Furcht vor Entdeckung förmlich eine Art Verfolgungswahn erzeugt habe... Die Befriedigung des Triebes hinterlasse zwar auch eine gewisse Mattigkeit, aber diese sei eher wohltuend und würde vielleicht noch geringer sein, wenn nicht die ewige Furcht vor Entdeckung bestände, die es zu einem ruhigen Genuß nicht kommen lasse und das Nervensystem beständig reize.* [642]

Die allgemeine Stimmungslage gegen Homosexualität zur Zeit des Nationalsozialismus schlägt sich in einem Zeitungsartikel nieder, der auf den 17./18. Juni 1937 datiert ist:

> *Ein Schrei der Empörung und des Erschreckens durchgellte alle deutschen Gaue, als die Sexualverbrechen in Klöstern und katholischen Kirchen eine moralische Verderbnis und Entartung aufdeckten, die bisher von dunklen Mächten dem Volke verborgen werden konnten. Noch größer aber wurde das Entsetzen, als auch außerhalb der Mönchskutte und des Priesterkleides ein Sumpf geschlechtlicher Entartung aufgedeckt wurde, der von den jüdischen Machthabern der Systemzeit künstlich und geflissentlich vergrößert wurde, um das deutsche Blut bis in den Grund und tödlich zu vergiften. Selbst bis in die*

---

[640] Moll 276
[641] Moll 272
[642] Moll 274

> *Kleinstädte und selbst bis auf das einst so gesunde und kraftstrotzende Land war diese Seuche der widernatürlichen Unzucht (Homosexualität) gedrungen.* [643]

Die ideologische Grundauffassung der NSDAP kam schon am 14. Mai 1928 zur öffentlichen Aussprache:

> *Wer gar an mannmännliche oder weibweibliche Liebe denkt, ist unser Feind. Alles, was unser Volk entmannt, zum Spielballl unserer Feinde macht, lehnen wir ab. [...] Wir verwerfen darum jede Unzucht, vor allem die mannmännliche Liebe, weil die uns der letzten Möglichkeiten beraubt, jemals unser Volk von den Sklavenkette zu befreien, unter denen es jetzt frohnt.* [644]

In einem Vortrag wurde die Begründung für die Verfolgung von Schwulen noch einmal ideologisch verbrämt und die wahren Hintergründe eröffnet:

> *Da die Homosexuellen erfahrungsgemäß für den normalen Geschlechtsverkehr unbrauchbar werden, wirkt sich die Gleichgeschlechtlichkeit auch auf den Nachwuchs aus und wird zwangsläufig zu einem Geburtenrückgang führen. Die Folge davon ist eine Schwächung der allgemeinen Volkskraft, durch die nicht zuletzt die militärischen Belange eines Volkes gefährdet werden. Schließlich aber bildet die Homosexualität eine dauernde Gefahrenquelle für die Ordnung im Staatsleben.* [645]

Das Naziregime faßte am 28.8.1935 diesen Paragraphen neu und verzichtete auf derlei ekelhafte Details. Man bestrafte „*jede Unzucht mit einem anderen Mann*"; In § 175 A wurde spezifiziert:

> *1) ein Mann, der einen anderen Mann mit Gewalt oder durch Drohung mit gegenwärtiger Gefahr für Leib und Leben nötigt*
> *2) ein Mann, der einen anderen Mann unter Mißbrauch eines durch Dienst-, Arbeits- oder Unterordnungsverhältnisses begründete Abhängigkeit bestimmt*

---

[643] Zinn 136
[644] Zinn 44
[645] Zinn 60

> 3) *ein Mann über 21 Jahren, der eine männliche Person unter 21 Jahren verführt, mit ihm Unzucht zu treiben oder sich von ihm zur Unzucht mißbrauchen zu lassen*
> *4) ein Mann, der gewerbsmäßig mit Männern Unzucht treibt und/oder von Männern sich zur Unzucht mißbrauchen läßt oder sich dazu anbietet.*[646]

Allerdings mit einer Einschränkung:

> *Nach der im „Dritten Reich" gängigen Auffassung sind homosexuelle Männer in zwei Gruppen zu unterteilen, in die „Verführten" und die „Verführer". So hatte Josef Meisinger, der Leiter der Reichszentrale zur Bekämpfung der Homosexualität, bereits 1937 erklärt, „daß es sich nur bei einem verschwin-dend kleinen Teil der Homosexuellen um wirklich homosexuelle Veranlagung handelt", die meisten hätten sich „zu irgendeinem Zeitpunkt sehr normal betätigt und dann lediglich aus Übersättigung" zur Homosexualität verführen lassen.*[647]

Entsprechend gingen die Nazi-Gerichte vor. Sie urteilten und begründeten ihr Urteil:

> *Die Richter der 3. Großen Strafkammer urteilten: „Der Angeklagte hat vielmehr in wollüstiger Absicht den Geschlechtsteil des Zeugen angefaßt und hat [damit] eine unzüchtige Handlung vorgenommen." Die ‚unzüchtige' Handlung war in diesem Falle die Berührung des Genitalbereichs, allerdings bei geschlossener Hose. Der Angriff gegen den Leib mußte in diesem Sinne keine gewalttätige, verletzende Handlung sein, sie konnte – wie aus einer in anderem Kontext gefällten Reichsgerichtsentscheidung zu entnehmen ist – auch erfüllt sein, wenn der Wille einer dritten Person (in der Verfügung über ihren Körper) missachtet wurde...*[648]

> *Es genügt das Objekt des männlichen Körpers in rein optisch errigierender Funktion,*[649]

---

[646] Dietz 196
[647] Zinn 209
[648] Müller, Jürgen, 144-145
[649] Reichsgericht, Entscheidungen 1938

> ...*denn bei Männern wird Zeugungskraft vergeudet, sie scheidet zumeist bei der Fortpflanzung aus; bei Frauen ist das nicht oder zumindest nicht in gleichem Maße der Fall... Bei Männern kann das Bestehen einer Anlage nicht strafrechtlich bekämpft werden, aber wohl ihre Betätigung; die Möglichkeit hemmungsloser Hingabe an sie würde die Verbreitung der Seuche und die Vertiefung ihrer Auswüchse ganz außerordentlich fördern.*[650]

Infolgedessen verschwanden Tausende von Schwulen, mit rosa Winkeln gebrandmarkt, in den Zuchthäusern und KZ's, sie wurden entmannt, kastriert, sterilisiert oder vergast.[651]

> *Der rosa Winkel wurde wie die anderen Winkel im Winter 1937/38 in allen Konzentrationslagern eingeführt. Zuvor waren Homosexuelle unter anderem mit einem großen A gekennzeichnet worden, das wohl für „Arschficker" stand.*[652]

Den gleichen Mythos von der Vergeudung der Zeugungskraft haben sich sogar die Sozialisten zueigen gemacht, übrigens schon <u>5 Jahre vor</u> der Machtergreifung der Nazis, und sie schrieben streng antikapitalistisch:

> *Verkehrt der Mann gleichgeschlechtlich, so führt er den Samen, den er produziert, nicht seiner Bestimmung zu, Menschen für den Kapitalismus zu zeugen... Menschen, die der Kapitalismus braucht: Feiglinge, Untertanen, Sklaven mit Herreninstinkten.*[653]

Als Recht der Bundesrepublik gilt § 175 weiterhin, weil dieser Paragraph angeblich *kein typisch national-sozialistisches Gedankengut darstellte:*[654]

> *Kurz: „Für die Homosexuellen ist das Dritte Reich noch nicht zu Ende".*[655]

---

[650] Strafrechtsausschuß 1935
[651] van Dijk, 62 geht in einer Schätzung von „etwa 10 000 Männern aller Altersstufen und Berufsgruppen" aus; demgegenüber hat HOFFSCHILD allein für KZ Buchenwald 797 Homosexuelle Häftlinge verzeichnet und 412 Todesfälle nachgewiesen, vgl. Zinn 352
[652] Zinn 288, Anm. 29
[653] Wagner, Helmut. Geschlecht und Gesellschaft. Jena 1928, 41 + 54
[654] Bundesverfassungsgericht vom 10. 5. 1957
[655] Zinn 304

Und weil das so schön überzeugend anmutete, hat noch im Mai 1992 die Oberfinanzdirektion Köln einen Antrag auf Entschädigung wegen Verurteilung während der NS-Zeit abgelehnt mit der lakonischen Begründung:

> *Der Paragraph 175 in der Fassung von 1935 gilt bei uns nach wie vor nicht als nationalsozialistisches Unrecht...*[656]

Auch das Oberste Gericht der ehemaligen DDR verkündete 1950:

> *§ 175 ist in der alten Fassung anzuwenden, die Neufassung ist nazistisch. Es sollte aber bei allen unter §175 fallenden Straftaten weitherzig von § 153 [Einstellung wegen Geringfügigkeit] Gebrauch gemacht werden.*[657]

Nach einer BGH-Formulierung stand fest:

> *Die Unzucht zwischen Männern verstößt gegen das Sittengesetz und wird deshalb keineswegs durch das Recht auf freie Entfaltung der Persönlichkeit gerechtfertigt.*[658]

Nach einer weiteren BGH-Formulierung wird dieses „Sittengesetz" definiert:

> *Der Staat habe bei seinen Entscheidungen das Sittengesetz zu achten, und worin das bestehe, sei Sache der Kirche.*[659]

Im Jahr 1968 wurde in der DDR der § 175 gestrichen und durch die Schutzaltergrenze „18" im § 151 ersetzt. Kurz vor der Wiedervereinigung beider deutscher Staaten wurde in der DDR auch der § 151 ersetzt zugunsten einer für Homo- und Heterosexuelle einheit-lichen Schutzaltersgrenze von „16".
Im denkwürdigen Jahr 1969 setzte eine Lockerung der Rechtsprechung in der BRD ein, und endlich wurde § 175 durch das 4. Strafrechtsreform-Gesetz vom 23. 11. 1973 abgeändert.
THOMAS MANN nannte übrigens den unseligen § 175 einmal treffend *moralisches Begriffsgeschwätz.*[660]
Der Deutsche Bundestag beschließt endlich 1994, den Paragrafen 175 ganz aus dem Strafgesetzbuch zu streichen. Im Jahr 2002 gibt es einen weiteren Fortschritt in der Rechtsprechung:

---

[656] van Dijk, 145
[657] Dietz 137
[658] Zinn 314
[659] Bleibtreu 196, Anm. 25
[660] Potin 370

> *Sämtliche zwischen 1935 und 1945 nach Paragraph 175 gesprochenen Urteile werden als „nationalsozialistische Unrechtsurteile" aufgehoben. Aufgehoben wurden auch Urteile aufgrund „gewerbsmäßiger Unzucht", die gegen männliche Prostituierte oder ihre Freier ergangen waren.*[661]

Zum Glück verstößt dieser Paragraph § 175 auch nicht gegen den Gleichheitssatz des Grundgesetzes Art. 3, obwohl parallele Handlungen und Vorgehensweisen <u>zwischen Frauen nicht strafbar</u> sind. Dazu räsonniert MOSZKOWSKI:

> *In dieser Unterscheidung erblicke ich keine strafrechtliche Schrulle, eher die Verbeugung des Gesetzgebers vor der Ästhetik. Denn diese ist, wie schon erörtert, männlich betont, sie operiert mit dem galanten Begriff des Femininen als des schönen Geschlechts, und so wird der Tribade* (d.i. Lesbe) *bei aller Verwerflichkeit der Schönheitskult noch als mildernd angerechnet.*[662]

Auch CAPRIO gibt seinen Senf dazu:

> *Vielleicht drücken die Richter durch ihre Neigung, Lesbierinnen nicht anzuklagen, unbewußt aus, daß sie deren Existenz überhaupt leugnen.*[663]

Und zum Glück gilt dieser Paragraph 175 für die Männer noch heute. Aber man braucht wirklich eine Gebrauchsanleitung, um sich im Rechtsdschungel zurechtzufinden, denn da gelten ja auch noch andere, einschlägige Paragraphen.

Kleine Wegekarte durch den Dschungel des Schwulenrechts
• PETER ist 13, PAUL ist 11 Jahre alt, und sie wichsen zusammen und miteinander. - Da macht sich keiner strafbar, beide sind juristisch ja noch Kinder, und die haben keinen Sex. Nur die Eltern dürfen es nicht erfahren, sonst werden sie straffällig, denn: Eltern, die solches dulden oder aktiv fördern, können sich der Beihilfe zu sexuellem Mißbrauch von Kindern (§ 176 STGB) oder wegen Verletzung der Fürsorge- und Erziehungspflicht strafbar machen (§ 171 STGB).
• Peter ist 15, Paul ist 13, und tun desgleichen. - Da machen sich die Eltern Peters strafbar, falls sie die sexuellen Handlungen an Kindern dulden (s.o.).

---

[661] Zinn 320-321 und 329, Anm. 51
[662] Moszkowski, Alexander. Der Venuspark. Berlin 1923, 187
[663] Caprio 78

Da macht sich Peter eingeschränkt strafbar, weil er über 14 Jahre alt ist und sexuelle Handlungen an Kindern vornimmt (§ 3 Jugendgerichtsgesetz). Da geht dann Paul straffrei aus, er ist juristisch immer noch ein Kind, und das hat nun einmal keinen Sex!
• Peter ist 16 und Paul ist 14 Jahre alt. - Da sind beide straffrei, sofern nicht einer der Schutzbefohlene des anderen ist (§ 174 STGB). Nur die Eltern dürfen wieder nichts davon wissen, diesmal die aller beider Freunde (s.o.)
• Peter ist 18, Paul ist 16 Jahre alt. - Kein Straftatbestand für Jugendliche, sofern nicht einer der Schutzbefohlene des anderen ist (s.o.). Das Fördern von Promiskuität ist aber in elternsorgerechtlicher Hinsicht bedenklich.
• Peter ist 20, Paul ist 18 Jahre alt. - Da dürfen dann beide endlich straflos und höchstrichterlich ganz offiziell. Sogar die Eltern können es nun wissen!
Merke also, solange du ein guter Deutscher sein willst:

Kein Sex zwischen Männern unter 18!

Denn schließlich *soll die Sexualordnung die menschliche Würde sichern. Der Staat kann keine Zuchtlosigkeit dulden, soll aber nur ein ethisches Mindermaß fordern...*[664]

> *Auf einen Blick: Volljähriger mit Kind: strafbar. Volljähriger mit Jugendlichen: strafbar, wenn Schutzbefohlener, Volljähriger mit Volljährigem; Viel Spaß!*[665]

Merke aber vor allem: **PETRA** und **PAULA** dürfen **alles** machen, alles, was sie nur wollen, von 11 bis 20, das dürfen die beiden ganz straffrei und höchst offiziell - sofern es bloß wieder die Eltern nicht erfahren (siehe oben!).
Und merke ganz besonders:
Wenn **PETER mit PAULA** und **PAUL mit PETRA** usw. usf., gelten wieder noch ganz andere Paragraphen. Es ist halt kompliziert mit den jungen Leuten.
Nun, das galt für die damalige BRD, doch gilt es auch jetzt noch.
Denn in der ehemaligen DDR war das alles seit dem 1. 7. 1989 abgeschafft, also ein paar Wochen vor der Wende. Darum durfte auch ein Nimmermüder noch im Oktober 1989 pünktlich zum letzten 40. Geburtstag der Republik jubilieren:

> *Die sozialistische Gesellschaft ist die erste in der Geschichte, die die Arroganz heterosexueller Ausschließlichkeit überwinden kann.*[666]

---

[664] Dietz 274
[665] Öko-Test, 65

Dabei muß man bedenken, aus welchen Anfängen sich solches entwickelt hat:

> *In den ersten Jahren nach dem zweiten Weltkrieg schien es im Gebiet der DDR keine Sexualprobleme zu geben. Es gab weder Publikationen noch öffentliche Diskussionen darüber. Andere Frage – Fragen von unmittelbarer Lebenswichtigkeit für das ganze Volk – waren vordringlich zu lösen. Inzwischen hat sich das Bild geändert...*[667]

Jedoch es gilt umso fester zusammenzustehen:

> *Die Sexualmoral der sozialistischen Gesellschaft ist nichts Simples und steht einer ganzen Reihe von Widersprüchen gegenüber.*[668]

> *Die sozialistische Sexualmoral ist die freieste, die es je gegeben hat. Frei ist sie in vielfacher Hinsicht. Sie ist frei von Vorurteilen und Tabus; frei vom Dogma, daß die sexuelle Lust an sich etwas Schlechtes sei, daß Keuschheit und Enthaltsamkeit um der Askese willen erstrebenswert seien; frei von der Bindung der sexuellen Bedürfnisbefriedigung an die Zeugungsabsicht; frei von der Nötigung zur Hingabe aus ökonomischen oder anderen Motiven als Liebe; frei von der Diffamierung vorehelicher Intimbeziehungen; sie läßt allen die Freiheit, sich den Partner selbst zu wählen, nur dessen Zustimmung vorausgesetzt, die Intimbeziehungen so zu gestalten, wie sie von beiden gewünscht werden und ihnen die größte Beglückung bereitet; schließlich bieten diese Moral Mann und Frau die gleichen sexuellen Freiheiten und nicht zuletzt die Freiheit, souverän und verantwortlich über das eigene Handeln und sein Unterlassen zu entscheiden und nicht Sklave des Triebes zu sein.*[669]

Nicht zuletzt zeigt sich der blanke Kapitalismus nackt und bloß:

> *Die allgemeine Verkümmerung des Tiefenlebens der Menschen des kapitalistischen Zeitalters erstreckt sich besonders auf die Erotik, die der kapitalistische Lebensstil*

---

[666] Lesben 67
[667] Neubert 2, 34
[668] Kon 214
[669] Schnabl, Intim 29

ebenso verkümmern läßt, wie er die bloße Sexualität begünstigt.[670]

Und so kommt es, wie es kommen mußte. Alles ist schon längst wieder Geschichte, eine böse vielleicht, aber endgültig vorbei, denn am 10. März 1994 wurde § 175 durch den Deutschen Bundestag abgeschafft, zumindest unter Erwachsenen.
Aber bitte nicht so ganz!
Weil es den neuen § 182 gibt, der einen *„geschlechtsneutralen, einheitlichen Jugendschutz"* bietet, eine Vorschrift, die auch die *„Ausnutzung der fehlenden Fähigkeit des Opfers zu sexueller Selbstbestimmung"* bestraft,.
Damit ist das Schutzalter praktisch von 14 auf 16 Jahre angehoben.
<u>Jeder sexuelle Kontakt mit Jugendlichen unter 16 ist verdachtsbegründet</u> und **muß** ermittelt werden, egal, ob homosexuell (worunter endlich auch mal Lesben verstanden werden, juhu!) oder heterosexuell. Es gilt als „Offizialdelikt".
Konsequent angewendet fordert dieser Paragraph in seiner knappen Stringenz die sofortige Gründung einer landesweiten Sex-Polizei zum Schutze unserer Jugend, um sie vor solchen „Verbrechen" zu schützen.
Aber, da gibt WILLE zu bedenken:

> *Diese Verbrechen zeichnen sich ja dadurch aus, daß sie von nur zwei Komplizen in Abwesenheit und ohne Schädigung einer dritten Person, ja ohne Schädigung **irgend** einer Person verübt werden. So war es, so ist es und so wird es bleiben...*[671]

In Bayern (jawoll!!) ward ehedem vor vielen Jahrzehnten solch ein Homo-Gesetz bereits 1843 abgeschafft, im Rheinland sogar schon 1812, in Württemberg 1839, in Braunschweig und Hannover war es seit 1840 außer Kraft, solange, bis das Reichsstrafgesetzbuch nach preußischem Vorbild überall eingeführt wurde, also im Jahr 1871. Die Preußen brauchten ja kleine Rekruten, möglichst viele.

Und dette is wohl der tiefste Jrund für's Janze!

---

[670] Wörterbuch 98
[671] Wille 69-70

Bloß nicht abschaffen, jammern die Juristen, wir hätten sonst nichts mehr zu grübeln und gar nichts mehr zu tun! Denn es gibt **drei grundlegende Strafrechtstheorien**:

1. *Die Strafe soll dazu dienen, von der Begehung des Verbrechens **abzuschrecken**.*
2. *Die Strafe soll die **Sühne** des Verbrechens sein, d.h. sie soll für die begangene Tat gleichfalls eine Kompensation darstelle.*
3. *Die Strafe soll den Verbrecher **bessern**.*[672]

Gegrübelt und getan haben sie reichlich. Im besagten Einigungsvertrag zwischen BRD und den NEBULÄ (NEuen BUndes-LÄndern) gilt ab August 1990, Schreck laß nach!:

> *...partiell unterschiedliches Recht, insbesondere bei den Strafvorschriften zur Homosexualität und zum Schwangerschaftsabbruch.*

Ob damit ein Homo-Tourismus, vergleichbar mit dem Abtreibungs-Tourismus, verhindert werden kann, ist fraglich. Frei nach dem CDU-Abgeordneten PAUL HOFFACKER:

> *Wenn ein Homosexueller in der (ehemaligen) DDR Unzucht treiben will, muß der Partner fragen, wo er wohnt - dann weiß er, ob er darf oder nicht.*

Ticken die Politiker noch richtig?
O doch, bestimmt! Einer von ihnen hat ja folgenden Zusammenhang erkannt oder er-grübelt:

> *Es gehört zu den vornehmlichen Aufgaben eines Rechts- und Kulturstaates, seinen Bürgern die individuelle Freiheit zu gewährleisten, insbesondere dann, wenn es sich nachgewiesenermaßen um einen sensiblen und auch vernachlässigten Erziehungsbereich wie den der Sexualerziehung handelt.*[673]

Aber die Politiker sind halt nur so gut wie ihre Juristen, und gegrübelt haben die Juristen über 'dieses' Thema ja nun schon reichlich:

---

[672] Moll 481
[673] Der Liebe 11

...geschlechtsverkehrsähnliche Handlungen zwischen Männern, also Handlungen, bei denen in wollüstiger Absicht der Penis in Körperöffnungen geführt wird...

...es ist nicht einmal notwendig, daß überhaupt das Glied in eine Körperhöhle des Mannes eingeführt würde. Es ist beispielsweise... Reiben des Gliedes am Oberschenkel des anderen als ein dem Beischlaf ähnlicher Akt aufzufassen. Ebenso ist es nicht notwendig... daß Samen entleert werde; vielmehr kann schon vor Erregung des Wollusttriebes eine strafbare Handlung vorhanden sein.[674]

So wurde in einem Fall die Entscheidung der Manipulationen am Gliede durch eine zweite Person nach §175 für strafbar erklärt, vom Reichsgericht umgeändert, weil dies zwar eine unzüchtige Handlung, nicht aber widernatürliche Unzucht sei...[675]

Onanie eines Mannes durch einen anderen oder gegenseitige Onanie sind daher straflos, wenn nicht durch gleichzeitige Komplikationen [sic!] der Akt „beischlafähnlich" wird... Wichtig ist endlich noch, daß das freiwillige Dulden der widernatürlichen Unzucht seitens eines Mannes diesen gleichfalls strafbar macht, selbst wenn er Befriedigung des eigenen Geschlechtstriebes nicht gesucht hat.[676]

Die einfache Aneinanderlagerung der Körper genügt, wie wir sahen, nicht, Strafbarkeit herbeizuführen. Finden hierbei Reibungen statt, d.h. Bewegungen eines Körpers oder beider Körper, so tritt Strafwürdigkeit ein.[677]

Da ferner der passive Teil gewöhnlich nach dem Akt gleichfalls Samenerguß hat, sei es spontan, sei es durch Masturbation durch den aktiven, so ist nach FRIEDRICH am Hemde und sonst hierauf zu sehen.[678]

---

[674] Moll 469
[675] Moll 470
[676] Moll 470
[677] Moll 470-471
[678] Moll 477

...der Gesetzgeber müsse verhindern, daß der Mensch seinem normalen Fortpflanzungs- und Geschlechtstrieb entzogen werde und seine Kräfte in Richtung der Perversitäten ausschütte und vergeude... [679]

...die Menschen sind erfahrungsgemäß kurz gerade vor ihrer vollständigen körperlichen Reife besonders empfindlich auf sexuellem Gebiet und daher ist auch ein besonderer strafrechtlicher Schutz gegen Verführer geboten... [680]

...nach den örtlichen Verhältnissen muß die Tat von unbestimmt welchen und unbestimmt vielen Personen wahrgenommen werden können (Treppenhaus eines Mietshauses genügt). Schließlich muß das sittliche Gefühl mindestens einer Person tatsächlich verletzt worden sein... [681]

...bei der Neigung von Mann zu Mann handelt es sich um einen Trieb, dessen Beherrschung dem von ihm Betroffenen häufig unmöglich sei; eine Strafandrohung sei daher von vorneherein zu Mißerfolgen verurteilt...

...wechselseitige Onanie unter Männern erfüllt das Merkmal beischlafähnliche Handlungen im Allgemeinen nicht. Insoweit bedeuten die Worte 'mit einem anderen Manne... vornimmt' dasselbe wie die Worte 'miteinander vollziehen' (in § 192, Abs. 2)...

...denn wer seinen Körper einem anderen in einer Weise darbietet, daß dessen Verhalten als 'Unzuchtstreiben' anzusehen ist, treibt auch selbst Unzucht mit einem anderen ohne Rücksicht darauf, ob er handelnd tätig ist oder lediglich die Handlungen eines anderen erduldet... [682]

...der Gleichheitsgrundsatz des Art.3. Abs. 2 und 3 GG ist für die gesetzge-berische Entscheidung ohne jede Bedeutung. Der biologische Geschlechtsunterschied zwischen Mann und Frau prägt den Sachverhalt so entscheidend, daß etwa vergleichbare Elemente vollkommen zurück-

---

[679] Jellonek 113
[680] Dietz 139
[681] desgl. 32
[682] Bundestagsdrucksache IV/650 §216, S. 375-80

treten. Die gleichgeschlechtliche Unzucht zwischen Frauen ist eine Erscheinung mit andersartigen und namentlich weniger einschneidenden Folgen für das Zusammenleben in der menschlichen Gesellschaft, ihre Bekämpfung mit Mitteln des Strafrechts ist aus kriminalpolitischen Gründen nicht geboten...

Von solcherlei Geistesblitzen strotzt es nur so. Sie sind eher dem Wörterbuch eines Unmenschen entsprungen als juristischer Objektivität. Im amerikanischen Militärgesetzbuch „Uniform Code of Military Justice" stellt Artikel 134 „einen denkbar vagen, allgemeinen Tatbestand" dar, unter dem u.a. folgende Verhal-tensweisen subsumiert werden:

Unsittliche Tätlichkeit; versuchte widernatürliche Unzucht; versuchte Not-zucht; widernatürliche Unzucht; unsittliche Handlungen an Minderjährigen; Exhibitionismus; obszöne Reden; unsittliche und obszöne Handlungen; außerdem aber auch: Nichtbezahlen von Schulden; Verletzung des Briefgeheimnisses; ruhestörende Trunkenheit; Verkehrsübertretungen; unerlaubte Entfernung von der Truppe. Nach Art. 120 steht auf Notzucht die Todesstrafe oder zeitlich unbegrenzte Freiheitsstrafe mit Zwangsarbeit. Die Höchststrafe für Unzucht mit Minderjährigen beträgt 15 Jahre, für gewaltsame widernatürliche Unzucht (Art. 125) 10 Jahre, begangen an Minderjährigen 20 Jahre; versuchte Vergewaltigung 20 Jahre. Unsittlicher Angriff (der alle Ar-ten von „Versuchen" umfaßt) wird mit einer Höchststrafe von 5 Jahren bedroht.[683]

In den USA gibt es nach wie vor Bundesstaaten, in denen u.a. oraler Sex verboten ist:

Oraler Sex hat sich in knapp zehn Jahren von böser Magie zu einem obligatorischen Merkmal sexuellen Erregtseins entwickelt. Dennoch gibt es noch manche von Narren geschaffenen Staatsgesetze, die oralen Sex zu einem Verbrechen machen. (Man kann sich nur schwer vorstellen, daß geistig gesunde Gesetzgeber sich hinsetzen und ernsthaft vorschreiben, welchen Teil ihres Mannes oder Ihrer Frau Sie küssen dürfen.)[684]

---

[683] Brownmiller 103, Anm.
[684] Comfort 127

Abschließend soll der englische Lord LAWFORD zu Wort kommen:

Auch wenn die Regierung die Homosexualität für straffrei erklärte - wir tun so etwas nicht... wir verurteilen es als äußerst falsch! [685]

Bloß nicht den Paragraphen 175 abschaffen! jammern die Richter, wir hätten sonst nichts mehr zu tun!
In der Tat, zu tun hatten sie damit reichlich.
Nach § 175 sind an deutschen Gerichten von 1882-1965 etwa

224 000 Personen

verurteilt worden.[686] Die Angaben, die einem teils veröffentlichten Aidemémoire von Dr.WUTH entnommen sind, umfassen die Jahre 1937 - 43 allerdings reichlich unvollständig. Eine bessere Übersicht verschaffen die Tabellen 1+2, die ALEXANDER ZINN als Anhang zusammengestellt hat: Allein **in den Jahren 1937-1938** wurden nach § 175 und § 175a vor deutschen Gerichten verhandelt:

ANGEKLAGT	VERURTEILT
20.980	16.675

Laut Tabelle 1 wurden allein für den Zeitraum 1933 – 1969 rechtskräftig verurteilt: [687]

105.565 Personen

Für die **84 Jahre Rechtsprechung** ergibt das eine Arbeitsleistung von rund

16 Fällen pro Tag

Sonn- und Feiertage nicht eingerechnet! Das ist bei 7 % Homosexuellen in der Gesamtbevölkerung tatsächlich eine wirklich staunenswerte Arbeitsleistung deutscher Kriminalbeamter, Staatsanwälte und Richter. Denn man muß davon ausgehen, daß die Dunkelziffern, ja, diese düsteren Zahlen, der

---

[685] Eskapa 290
[686] Baumann 39f; 58f; 64f, vgl. Lesben 29
[687] für die Jahre 1944-49 geschätzt; für die Jahre 1958-1960 teilweise geschätzt

gar nicht zur Verhandlung gekommenen Fälle, denen aber offiziell nachgegangen worden ist, extrem hoch sind:

JAHR... STEHEN	...POLIZEILICHE ANZEIGEN GEGEN	... VERURTEILUNGEN
1959	8 700	2530
1965	10 000	2538

Statistiker staunen über die Kurve: Bei einem doch stets gleichbleibenden Anteil von Homosexuellen in der Bevölkerung werden in der Kaiserzeit im Jahr durchschnittlich 500, in der BRD-Zeit rund 3500 und in der Nazizeit etwa 30 000 verurteilt.
Zum Vergleich wurden in England im Jahre 1988 im Rahmen des Gesetzes „Clause 28" verurteilt:[688]

BEGRÜNDUNG	VERURTEILTE MÄNNER
indecency between men (jeder Ausdruck homosexueller Zuneigung in der Öffentlichkeit)	1496
solicitation by man (Flirtversuchen auch im privaten Bereich gegenüber Männern)	698
procuring of homosexual acts (Förderung von Kontakten, z.B. Räume)	368

Zum weiteren Vergleich wurden in den USA von US-Militärgerichten im Vietnamkrieg im Zeitraum 1965-1973 wegen „widernatürlicher Unzucht" 11, wegen „versuchter widernatürlicher Unzucht" 5 Männer angeklagt, davon wurden 5 + 3 verurteilt. (von 86 Prozessen insgesamt).[689]
Wenn doch wenigstens ein schützenswertes Rechtsgut bewahrt worden wäre! Denn:

> *Es ist aber bei weitem nicht dasselbe, ob diese Abweichung a) als Sünde oder Laster, b) als Häresie, c) als Verbrechen, d) als Krankheit oder e) als unschädliche individuelle Aberration betrachtet wird.*[690]

---

[688] van Dijk 56
[689] Brownmiller 102
[690] Kon 156

Nö, der ganze Aufwand dient lediglich „zum Schutze des Volkskörpers", der lieber nach deutschem Reinheitsgebot gebackene oder gebraute Schwule haben will, zum Schutze der Natur des Volkes, im Interesse des gesamtgesellschaftlichen, sittlichen Empfindens von...

Richtig, liebe Kinder!

...von Papa Staat, Mama Kirche und der ganzen Elternschar.
„*Was heißen hier Paragraphen? Was heißen hier Verordnungen? Was heißt hier fest-gesetzte Verhandlungsmaxime? Wenn ich auf irgendeine Art zum Ziele kommen will, meinem Volk zu helfen, so ist dieses Recht im tiefsten, göttlichen und moralischem Sinne,*" meint Herr HIMMLER 1935 und fühlte sich im Recht.[691]
Doch leider, den Schwulenparagrafen meinte er nicht.
Auch ein Arzt hat schon mal nachgedacht:

> *Es ist nicht leicht, zu Gunsten einer Menschenklasse zu sprechen, unter der sich die größten Lügner finden, und zu Gunsten von Leute, die durch ihr widerliches Auftreten auf der Straße und an anderen Orten den anständigen Menschen oft zurückstoßen müssen.*[692]

Aber auch Juristen haben schon mal nachgedacht:

> *Der Vorschlag eines Urnings, die Gerichte, die über Urninge urteilen, zur Hälfte mit Urningen zu besetzen, ist wohl nur als schlechter Witz zu betrachten... Übrigens könnten sonst mit demselben Recht wie die Urninge, auch die Mörder und Diebe es verlangen, daß der Gerichtshof aus Mördern und Dieben bestehe, um ein gerechtes Urteil zu erzielen.*[693]

> *Die Pönalisierung der Homosexualität erscheint problematisch, da bei ihr keine bewußte Willensentscheidung anzunehmen ist. Homosexuelle bes-sern sich auch im Gefängnis nicht, im Gegenteil wird hier der Anreiz größer. Auffallend ist auch, daß konstante homosexuelle Verbindungen häufiger zwischen Frauen als bei Männern*

---

[691] Jellonek 29
[692] Moll 479
[693] Moll 480

> *vorkommen, was vielleicht durch die Straflosigkeit der weiblichen Homosexualität zu erklären ist.*[694]
>
> *Gerade wegen der Unklarheit der Gesetzesbestimmungen steht auch das forensische Ergebnis oft in keinem Verhältnis zu der aufgewandten Mühe. Ich erinnere an den Päderastenprozeß, der vor einigen Jahren in einer großen Stadt spielte, wo mehrere hundert Personen vernommen wurden und schließlich die ganze Angelegenheit im Sande verlief.*[695]

Bedenket wohl, lieber Papa, liebe Mama und die ganze Elternschar: Unsinnige Verbote und Tabus haben auch auf sexuellem Gebiet meist nicht den gewünschten Effekt.[696] Und seid gewiß: *Eines Tages wird die 'Natur' die 'widernatürlichen' Praktiken der Menschen nicht ungestraft lassen.*[697]
Die menschliche Natur ist ja so reichhaltig, wie ein fundamentalistischer Naturforscher erkannt hat:

> *... in der gegenwärtigen westlichen Gesellschaft gibt es viele Phänomene, die gegen die zentrale Rolle, die die Fortpflanzung in der monogamen Ehe spielt, ebenso sehr verstoßen wie die Tolerierung homosexueller Handlungen: zum Beispiel Onanie, Ehebruch, vorehelicher Sex, Scheidung, Em-fängnisverhütung, Unfruchtbarkeit. Es gibt in der Naturrechtslehre keine Argumente, die besagen, daß Homosexualität für die ausschließlich auf die Fortpflanzung gerichtete Sexualität eine größere Bedrohung darstellt als die anderen genannten Phänomene.*[698]

Und habet fein acht:

> *Geschlechtliche Liebe und -lust untergraben die Ordnung ODER führen zur höchsten Erkenntnis ODER sind ein harmloses Lebensmittel.*[699]

---

[694] Dietz 139
[695] Moll 494
[696] Starke 257
[697] Grau 83
[698] Sullivan 75
[699] Lautmann-Schetsche 224

Die auffällige Verschonung weiblicher homosexueller Straftäterinnen (Ausnahme: das Pönitenziars von Papst Gregor III. aus dem 8. Jh., s.o.) beruht auf Frauenverachtung:

> *...daß der sexuelle Verkehr der Weiber unter einander in Deutschland keinen Strafbestimmungen unterliegt; die Weiber können nach dieser Richtung tun, was sie wollen.* [700]

Die lesbischen Straftäterinnen werden von Männern mit Gesetzen überhäuft. Darüber schimpft eine Feministin:

> *Sie, die niemals empfangen, niemals Kinder zur Welt bringen konnten, die nie spürten, wie sich ein Körper verändert, wenn die Schwangerschaft voranschreitet, wollten über unser Schicksal entscheiden. Sie, als Echo viktorianischer Väterlichkeit, würden verkünden, was das kleine Frauchen zu tun hat. Wenn das Parlament nun aus Frauen bestände, so fragte ich mich, würden die Frauen dann Gesetze über den Körper der Männer machen?* [701]

Frauen sind eben *minderberechtigt und moralisch strenger beauflagt; die Anzeichen und Auswirkungen sind heute noch zu spüren.*[702] Männer sind Träger des öffentlichen Lebens, müssen Vorbilder sein, auch im Sexuellen. Frauen sind Leute zweiter Klasse, die schaffen keine Vorbilder. Dazu meint KATHRIN PERUTZ:

> *Gesetze, die „zum Schutz" der Frau geschaffen wurde, verhehlen in ihrem Wortlaut kaum die Verachtung für den Schützling. Das ist zum Beispiel bei den Sexualgesetzen der Fall, die fast ausschließlich nur Männer der Verfolgung aussetzen. Ein Mann kann wegen Verführung Minderjähriger belangt werden, wenn er mit einer Frau unter 21 Jahren Verkehr hat, auch wenn sie selbst es wünscht. Verkehrt jedoch eine erwachsene Frau mit einem jungen Mann unter 21 Jahren, dann wendet kein Gesetz etwas dage-gen ein. Dieser Widerspruch wird angeblich damit erklärt, daß nach dem Gesetz eine junge Frau nicht in der Lage ist, ihr gültiges Einverständnis zu erklären. Das kann doch nur heißen: Wenn sie mit einem Mann ins*

---

[700] Moll 495
[701] Perutz 191
[702] Starke 328

> Bett geht, weiß sie offensichtlich nicht, was sie dort will.
> Auf diese Weise wird das weibliche Wesen zur Schwach-
> sinnigen oder zum Kind abgestempelt, während ein Junge
> von 14 vor dem Gesetz wohl fähig ist zu erkennen und zu
> erklären, was er will. Also: ein 20jähriges Mädchen kann
> es nicht, ein 14jähriger Junge kann es.[703]

Der mutige Arzt WILHELM MENSINGA nannte um 1895 z.B. den Coitus interruptus schädlich, besonders für die Frau, und wollte „die Frau vor der Brutalität des Mannes schützen". Er wurde daraufhin aus den ärztlichen Gesellschaften ausgestoßen (!).[704]
Das Oberlandesgericht Hamm gestand einer lesbischen Mutter das elterliche Sorgerecht über ihr Kind zu

> mit der Begründung (und quasi als Auflage), sie und ihre
> mit ihr lebende Freundin könnten die Art ihres Zusammen-
> lebens gegenüber dem Kind so darstellen, als sei die
> Freundin eine Tante, und das Kind müsse doch nicht
> zwangsläufig mit lesbischer Liebe konfrontiert werden.[705]

Merket auf! Einem schwulen Vater wäre das nicht passiert!
Fazit dieser Exkursion? Die Frage:

> Vom naturwissenschaftlichen Standpunkt können wir nur
> eine Sexualbetätigung verurteilen, durch die ein Partner
> geschädigt wird. Besonders scharf verurteilen wir die
> Fälle, bei denen ein Partner gegen den Willen des anderen
> handelt. Ist aber die lesbische [und homosexuelle] Liebe
> von diesem Stand-unkt aus „lasterhaft"? Wird eine oder
> werden zwei Personen geschädigt, wenn sie sich in
> gegenseitiger Übereinstimmung der lesbischen [und
> homosexuellen] Liebe ergeben? Abgesehen davon, daß der
> weiblichen [und männlichen] Psyche entsprechend, sehr
> viele Frauen [und Männer] auch bei zärtlichster Intimität
> doch noch nicht zu gegenseitiger Selbstbefriedigung
> übergehen, so ist uns auch keinerlei nervöse Schädigung
> bekannt, die ausschließlich daher kommen sollte, daß sich
> eine Frau von einer Genossin ihres Geschlechtes [oder ein

---

[703] Perutz 82
[704] Wörterbuch 220 Hervorhebung (!) dortselbst
[705] Schwule Väter 162

> Mann von dem des seinen] durch irgendwelche Praktiken befriedigen läßt.[706]

Tja, Frauen sind sexuell eben nicht ernst zu nehmen und können daher auch keine Schäden am Volkskörper anrichten, sagen Papa Staat und Mama Kirche. Aber das war nicht immer so. Um 1750 wurde ein lesbischer Vorfall vor Gericht verhandelt (hier ‚Sodomie' genannt):

> *Actually Marie was accused of sodomy, which involved putting the right organ in the wrong place or the wrong organ in the right place or the wrong organ in the wrong place. This means that she was alleged to have put her clitoris in any of her partner's orifices, since none would have been appropiate.*[707]

Da schwadroniert ein Regierungsrat SCHÄFER über lesbische Liebe:

> *... „daß eine verführte Frau dadurch nicht dauernd dem normalen Geschlechtsverkehr entzogen werde, sondern bevölkerungspolitisch weiter-hin nutzbar [!!] bleiben werde... und die Gefahr sei daher für den Staat lange nicht so groß." Lesbische Frauen bleiben also weiterhin von strafrechtlicher Verfolgung verschont.*[708]

Und das Bundesverfassungsgericht legt nach:

> *Denn die Verschiedenheit des Geschlechtslebens macht sich bei der Gleichgeschlechtlichkeit womöglich (!!) noch stärker geltend als bei heterosexuellen Beziehungen... Es gelingt der lesbisch angelegten Frau das Durchhalten sexueller Abstinenz leichter, während der Mann dazu neigt, einem hemmungslosen Sexualbedürfnis zu verfallen.*[709]

Irrtum, meint eine Feministin, denn:

---

[706] Potin 397-398 Da im entsprechenden Abschnitt nur von Lesben die Rede ist, sind die geklammerten Erweiterungen von mir dazugesetzt.
[707] Laqueur 279, Anm. 42
[708] Zinn 79-80
[709] Bundesverfassungsgericht vom 10. 5. 1957

> *Die erzwungene Abstinenz ist möglicherweise für sie* [die männlichen Patienten] *psychologisch und physiologisch weniger verheerend als für die Frauen.*[710]

Arme Frauen, sagt Mama Kirche, und hat dabei den Tampon im Kopf. Den Tampon?
O ja, dieses Höllendings, das zur weiblichen — ✋ Selbstbefriedigung dient.
Wie das? Lassen wir das Lexikon der Sexualaufklärung sprechen:

> *1951 sahen zwei nordamerikanische Theologen, Good und Kelly, im Tampon ein Mittel der <u>vaginalen Masturbation</u>, mag sein, daß dies bei einigen jungen Mädchen zutrifft und die Geistlichkeit tatsächlich in diesem Falle besser über die weibliche Sexualität unterrichtet ist als der Sexualwissenschaftler; die relative Gefühllosigkeit der Vagina mindert jedoch das Risiko einer sexuellen Reizung...*[711]

Die Geistlichen sind es nicht, sagt Papa Staat, er hat nur Männer im Kopf.
Arme Männer, sagen Mama Kirche, daß sie sich so wenig am Riemen reißen können!
Doch, das können sie, aber lieber reiben statt reißen, sagt meine sexistische Sprachanalyse, so brutal sind sie dann doch nicht, und dann tun sie es auch nur so lange, bis der Orgasmus eintritt...

---

[710] Chesler 36-7
[711] Valensin 320

Egon und Walter
Jugendlicher Athlet widersetzt sich einem älteren Mann
(nach einem schwarzfigurigen Vasenbild um 550 v. Chr. zu Boston)

13. EGO N. und W. ALTER

> MOTTO:
> Sexualunterdrückung ist Menschenunterdrückung *Pilgrim, 122*

EGO. N und W. Alter, zwei junge Männer, die befreundet sind, die aber aus begreiflichen Gründen anonym bleiben wollen, daher diese Abkürzungen – sie heißen natürlich Egon und Walter. Doch sicher ist auch den Tiefenpsychologen längst aufgegangen, wer oder was Ego und Alter eigentlich sind, die man zuweilen als Kumpels zusammenhocken sieht und als ‚alter ego' in der Fachliteratur zufällig aufstöbert.
Zunächst haben die beiden genug mit sich selber zu tun, und zwar jeder für sich. Denn es handelt sich ja - *„und das ist das Schlimmste!"* - um Jugendliche im sexueller Zwischenstufe:

> *Dadurch vergrößert sich die Gelegenheit ungeheuer und damit auch die Verlockung zur Unmäßigkeit. Ferner - und das ist das Schlimmste - wird die Selbstbefriedigung weniger von Geschlechtsreifen, als vor allem von geschlechtsunreifen oder halbreifen Knaben und Jünglingen betrieben, für welche jede Betätigung des Geschlechtstriebes ungesund ist.*[712]

Und weil das so ist, haben Papa und Mama die schwere Not und schwere Pflicht, die Buben aufzuklären (Die Mädchen aber auch, schimpfen wieder die Feministinnen, die habt ihr vergessen). Aber Achtung, warnt ÖKO-TEST, bitte mit Vorsicht:

> *Die Kinder reiben und rubbeln und haben ihren Spaß. Den sollte man ihnen nicht nehmen. Bewußte Unterbrechungen oder Kommentare könnten Scham- und Schuldgefühle erzeugen. Auch die Geschlechtsorgane der Eltern sind spannend. Wenn Ihnen das unangenehm ist, zeigen Sie dem Kind liebevoll seine Grenzen.*[713]

Ein Onkel Doktor, der eigentlich böhse ist, und doch ganz schnell ganz lieb sein will, gibt den rat- und ruhelosen Eltern folgende Anweisungen (der Text

---

[712] Gruber 103
[713] Öko-Test, 62

stammt nicht etwa aus dem 14. Jahrhundert, sondern – leider aus dem Jahr 1942):

> ...*so sage man ihnen* [den lieben Kindlein] *kaltblütig, ohne Verlegenheit oder verdächtiges Schmunzeln, mit kurzen Worten, daß dies* [gemeint: der Sexualakt] *geschehe, damit das Weibchen Eier legen bzw. Junge bekommen könne:* **ohne die geringste Andeutung, daß dies für die Tiere mit Lustgefühlen verbunden ist!** *Bei einigem Geschick läßt sich dies so machen... Sollte das Kind fragen, ob es beim Menschen ebenso sei, so antworte man* **ohne Zögern trocken** *mit „Ja, ähnlich", schneide aber weitere Fragen mit einem: „Das kannst du jetzt noch nicht verstehen!" ab.*[714]

Und tut noch einen drauf, für die ach so empfindsamen Knaben:

> *Bei Knaben kommt ferner nicht sehr selten eine gewisse angeborene Zartheit des ganzen Geschlechtsapparates, verbunden mit besonderer Empfindlichkeit, vor.*[715]

> *Die Kinder sollen geschlossene Hosen tragen, so daß sie die Geschlechts-teile nicht ohne weiteres mit der Hand erreichen können; andererseits sollen die Hosen weit genug sein, um nicht zu drücken oder zu spannen. Man bringe die Kinder müde zu Bett, so daß sie sofort einschlafen, und lasse sie als-bald nach dem Erwachen aufstehen. Man dulde nicht, daß sie die Hände unter die Bettdecke schieben, geradeso wenig als daß die Knaben mit den Händen in den Hosentaschen gehen und sitzen. Man sehe häufig nach, ob die Nähte in den Hosentaschen nicht zerrissen sind* [sic!] *und so nicht etwa ein verborgener Weg zu den Geschlechtsteilen eröffnet ist.*[716]

Aber er tröstet auch die lieben Jungen:

> *Das Masturbieren ist für den gesunden Geschlechtsreifen, wenn überhaupt eine, jedenfalls nur eine winzige physische Schädlichkeit verglichen mit den venerischen Krankheiten.*[717]

---

[714] Gruber 105 Hervorhebung vom Verfasser
[715] Gruber 107
[716] Gruber 108
[717] Gruber 111

LENTZ stellt erst einmal klar:

> *Viele Menschen sagen: Ich habe einen Körper... Besser wäre zu sagen: Ich <u>bin</u> mein Körper. Erektionen, Samenergüsse... vermitteln in der Pubertät sehr intensive Körper-Selbsterfahrungen. Und die Masturbation ist nicht nur eine Selbstbefriedigung, sondern auch Selbst-Erforschung, Aufspüren der Reaktionen des eigenen Körpers im sexuellen Bereich nämlich.*[718]

LAQUEUR setzt einen drauf:

> *As a very one-sex sort of activity, masturbation was also a one-sex vice.*[719]

GOEBEL macht einen wahren Eiertanz um das Thema unfreiwilliger Samenerguß:

> *Ein ernster Christ ließ den greisen Zeller durch einen Freund fragen, was doch gegen das bei ihm überhand nehmende Auftreten von gewissen Erscheinungen zu tun sei, die sich wohl bei jedem unverheirateten Mann einstellen, und die nichts zu bedeuten haben, solange sie nicht infolge geschwächten Nervensystems zu häufig auftreten... „Sagen Sie Ihrem Freund, er solle nicht zu viel in dieser Sache beten. Das zu viele Beten reizt die feindliche Macht. Er soll ein Wort Gottes lesen, und dann seinen Leib und seine Seele in Gottes Hand befehlen.*[720]

Und COMFORT bringt es dann auf den Punkt, wenn er schreibt:

> *Die potentielle Geschlechtskraft von Heranwachsenden ist zwar zum Orgasmus fähig, aber selbst eine Marathonleistung auf diesem Gebiet ruft nicht mehr Ermüdung hervor als irgendeine andere athletische Anstrengung, meistens sogar weniger. Die von Trainern propagierte, weitverbreitete Ansicht, daß ein Verlust an Samen erschöpfe, die Manneskraft schwäche und – wie ein neueres französisches pseudomedizinisches Werk sagt –*

---

[718] Lentz 32-33
[719] Laquer 227
[720] Goebel 32

> *„einen ruinösen Verlust an Phosphaten" herbeiführe, ist purer Aberglaube. Bei wiederholten Ergüssen verringert sich die erzeugte Samenmenge – selbst wenn wir, wie die Tantrik-Buddhisten, die leicht ersetzbare Nukleinsäuren der Spermatozoen mit magischen Eigenschaften ausstatteten, wäre ihr Verlust nicht unersetzlich.*[721]

Um ganz genau zu sein, es hat **überhaupt gar keine physische Schädlichkeit**, nie und nimmerdar. Sonst wäre die Menschheit schon längst ausgestorben:

> *Ebenso gewiß kommt der Onanist nicht in die Hölle, wie er nicht notwendig durch seine Betätigung seinen Leib zerstört.*[722]

> *Dies legt überzeugend nahe daß man Knaben nur zu sagen braucht, sie sollen sich ohne Schuldgefühl an der Masturbation erfreuen, während Mädchen aktiv ermutigt werden sollten, ihren eigenen Körper zu erkunden.*[723]

Recht so! meint WOODY ALLEN, denn:

> *Masturbation ist Sex mit jemandem, den man wirklich sehr liebt.*[724]

Es ist nicht alles strafbar, was sie selber mit und an sich tun. aber wehret den Anfängen!
Ja, wehret ihnen, meint ein gewisser Herr TONTON, und wendet sich dabei an seine damaligen Abiturienten:

> *Zunächst muß ich Ihnen hier von einer häßlichen Verwirrung des unbezwungenen Geschlechtstriebes sprechen, von der **Selbstbefleckung**, Onanie oder Masturbation, wobei die mechanische Reizung der Ge-schlechtsteile von dem den Lockungen des Triebes und der Phantasie Unterlegenen selbst ausgeführt wird, so lange, bis ein Samenerguß erfolgt. Die große Gefahr, welche diese Verirrung mit sich bringt, liegt in der fast unbegrenzten Gelegenheit zu ihrer Ausübung. Häufig trägt der Unglückliche den deutlichen*

---

[721] Comfort, Eros 88-89
[722] Keyserling, Hermann. Das Buch vom persönlichen Leben. Stuttgart, Berlin 1936, 72
[723] Comfort 20
[724] Öko-Test 52

> *Stempel seines häßlichen Treibens in seinen Gesichtszügen und in seinem Benehmen. Eingesunkene Augen, niedergeschlagener Blick, blasse Gesichtsfarbe, kalte, feuchte Hände, geschwächtes Gedächtnis, Stumpfheit der Auffassung, reizbare Laune, Trägheit und Träumerei am hellen Tag bilden häufig den Symptomenkomplex. In schweren Fällen lange fortgesetzter und häufig ausgeübter Onanie kann das ganze Krankheitsbild der sexuellen Neurasthenie, die sich auch an anderen Organen äußert, z.B. in Erregung des Herzens (Herzklopfen), Hypochondrie bis zu depressiven Wahnvorstellungen, Impotenz und allgemeine Erschöpfung, sich anschließen.* [725]

Schreibt doch dazu so ein superkluges Buch:

> *Professor GRUBER* [genau! Der Nazi-Aufklärer, vgl. Literaturliste] *in München sagt über das Thema: Über eine Art von widernatürlicher Befriedigung des Geschlechtstriebes muß ich mehr sagen: über die Onanie, da dieses Übel ungemein verbreitet ist und darüber die verkehrtesten Ansichten herrschen, welche die Schäden noch vergrößern... Die Masturbation, Onanie, Selbstbefriedigung, ein Leiden, das eine notwendige Konsequenz der sexuellen Abstinenz sein soll; ein Laster, das nach alten Traditionen aus früheren Jahr-hunderten, die von Ärzten überliefert werden, eine Ursache der aller-schlimmsten Zustände: Verdummung, Verblödung, Demenz, Rückenmarksschwindsucht usw. sein soll. Die moderne Medizin anerkennt diese Krankheitserscheinungen nicht mehr als Folgezustände der Masturbation. Wenn auch zugegeben werden mag, daß bei gewissen Rückenmarksleiden wie auch bei Gehirnkranken, Dementen die Onanie zur Beobachtung kommt, so haben wir vielmehr die Überzeugung, das Primäre (Ursprung) so da das Gehirn- oder Rückenmarksleiden, sekundär (Folge) dagegen die Reizung der Geschlechtsteile. Daß der Masturbierende sich selbst durch sein abscheuliches Treiben schadet, darüber kann man kaum im Zweifel sein; die häufigen Samenverluste schwächen seinen Organismus im ganzen, und die Nervenreizung bedingt eine krankhafte Reizbarkeit und Erregbarkeit der Ner-ven der Geschlechtsorgane, sowie eine abnorme Nervenerregbarkeit des ganzen Nerven-*

---

[725] Tonton 13-14

> *systems, sogenannte Nervosität... Während die einen meinen, daß das Onanieren ein sehr zweckmäßiges Mittel sei, sich Erleichterung zu verschaffen, wenn sich zuviel Samen angesammelt hat und der eheliche Beischlaf nicht möglich ist, daß es ebenso wenig Tadel verdiene, als der Gebrauch des Taschentuches, sehen andere im Onanieren das furchtbarste Übel mit den schädlichsten Folgen für die Gesundheit. Beide Meinungen sind falsch. Beim normalen Beischlafe wird die Ejakulation durch mechanische Einwirkung der Scheide auf das Glied herbeigeführt. Es ist nicht einzusehen, warum es schädlicher sein soll, warum die nervöse Erschütterung größer sein soll, wenn die mechanische Einwirkung auf einem anderen Wege vor sich geht, als beim natürlichen Beischlafe... Nicht in der absoluten Schädlichkeit des einzelnen Aktes liegt die Gefahr der Onanie, sondern vor allem darin, daß zum Beischlafe zwei Personen notwendig sind, zur Onanie aber nur eine, so daß die Gelegenheit zum Onanieren ungeheuer viel größer ist als die zum Koitieren, und damit auch die Verlockung zur Unmäßigkeit ganz ungeheuer wächst!*[726]

Und man nenne es wie man will: (hier nur eine Auswahl):

> *An sich herumspielen, den Schniedel putzen, Alles selber machen müssen, die Nudel abtropfen lassen, seinen besten Freund verwöhnen, den Schwengel pumpen, Wring das Ding (für Türken speziell: Würg die Gürk), Rubbeldipupp, die Leitung freipusten, Heimarbeit zwischen Daumen und Zeigefinger erledigen, ein Solo für den Onkel, den Sahnespender bedienen, sich einen mit Fingertraining abflocken, Handblasen, to do the handjob, Fünf gegen Willy, sich einen von der Palme schütteln, Taschenbillard spielen, den Papst ärgern, Schwester Faust ficken, Flötensolo, den Wurm zum Spucken bringen, Fünffinger-Olympiade, den Kahlkopf würgen, die Banane schälen, dem Kleinen zur Hand gehen, die Latte schmirgeln, sich mal was Gutes tun, den Pinsel schwingen, sich einen abkauen, sich selbst beflecken.*[727]
> *Handarbeit*[728]

---

[726] Wegener 152-155
[727] Cohen 48
[728] Moll 10

Dazu meint ein Aufklärungsbuch für Jungen:

> *Und das böse Gewissen über meine Lieblingssünde, die immer wieder über mich Herr wurde, obgleich ich mich doch so schämte – es kam auch draußen beim Wandern in der schönen Natur nicht zur Ruhe.* [729]

Und warnt betulich:

> *... wenn du nicht genug schlechten und gemeinen Umgang mit niedrigen Büchern und schamlosen Freunden bekommen kannst, dann zehrst du an deinem Baustoff, verschleuderst dein Muttergut, wirst später ein kraftloser, nervöser Mensch mit einem kranken Körper und einem verzweifelten Herzen und alterst früh und stirbst wohl bald.* [730]

Noch schärfer ergeht die Warnung an die Männer:

> *Die Selbstbeflecker. Ihre Zahl ist sehr groß. Ihr Laster ist in einem Maße verbreitet, von dem man sich keine Vorstellung machen kann. Es geht um wie die Pestilenz, die im Finstern schleicht. Unter den Schülern höherer und niederer Lehranstalten, unter Handwerks- und Kaufmannslehrlingen wie unter jungen Arbeitern geht es um und wirkt ansteckend und vergiftend. Es verdirbt und verpfuscht so manches Leben schon in der ersten Entwicklung... Bisweilen hat der Gequälte eine kurze Ruhezeit. Da atmet er auf. „Ach wenn es doch immer so bliebe". Aber ehe er sich dessen versieht, überfällt es ihn schon wieder mit doppelter Macht. Und der Arme liegt wieder im Sumpf. Und immer mehr tut sich der Abgrund der Verzweiflung und Hoffnungslosigkeit vor ihm auf... Es ist eine Erfahrungstatsache, daß die, welche als Gläubige in die Selbstbefleckung und in andere Unzuchtssünden geraten, besonders hart geknechtet werden.* [731]

---

[729] Leidhold 72
[730] Leidhold 93
[731] Goebel 3-4

Dazu meint ein Aufklärungsbuch für Mädchen:

> *"Wichsen" sagt man eigentlich nur bei Jungs, eine "Wichserin" gibt es nicht und auch keinen entsprechenden Ausdruck für Frauen, die sich selbst befriedigen. "Wichsen" wird heute meist abfällig benutzt...*[732]

Im neuesten SPIEGEL fand ich dann auch nicht nur das zuerst anonym erschienene einschlägige Handbuch „Onania: oder die abscheuliche Sünde der Selbstbefleckung" aus der Feder eines JOHN MARTEN; der das Werk 1712 aus der Taufe hob, und womit das ganze Elend seinen Anfang nahm, sondern für die oben genannte Handlung auch die schicke, anglosaxonisch trendige Umschreibung „*Solitary Sex*".[733]

Alles das ist zwar nicht schön, sagen die Onkel Doktors, aber, immerhin, nicht strafbar, vorausgesetzt, man tut's alleine.

Alle diese Begriffe sind ja nix für Weiber, das kommt noch erschwerend hinzu!

Doch hier tröstet das JUGENDLEXIKON:

> *Genauso wie man sonst seinen Gefühlen nicht freien Lauf lassen kann, sondern sie kontrollieren muß, verhält es sich mit den sexuellen Regungen und Empfindungen. Es wäre falsch, sie zu leugnen, andererseits soll man sich ihnen nicht willenlos ausliefern. Als Jugendlicher lernt man durch die Erziehungen und Selbsterziehung, sie zu beherrschen und zu steuern.*[734]

Man stellte absurde Thesen auf, um die Ursachen der Onanie bei Knaben zu ergründen:

> *Er stellt in diesem Buche die These auf, daß die hauptsächlichste Ursache der Onanie der Knaben die – **Hosen** seien. Auch das **Einwickeln** in Windeln reizt nach ihm frühzeitig die Geschlechtsteile. Später entsteht durch die Hosen „eine große und feuchte Wärme, die am vorzüglichsten und am größten in der Gegend der Geschlechtsteile ist, wo das Hemd sich in Falten zusammenschlägt". Auch muß der Knabe, „wenn er seinen Harn ablassen will, sein kleines männliches Glied aus den Hosen zerren; im ersten Anfange und auch noch lange Zeit*

---

[732] Raffauf 80
[733] DER SPIEGEL 16 (2004), 145
[734] Jugendlexikon 75

> *nachher, kann der kleine Knabe dies nicht selbst bewerkstelligen; Kinder, Mägde und Knechte helfen ihm, und zerren und spielen mit seinen Geburtsteilen: durch dieses Befühlen, Zerren und Spielen, das der Knabe selbst oder andere mit seinen Geburtsteilen treiben, gerät der Knabe (auch das Mädchen, das sehr oft hilft, und dem der unschuldige Knabe aus Dankbarkeit manchmal wieder helfen will) in eine vertraute Bekanntschaft mit Teilen, die sonst heilig, unrein und Schamteile waren. Das Kind gewöhnt sich an, mit den Geburtsteilen zu spielen, und die **Gelegenheitsonanie** zur Selbstbefleckung ist **durch die Hosen hervorgebracht**.*"[735]

Und weil das so schlimm ist mit der Selbstbefleckung, sannen findige Gemüter auf radikale Abhilfe:

> *Säuglingen und kleinen Kindern kann man nachts nach dem Vorschlage ULTZMANNS die Hände in Fäustlinge binden oder an den Bettrand anschnüren, auch die Methode älterer Ärzte, mit großen Messern und Scheren bewaffnet vor dem Kinde zu erscheinen und mit schmerzhaften Operationen oder gar Abschneidung der Genitalien zu drohen, kann manchmal nützlich sein und die Radikalheilung herbeiführen. Auch die **wirkliche** Vornahme kleiner Operationen hilft nicht selten. FÜRBRINGER heilte einen jungen Burschen, bei dem keine Belehrung und keine Strafe half, dauernd durch einfaches Abkappen des vorderen Teils seiner Vorhaut mit schartiger Schere und verschaffte einer jungen Dame, die sogar in der Gesellschaft ihrem leidenschaftlichen Hange nach Onanie frönte, durch wiederholte Ätzungen der Vulva (!) Heilung. Andere Ärzte durchbohren die Vorhaut und legen einen Ring ein. Sogar mit Käfigen für die Genitalien, deren Schlüssel beim Vater ist (!), mit Penisbinden ohne Öffnung ist man gegen die Onanie vorgegangen. Auch die Prügelstrafe hat bisweilen Erfolg. Von größtem Werte ist ständige Aufsicht, Schutz vor Verführung – „Eltern, schützt euhre Kinder vor den Dienstboten!*"[736]

Und wer's ganz genau wissen will, lese das einschlägige Buch von PILGRIM. Darin stehen rechte Gruselschocker aus dem 17. und 18. Jh.

---

[735] Bloch 176
[736] Bloch 176

Aus dem Ende des 19. Jh. gibt es ein persönliches Bekenntnis:

> *Im Alter von 18 Jahren gelangte X. mehr zur Einsicht seiner Lage, und zwar durch die Lektüre zahlreicher Bücher, die sich mit solchen Dingen beschäftigten. Ein Buch über Selbstbewahrung jagte ihm einen großen Schrecken ein; er glaubte sich verloren, obwohl er das Leben so lieb hatte; alle die tausend Anzeichen des Verfalls meinte er bei sich zu entdecken, ohne den Mut zu haben, eine briefliche Kur bei dem Autor des Buches zu versuchen... Nachdem nun dem X. die Augen über seinen Zustand geöffnet waren – das hatte immerhin das eine Buch bewirkt – hielt er sich für ein wahres Scheusal in Menschengestalt.* [737]

Nicht ganz so schlimm klingen die Zeugnisse, die in jugendlichen Tagebüchern zu diesem Thema zu finden sind. Dazu gehören auch die Onanieregister:

> *Onanieregister führen sehr viele Jugendliche. Sei es, daß sie in ihren Kalendern die Onanietage – oder auch die „sündenfreien" Tage – durch Zeichen anmerken, sei es, daß sie in eigenen Heften mit Systemen von Chiffren oder in Geheimschrift Buch führen über Onanie, über Versuchung, Sündenfall oder Sieg. Begreiflicherweise werden diese Onanieregister meistens – aber keineswegs immer! – bewußt entstellt, versteckt, geheim geführt. Ganz ähnlich wie die nicht seltenen Pollutions- und Menstruationsregister.* [738]

Wie ein solches Tagebuch ausschaut, zeigen zwei verklausulierte Stichproben:

> *14. September. Gestern war wiederum ein Tag, an dem mich nicht die kleinste Unlust oder Unannehmlichkeit, sondern lauter frohe Stunden des Lustgefühls. Auch heute war es fast so, nur ganz zuletzt um 9 Uhr abends, da hatte ich Unfug mit dem Unterleib...*
>
> *12. Juni. Ich glaube auch bemerkt zu haben, daß der Pessimismus bei mir zu Zeiten unerfüllten Sexualtriebes*

---

[737] Moll 19
[738] Bernfeld, Siegfried. Trieb und Tradition im Jugendalter. Kulturpsychol. Studien an Tagebüchern. Leipzig 1931 (Zs. f. angewandt Psychologie. Beiheft 54.), 59

vorkommt, während zu Zeiten des ausgetobten Triebes eine mehr sonnige, vergnügliche optimistische Laune vorherrscht (Robert Walter)

Sonntag 21. Heut morgen war ich mal wieder bei der Jgdw (Jugendwehr)... Ich lese Baudelaire. So wie der möchte ich schreiben...
22. O
23. ... mit Fritz wundervoller Spaziergang... genossen die Natur... Sonnenuntergang...
24. ... fahre nach Berlin als Sitzengebliebener... Vielleicht sehe ich noch M... Jetzt Packen!
25. O
26. Berlin. Freitag. Ich bin also in Berlin... Papa sogar ziemlich ruhig... O O
30. Dienstag. Lebe jetzt ungesund. O fällt mich immer wieder an. Sonst radeln, lesen, eingeladen.
... wieder O...
... die letzten Tage standen im Zeichen der Verschlampung, d.h. der kampflosen Onanie. (Otto) [739]

Und aus dem Beginn des 20. Jh. findet sich sogar eine blutstarrende Selbstzerfleischung:

Mein Unglück begann an dem Tage, an dem mir ein Buch in die Hände fiel, in dem die Schädlichkeit der Onanie in besonders krassen Farben dargestellt war. Ich nahm mir nach der Lektüre dieses Buches vor, das Laster aufzugeben... Es gibt keine Methode, die ich gegen meinen Onaniezwang nicht angewendet hätte. Hartes Lager, ermüdende Spaziergänge, Gymnastik, vegetarische Kost, kalte Waschungen – alles blieb erfolglos... Eines Tages kam ich auf die Idee, einen Apparat zu konstruieren, der die Erektionen, von denen ich hauptsächlich geplagt und zur Onanie verleitet wurde, automatisch beseitigen würde... schon am nächsten Tag war ich wegen der, durch die Morgenerektionen verursachten Schmerzen und wegen der Wunden, die mir die Stahlschlinge in die Haut eingeschnitten hatte, gezwungen, den Apparat schleunigst abzulegen... In einem Augenblick höchster Verzweiflung und Selbstverachtung ersann ich folgendes radikale Verfahren zur Beseitigung dieser Leidenschaft: Ich

---

[739] Bernfeld 103-106

> *entschloß mich, durch eine operative Entfernung der Schwellkörper dem Gliede die Fähigkeit der Erektion zu nehmen... Ich traf alle Vorbereitungen zur Operation, mit raschen Bewegungen führte ich zwei Schnitte, einen Längsschnitt in der Mitte und einen Querschnitt an der Wurzel des Gliedes. Ich muß gestehen, daß mich dabei jede Ruhe verlassen hatte. Ich handelte nervös, wie geistesabwesend (einem Selbstmörder muß so zu Mute sein). Der rasende Schmerz und das hervorspritzende Blut brachten mir die Besinnung wieder, und ich griff in höchster Angst um mein Leben zu blutstillenden Mitteln, um dem Blutverluste Einhalt zu tun. Nachher fiel ich für einige Minuten in Ohnmacht... Das alles spielte sich innerhalb einer Viertelstunde ab. Es gelang mir, die ganze Begebenheit zu verheimlichen. Die Einschnitte erwiesen sich als ziemlich oberflächlich und heilten nach einiger Zeit vollkommen.*[740]

Dagegen: Es ist alles strafbar, was Ego und Alter miteinander tun, bevor beide 16 sind (siehe Gesetz!), und die Gefahren lauern überall und sind so groß:

Ey, Alter, willste nich ma so mit mir so äh rummachen, ich meine, so richtig? sagt Ego.
Und nun entsteht eine spannend knisternde Gedankenpause.
Denn ihm ist unklar, wie Alter sich verhalten wird.
Nächstes Mal weiß dann Ego nicht, was Alter eigentlich will.
Beide haben Probleme mit ihrem Bewußtsein. Sie sind in der kritischen Phase.
Das *erste Aufflackern des Gedankens, anders zu sein*, haben sie schon hinter sich (durchschnittlich mit 15 Jahren, vertrösten die Fachbücher), die ersten gleichgeschlechtlichen Erfahrungen sind gerade gelaufen (durchschnittlich mit 16 Jahren, verraten die Fachbücher), aber das Bewußtwerden, die Gewißheit, so zu sein, die haben sie noch vor sich (durchschnittlich mit 18 Jahren, meinen die Fachbücher). Oder vielleicht noch später, wie ein Sonderfall beschreibt:

> *Der Graf C. – ein Mann von hohem Range, verlor durch den Tod seine geliebte Gattin. Die Verhältnisse erlaubte ihm nicht, sich wieder zu verheiraten. Furcht vor ansteckenden Krankheiten, Ausartung des Geschlechts-*

---

[740] Pilgrim 66-67

triebens durch Mangel an Befriedigung führten ihn in die Arme der griechischen Liebe.[741]

Alle Altersangaben aber haben *einen breiten, individuellen Spielraum*[742], versichert uns die Sexforschung, nicht etwa nur ein schmales Kinderzimmer, und die Sexforschung muß das ja wissen!

Die Suizidquote junger Homosexueller ist rund dreimal so hoch wie die der heterosexuellen Population.[743]

Eigentlich können Ego und Alter aber gut miteinander, sie sind dicke Freunde. Doch die Leute denken anders: Die reden ständig und immer wieder von ihrem Ego, von dem Alter kein Wort. Na ja, es ist auch lateinisch, und weil kaum einer mehr Latein versteht, laß ich es von einem Fachmann übersetzen: **ego** bedeutet „ich", **alter** „der andere"
Und weil bei Ego stets übertrieben wird, und er wird in den rosigsten Farben geschildert (aufgeschnitten wird dabei und angegeben, es ist schon eine Affenliebe!), bleibt für Alter nicht viel übrig. Er fühlt sich an den Rand geschubst und erniedrigt, und das ist eine Affenschande!
Da hört sich doch alles auf! Dozierte der Lateinlehrer, sogar vor seinen Kollegen: Im Lateinischen ist die Liebe männlich, sie heißt AMOR.
Ist das das Flügelengelchen mit dem Flitzebogen und dem Piekepfeil?
Ja, so ist es. Auch im Griechischen ist EROS eigentlich männlich. Folglich müssen Ego und Alter wohl Knaben...
Halt, meint der Religionslehrer schnell, es heißt doch aber DIE Sexualität. Ob da nicht doch noch ein Mädchen mit dabei ist? Dann wäre es doch nicht so schlimm...
Was ist schlimm? Liebe und Sex?? fragen Alter und Ego wie aus einem Munde.
Amor und Sexus? Nein, schlimm nicht direkt, meint der Religionslehrer, Sie sehen, lieber Herr Kollege, ein ernstes Erziehungsproblem liegt hier vor.
Amor und Sexus, tatsächlich, beide sind männlich, sagt der Lateinlehrer und hält sich viel zugute auf seine humanistische Bildung.
Ach so? freuen sich Alter und Ego und treten wieder aus dem Hintergrund, in den sie sich verdrückt hatten.
Wir sind humanistisch belegt, und wir waren schon immer da. Solange es Menschen gibt, gibt es auch uns.
Und wo bleibt die Ordnung? fragt der Lateinlehrer.
Und die Unterordnung? meint der Religionslehrer.

---

[741] Bloch 254
[742] Starke 291
[743] Starke 297

Hier springt der Biologielehrer ein, er hatte lange warten müssen, und doziert:

> *Das Geschlechts- und Liebesleben des Menschen ist etwas Natürliches, dem Menschen Eigentümliches und seine Art Erhaltendes.*[744]

Amor und Sexus, Ego und Alter sind wieder zuversichtlich und wollen schon abzischen. *Daß sie existieren und dadurch leben, kann man ja nicht als Belästigung bezeichnen,* gibt der Lehrer für Sozial- und Gemeinschaftskunde zu bedenken, *es besteht sowohl ein Reiz und auch die Angst, als Homosexuelle verschrien zu sein.*[745]
Es kommt auch ein bißchen Neid ins Spiel:

> *Die Homosexuellen verkörpern für ‚die anderen' etwas, das sehnlichst ge-wünscht, aber schwer zu erlangen ist: die Lust am Abenteuer, das Über-schreiten jeder Grenze, ein Entdecken der Körper, Ekstase und Freiheit.*[746]

Aber als Ego und Alter nun richtig Liebe machen wollen, hält sie Tante Pädagogik zurück und murmelt:

> *Gemeint ist natürlich ein gesundes Liebesleben, das nicht als zerstörende Kraft des Lebens auf Abwege führt, sondern es fördert, ihm einen Wert ver-leiht und unsere Kinder...*

sie weist auf Ego und Alter, die grinsen und machen gerade Faxen,

> *...einmal glücklich macht. Die sexuelle Erziehung um-schließt alles, was uns diesem Ziel näher bringt.*[747]

Und bedenket, schiebt der Herr Pastor nach,

> *...wo strenge Keuschheit Gesetz für den Menschen ist, da setzt sich diese Kraft um in Intelligenz, in geistige Arbeitsleistung, in Gehirn, wo das Gegen-teil der Fall ist, wo Unkeuschheit und Kraftvergeudung geübt wird,*

---

[744] Bretschneider 17
[745] Starke 298/9
[746] Steinhäuser 210
[747] Bretschneider 19

> *verblödet der Mensch, wird stumpf, vor der Zeit alt und sittlich ein willenloser Tropf.*[748]

Ganz wie der Pastor, flüstert Ego zu Alter, das paßt besser auf ihn, nicht auf uns!
Und seid versichert, meint der Lehrer für Politische Weltkunde:

> *Gleichgeschlechtliche Handlungen ...können die normale sexuelle Entwicklung der jungen Menschen stören, die die Herausbildung sozialistischer Verhaltensnormen und Moralanschauungen in der Sexualsphäre hemmen und vereiteln und die Gefahr einer Fehlentwicklung heraufbeschwören.*[749]

Wird wohl nicht ganz so schlimm werden, meint Tante Pädagogik, und schon breitet sie ihre Arme aus, um Alter und Ego mal so richtig zu drücken, denn es ist ja eine liebe Tante, und mit der darf man schmusen, das haben sie brav gelernt und gut behalten.
Doch was ist los mit den beiden?
Sie reißen sich los und rennen schnell weg!
Weil sie Angst davor haben, sexuell abartig zu werden, fehlentwickelt, sexuell haltlos, oder, was noch sehr viel schlimmer ist, sexuell lustlos.
Nein, darauf haben Alter und Ego nun wirklich keine Lust!
Ratlos bleibt das Lehrerkollegium zurück...

---

[748] Meyer 85
[749] Wörterbuch 324

14. Nachwort

Ratlos, das ist das richtige Stichwort auch für uns Laien, die wir mit der Sexuologie weniger zu tun haben als der Rest der einschlägigen Wissenschaftler, Sexologen, Juristen, Mediziner und Anthropologen. Wenn man so in die Abgründe der Forschungen und ihrer abstrusen Gedanken schaut, die seit Jahrhunderten, wenn nicht gar seit Jahrtausenden unsere Gehirne vernebeln, kann einem leicht das Gruseln kommen – oder das Schmunzeln, je nachdem!
Was für ein Aufwand, um sicher zu stellen, gesunde Rekruten, Kämpfer und Krieger zu zeugen, um die Gesellschaft mannhaft und wehrfähig sowie den Staat gesund und schlagkräftig zu erhalten!
Auf der anderen Seite, was für eine Tortur für die Betroffenen: für die Täter, da sie ja das am allermeisten und am allerheftigsten bekämpften, was ihnen heimlich möglicherweise genau so viel Vergnügen bereitete wie den Schwulen, und für die Opfer, die nun gezwungen waren, noch viel heimlicher vorzugehen, um nicht erwischt zu werden. (Ich spreche hier nur von Männern, denn für gleichgeschlechtlich liebende Frauen galt ja seit jeher keine Verfolgung, keine Strafe, keine Folter, kein Hängen, kein KZ!). Natürlich war dann der Reiz des Verbotenen um so größer...
Aber darum geht es hier gar nicht!
Es geht um ein unverkrampftes Umgehen mit der Sexualität, um eine Haltung zur Lust, die alle Möglichkeiten – vorurteilslos und verdammungsfrei – einschließt, was die menschliche Natur so hergibt, natürlich in gegenseitigem Einvernehmen und zwischen mündigen Beteiligten, fast hätte ich ja Bürger gesagt – aber so weit sind wir ja noch lange nicht...
In diesem Sinne

Berlin, 29. Oktober 2013   Der Autor

Literaturauswahl

Adam, Caren Jeenifer Fey	Ohne falsche Scham. Wie sie ihr Kind vor sexuellem Mißbrauch schützen können. Reinbek 1978.
Alberoni, Francesco	Erotik. Weibl. Erotik, männl. Erotik, was ist das? München, Zürich 1987
Amendt, Günther	Das Sex Buch. Dortmund 1979
Ankenbrand, Lisbeth	Die gesunde glückliche Frau. Ein neuzeitl. prakt. Ratgeber d. seel. u. körperl. Hygiene. 23.-25.Tsdt. Erw. Neuausg. Stuttgart (1940).
ar	Armee Rundschau Soldatenmagazin. Berlin 1990, Heft 1 + 3,S, 84-87
Aresin, Lykke (Hrsg.)	Lykke Aresin, Annelies Müller-Hegemann (Hrsg.) Junge Ehe. Jugendlexikon. Leipzig 1984
Armstrong, Herbert W.	Die fehlende Dimension im Sexualwissen,. Hrsg. Theol. Fak, d. Ambassador College. Pasadena/Calif. 1972
Baumann, J.	Paragraph 175, Berlin, Neuwied 1968
Baumgart, Hildegard	Liebe, Treue, Eifersucht. Erfahrungen u. Lösungsversuche im Beziehungsdreieck. Reinbek 1988 (Rororo Sachbuch 5460.)
Beer, Ulrich	Spinnenweib und Scherbenhaufen. Kriegsspiele zwischen ihm und ihr. München 1989
Belotti, Elene Gianini	Liebe zählt die Jahre nicht. Wenn Frauen jüngere Männer lieben. Reinbek 1990
Berg, Ingmar	Peter und Petra. Aufklärung à la Schweden, freie Texte - freie Bilder. 4. Aufl. Nürnberg (1969)
Bertram, Barbara, Walter Fridrich, Otmar Kabat vel Jol	Adam und Eva heute. Leipzig 1988
Bleibtreu-Ehrenberg, Gisela	Angst und Vorurteil,. AIDS-Ängste als Gegenstand der Vorurteilsforschung. Reinbek 1989
Bleibtreu-Ehrenberg, Gisela	Mannbarkeitsriten. Zur institutionellen Päderastie bei Papuas und Melanesiern. Frankfurt/M usw. 1980. (Ullstein Materialien. 35066.)
Bloch, Ivan	Das Sexualleben unserer Zeit in seinen Beziehungen zur modernen Kultur. 7.-9. verm. Aufl. Berlin 1908.

Blüher, Hans	Die Rolle der Erotik in der männlichen Gesellschaft.(Eine Theorie d. menschl. Staatsbildung nach Wesen u. Wert.) [Bd. 1.] Jena 1917. Bd. 2: Familie und Männerbund. Jena 1920.
Borelli, Siegfried	Potenz und Potenzstörungen des Mannes, Berlin 1971
Bornemann, Ernest	Ernest Bornemann. Ausgewählte Texte. (Hrsg. Hans-Christian Meiser). (München 1990). (Goldmann TB 11052.)
Bretschneider, Wolfgang	Sexuell aufklären rechtzeitig und richtig E, Ratgeber f. sexuelle Erziehung. 8. Aufl. Leipzig, Jena 1961
Brownmiller, Susan	Gegen unseren Willen. Vergewaltigung und Männerherrschaft.(Frankfurt/M 1978.)
Brückner, Heinrich	Denkst du schon an Liebe? Fragen des Reifealters, dargestellt für junge Leser. Ill. v. Inge Blauschmidt u. Ingo Arnold. (6. Aufl.) Berlin (1985.)
Burfeindt, Nicola	Nicola Burfeindt, Jutta Lang. Lustbekenntnisse. Münner sprechen über Sex. München (2012). (Heyne TB 63009.)
Caprio, Frank S.	Die Homosexualität der Frau. Zur Psychodynamik d. lesbischen Liebe. E. Studie f. Ärzte, Juristen, Erzieher, Seelsorger, Lagerleiter u. Leiter von Straf- u. Besserungsanstalten für Frauen u. Mädchen. 3. Aufl. Rüschlikon u.a. (1962.)
Carnes, Patrick	Zerstörerische Lust. Sex als Sucht. München 1987
Cayce, Edgar	Über Sexualität und Erleuchtung. Hrsg. H(erbert) B. Purycar. Aus d. Amerikan. v. Eluan Ghazal (München 1989), (Goldmann TB Esoterik 11877.)
Chesler, Phyllis	Frauen – das verrückte Geschlecht? M. e. Vorwort v. Alice Schwarzer, Dt. v. Brigitte Stein. (Reinbek 1974).
Chesser, Eustace	Liebe ohne Furcht. Psychologie und Praxis der Liebe. 17. Aufl. Stuttgart (1956)
Cohen, Joseph	Das Penisbuch. Köln 1999.
Comfort, Alex (Hrsg.)	Noch mehr Freude am Sex. More joy of sex. Zeichnungen v. Charles Raymond u. Christopher Foss. (Frankfurt/M usw. 1978). (Ullsteinbuch 20220.)
Comfort, Eros	Comfort, Alex. Der aufgeklärte Eros. Plädoyer für eine menschenfreund-liche Sexualmoral. (Reinbek 1968).

D'Arcangelo, Angelo	Handbuch für Homosexuelle. (Frankfurt/M 1970) (Sonderreihe: Lavendelreihe.)
Das Männerwunder	Der neue Mann zwischen Softi und Macho. München 1987
Delvin, David	Lust & Liebesspiel. Sex in der Partnerschaft. Übers. v. Wolfgang Ferdinand Müller. (Gütersloh 1994).
Der Liebe auf der Spur	Das Buch z. achtteiligen Spielfimserie über Liebe und Sexualität. Hrsg. Norberg Kluge. Im Auftr. d. Bundesmin. f. Jugend, Familie, Frauen und Gesundheit. (Bonn) Düsseldorf 1989
Dickinson, Rick	Human sex anatomy. 2. Aufl. London 1949
Die alltägliche Wut.	Die alltägliche Wut. Gewalt, Pornographie, Feminismus. Berlin 1987
Dietz, Karl, Peter G(ustav) Hesse	Wörterbuch der Sexuologie und ihrer Grenzgebiete. Rudolstadt (1964)
Dietz, Klaus	Kiinderwunsch. 5. Aufl. Berlin (Ost) 1984
Dodson, Betty	Sex for one, Die Lust am eigenen Körper. München 1984
Dover, Kerneth James	Homosexualität in der griechischen Antike, München 1983
Ehrenforth, Jörg, Herwarth Ernst (Hrsg.)	Gegenstimmen. Männerlesebuch. Reinbek 1987
Eskapa, Roy D.	Die dunkele Seite der Sexualität. A. d. Engl. v. Antoinette Gittinger. München 1991
Eysenck, Hans	Das Partnerbuch. Anleitung zum Glücklichsein. (München 1983).
Fausto-Sterling, Anna	Gefangene des Geschlechts? Was biolog. Theorien über Mann und Frau sagen. München, Zürich 1989
Fischer, Erica	Mannhaft. Vernehmungen einer Feministin zum großen Unterschied. Köln 1987
Frank, Barbara	Der Ungeliebte. Gespräche m. frustrierten Männern. Hamburg, Zürich 1985
Fried, Emilie u. Paul	Liebes- und Eheleben. Ein prakt. Berater. 27. Aufl. Flensburg 1963.
Frings, Matthias Thomas Hennig	Ein Bild vom Mann. Reinbek 1988
Gambaroff, Marina	Utopie der Treue. (Reinbek 1984).
Gimott, Haim O.	Eltern und Teenager. München/Zürich 1969.
Goebel, Wilhelm	Ratschläge für Männer im Kampf gegen das geschlechtliche Triebleben. 2. vollst. umgarb. Aufl. Barnen o. J. (um 1918)

Gollwitzer	Gollwitzer, Gerhard. Der Mensch als Mann und Weib. Sexualität und eheliche Liebe in der Schau Emanuel Swedenborgs erläutert von. Zürich, Bietigheim (1973).
Grant, Linda	Versext. Die sexuelle Revolution: Geschichte und Utopie. A. d. Engl. V. Maren Klostermann. Bergisch-Gladbach 1994
Grau, Günther	AIDS, Krankheit oder Katastrophe? Berlin 1990
Grice, Julia	Das Geheimnis der erotischen Ausstrahlung. Was Frauen wirklich sexy macht. A. d. Engl. übers. v. Theda Krohm-Lincke. Bergisch-Gladbach 1990 (Bastei-Lübbe 66189)
Großmann, Thomas	Beziehungsweise anders rum, München 1984
Großmann, Thomas	Schwul na und? München 1984. (Neuausgabe Reinbek 1991).
Gruber, Max v.	Hygiene des Geschlechtslebens. Neubearb. v. Wilhelm Heyn. 350.-365. Tsd. Berlin (1942)
Haeberle, E.J.	Die Sexualität des Menschen. Handbuch und Atlas. Berlin, New York 1983
Hallstatt, Michael (Hrsg.)	Neue Stilblüten aus deutschen Klassenzimmern. Wiederum gepflückt und zusammengestellt v. Mit Cartoons von Julius Stauber. München (1986).
Halshagen, Justus	Aus Kölner Prozeßakten. Beitr. z. Gesch. d. Sittenzustände in Köln im 15. u. 16. Jh. In: Archiv für Kulturgeschichte. Bd. 3, Berlin 1905, 301-321
Hingabe	Hingabe. Über den Orgasmus des Mannes. Hrsg. Tor Nørretranders. Dt. v. Lothar Schneider. 32.-35. Tsd. (Reinbek) 1988
Hunold, Günther	Sexualatlas für Erwachsene. 2. Aufl. Flensburg 1972
Ich hab' geträumt	Ich hab' geträumt, daß Du mich liebst. Zwischenmenschl. beobachtet u. festgehalten v. Alfred Brodmann u. Louis Leviton. (München 19882).
J...	Die sinnliche Frau. A. d. Engl. v. Greta Grisenbach. München 1993
Jahrbuch	Jahrbuch für sexuelle Zwischenstufen. Ausw. a. d. Jahrgängen 1899-1923,. Neu ed. v. Wolfgang Schmidt. Bd. 1-2. Frankfurt/M, Paris 1984
Jellonek, Burkhard	Homosexuelle unter dem Hakenkreuz. Die Verfolgung v. Homosexuellen im Dritten Reich. Paderborn 1990
Joannides, Paul (Hrsg.)	Wild thing. Sex-Tips for boys and girls. Der heimliche Bestseller aus Amerika. (München 1998).

Johnson, Earvin „Magic"	Aids – Was du tun mußt, damit du es nicht kriegst, wenn du es tust. Dt. Textbearb. v. Andreas Steinhöfel. (Hamburg 1993).
Jugendlexikon	Jugendlexikon. Jungend zu zweit. Hrsg. Lykke Aresin, Annelies Müller-Hegemann. (3. Aufl.) Leipzig 1982.
Jung, Matthias (Hrsg.)	Männer lassen Federn. Unbelehrbar oder im Aufbruch? Reinbek 1992
Kaminer, Wendy	Ich bin k.o. du bist k.o. Das Geschäft mit der Selbstverwirklichung. (München 1993)
Kaplan, Leon	Ein Mann bleibt ein Mann, Befreiung u. Lösung v. sexuellen Problemen. München 1990
Kinsey, Alfred C, Weddel P. Pomeroy, Clade E. Martin	Das sexuelle Verhalten des Mannes. Berlin, Frankfurt/M 1964
Koen, Sam.	Die Lust an der Liebe, Leidenschaft als Lebensform. A. d. Amerikan. v. Günter Holl. München (1992)
Kon, Igor	Einführung in die Sexuologie. Für d. Redaktion d. Ausg. In dt. Sprache verantwortl. Walter Friedrich u. Kurt Starke. Berlin 1985
Krämer, Wolfgang	Lukasburger Stilblüten. München 1989
Lange, Erich	Warum eigentlich Sex? Jena, Berlin 1989
Laqueur, Thomas	Making sex. Body and gender from the Greeks to Freud. Cambridge/Mass, London 1990.
Lautmann, Rüdiger	Der Zwang zur Tugend, Die gesellschaftl. Kontrolle d. Sexualitäten. Frankfurt/M 1984
Lautmann-Schetsche	Lautmann, Rüdiger, Michael Schetsche. Das pornographische Begehren. Frankfurt/M, New York (1990)
Lawlor, Robert	Die Seele des Mannes. Der spirituelle Weg zu e. neuen männl. Sexualität u. Identität. München (1993)
Leidhold, Arthur (Bearb.)	Freude und Kraft. Ein Buch f. junge Menschen. Chemnitz 1924.
Lemke, Jürgen	Ganz normal anders Auskünfte schwuler Männer. Berlin, Weimar 1989
Lemke, Jürgen	Hochzeit auf dänisch. Man(n) und Männer. (Berlin 1992).(Texte zur Zeit. 83.)
Lentz, Mischa	Was Mädchen nicht zu fragen wagen. (München 1978).
Lersch, Philipp	Vom Wesen der Geschlechter. 2 Aufl. München, Basel (1950).

Lesben und Schwule	Lesben und Schwule - was nun? Frühjahr 1989 bis Frühjahr 1990. Chronik, Dokumente, Analysen, Interviews. (Hrsg. Günter Grau). Berlin 1990
Lexikon	Lexikon der Humansexuologie. Hrsg. v. Lykke Aresin (u.a.) Berlin 1990
Lieb doch	Lieb doch die Männer und die Frauen. Bisexualität - der zweite siebte Himmel? Essays und Reportagen, Gedichte und Geschichten. Hrsg. Agnes Frei, Christoph Klimke. Reinbek 1989
Liebe und Sex	Liebe und Sex. Weshalb wir uns binden und trennen, einander begehren und betrügen. (Hamburg 2009). (GEO – kompakt. Die Grundlagen des Wissens. Nr. 20)
Lust	Lust. Die Lust der Frauen. Die Lust der Männer. Unsere geheimen Lüste. Redaktion von „Ottar, Buchzeitschr. über Sexualität, Zusammenleben u. Ges." Stockholm/Schweden, Hrsg. Dt. v. Lothar Schneider. 25.-28. Tsd. (Reinbek 1990). (TB Rororo Mann 8224.)
Mann oh Mann	Mann oh Mann, unterwegs zum neuen Mann. Hrsg. Robert Schnabel, Peter Zimmerling. Moers 1991. (Christen in einer nachchristl. Gesellschaft. Bd. 5)
Männer	Männer auf der Suche nach einer neuen Identität. Hrsg. v. Gotthard Fuchs. München 1991
Meisel-Hess, Grete	Die sexuelle Krise. Eine sozialpsychologische Untersuchung. Jena 1909
Meulenbelt, Anja	Scheidelinien. Über Sexismus, Rassismus und Klassismus. A. d. Niederländ. Reinbek 1988
Meyer, Emmanuela L.M.	Vor heiligen Toren. E. Aufklärungsbuch d. Jugend z,. Eintritt ins Leben u. in d. sittl. Kampf. E. Vademekum auch den Erziehern u, Jugendfreunden. (31.-35.Tsd) Stuttgart 1912
Miller, Stuart	Männerfreundschaft. (München 1986)
Mischke, Roland	Nur Mut, Männer! Zum neuen Selbstverständnis e. gefährdeten Spezies. Bergisch-Gladbach 1990
Müller, Jürgen	Ausgrenzung der Homosexuellen aus der „Volksgemeinschaft". Die Verfolgung von Homosexuellen in Köln 1933-1945. Köln (2003.((Schriften des NS Dokumentationszentrums der Stadt Köln. Bd. 9.)
Müller, Sigrid, Claudia Fuchs	Handbuch zur nichtsexistischen Sprachverwendung in öffentlichen Texten. Frankfurt/M 1994
Müller-Thurau, Claus Peter	Deutsche Idole. Jugendleitbilder von Hermann der Cherusker bis Otto. München 1989

Naslednikov	Margo Anand Naslednikov. Tantra oder die Kunst der sexuellen Ekstase. A.d. Amerikan. v. Karin Petersen. (7. Aufl. München 1990.)
Neubert, Rudolf	Das neue Ehebuch. Die Ehe als Aufgabe d. Gegenwart u. d. Zukunft, 20. überarb. Aufl. Berlin 1972
Neubert, Rudolf 1	Das neue Ehebuch. Die Ehe als Aufgabe d. Gegenwart u. d. Zukunft. Rudolstadt (1957).
Neubert, Rudolf 2	Fragen und Antworten zum „Neuen Ehebuch". und zur „Geschlechterfrage". Rudolstadt (1960).
Nitzsche, Bernd	Männerängste Männerwünsche. München 1980
Oeconomisch-Technologische	Ökonomisch-technologische Encyclopädie Hrsg. v. Johann Georg Krünitz (u.a.) Theil 114. Berlin 1798, S. 563-593
Öko-Test	Öko-Test. Richtig gut Leben. (Zeitschr.) Kompakt: Sexualität. (Frankfurt/M) 2007. Best. Nr. D 61709 - 0407
Olbricht, Ingrid	Die Brust, Organ und Symbol weiblicher Identität. Reinbek 1989
Packard, Vance	Die sexuelle Verwirrung Wien, Düsseldorf 1968
Paczensky, Susanne von	Verschwiegene Liebe. Lesbische Frauen in unserer Gesellschaft. Reinbek 1984
Pease, Allan & Barbara	Warum Männer immer Sex wollen und Frauen von der Liebe träumen. Aus d. Engl. v. Karin Schuler. (Berlin 2011). (Ullstein TB 37370.)
Paley, Maggie	Unter dem Feigenblatt. Das Buch vom Penis. A.d. Amerik. V. Renate Weitbrecht. (Wiesbaden 2004).
Perutz, Kathrin	Verdammte Ehe. (München, Gütersloh, Wien) 1973
Pfennig, Jörn	Abschied von der Männlichkeit. München 1988
Pietropinto, Anthony, Jacqueline Simenauer	Abschied vom Mythos Mann. Report über das männl. Sexualverhalten. Frankfurt/M 1978
Pilgrim, Volker Elis	Der selbstbefriedigte Mensch. Freud und Leid der 'Onanie'. Reinbek 1985
Pingel, Rolf, Wolfgang Trautwetter	Homosexuelle Partnerschaften. Berlin 1987
Platon	Platon, Meisterdialoge. Phaidon, Symposion, Phaidros. Eingel. u. übertr. v. Rudolf Rufener. Berlin 1990
Pleissner, Klaus	Junge Liebe. Berlin 1990
Plenge, Jllis	Die Emanzipation des Mannes. Bilanz und Ausblick. Stuttgart (1969). (psychologisch gesehen. Nr.7).

Polte, Wolfgang	Unsere Ehe. Wolfgang Polte unter Mitarbeit namhafter Wissenschaftler. 7. bearb. Aufl. Leipzig (1976).
Pope	Pope, Kenneth, Janet L. Sonne Jean Holroyd. Sexualität in der Psychotherapie. Weinheim 1996.
Potin	Potin, Roger, J.C. Schlegel, Louis Sommer. Wunder der körperlichen Liebe. M. 300 Abb im Text u. 48 S. Kunstdrucktaf. Hanau [1958]
Pross, Helge	Die Männer. E. repräsentative Unters. d. Selbstbilder v. Männern u. ihre Bilder v. d. Frauen. Reinbek 1978
Raffauf, Elisabeth	Only für girls. Alles über Liebe und Sex. M. Bildern v. Isabel Große Holtforth.(Weinheim, Basel 2008).
Rattner, Josef	Psychologie und Psychopathologie des Liebeslebens. Eine Einf. in d. tiefenpsychol. Lehre von Sexualität u. Liebe in ihrer gesunden u. kranken Erscheinungsweise. Bern, Stuttgart (1965).
Reimann, Hans	Die Dame mit den schönen Beinen und andere Grotesken. 12. - 21. Tsd. Hannover, Leipzig (1922)
Reliquet, Philippe	Ritter, Tod und Teufel. Gilles de Rais oder die Magie des Bösen. München, Zürich (1984).
Resch-Treuwerth, Jutta	Leben zu zweit. Briefe unter vier Augen. 2. überarb. u. erg. Aufl. Berlin (1985).
Richter, Horst-Eberhard	Die hohe Kunst der Korruption. Erkenntnisse e. Politikberaters. Berlin 1990
Rinard, M	Unter vier Augen. Die hohe Schule der Gattenliebe. M. Bildern u. Tab. 34. verb. Aufl. Heidenheim o. J. (um 1948)
Rinard (41. Aufl.)	desgl. .(41. neubearb. Aufl.) Heidenheim o. J. (um 1959)
Rosenbaum, Julius	Geschichte der Lustseuche im Altertume nebst ausf. Untersuchungen über d. Venus- und Phalluskultus, Bordelle... 7. rev. u. m. einem Anhang verm. Aufl. Berlin 1904.
Rosenhan, David L. Martin E. Seligman	Abnormal psychology. New York, London 1984
Rutgers, J.	Das Sexualleben in seiner biologischen Bedeutung als ein Hauptfaktor zur Lebensenergie für Mann und Weib, für die Pflanzen und die Tiere. Dresden 1922
Sag mir	Sag mir, wo die Männer sind. Auf der Suche nach d. anderen Geschlecht. Alexandra Cordes (u.a.). 2. Aufl. München 1985
Schenk, Holger	Geheimnis, Illusion und Lust. Das Spiel mit der sexuellen Spannung. Reinbek 1995

Schmidt, Franz	Das Tagebuch des Meisters Franz Scharfrichter zu Nürnberg. Nachdr. d. Ausg. 1801. Dortmund 1980
Schmidt, Gunter.	Das große Der, Die, Das. Über das Sexuelle. Herbstein 1986
Schnabl, Siegfried	Mann und Frau intim. Fragen d. gesunden u. gestörten Sexuallebens. 10. Aufl. Berlin (Ost) 1978
Schnabl, Intim	Schnabl, Siegfried. Intimverhalten, Sexualstörungen, Persönlichkeit. M. 70 Abb. u. 70 Tab. Berlin (Ost) 1972
Schofield, Michael	Das sexuelle Verhalten junger Leute. Unter Mitarb. v. John Bynner, Patricia Lewis, Peter Massie. (Reinbek 1969) (Rororo TB 8017-18.)
Schüler	Der Schüler von Zehn bis Sechzehn. Zur Erziehung in der Familie. Verfaßt v. Manfred Wiedemann (u.a.). (2. durchges. Aufl.) Berlin 1967.
Schultz, J. H.	Geschlecht, Liebe, Ehe. Die Grundtatsachen d. Liebes- u. Geschlechtslebens in ihrer Bedeutung für das menschliche Dasein. 7. Aufl. München, Basel (1967).
Schwule Väter	Schwule Väter (Erfahrungen, Polemiken, Ratschläge) Hrsg. v. Gerd Büntzly. M. Beitr. von... Berlin 1988
Seiler, Eugen	Die Kunst erotischer Lust-Vollendung. 4. Aufl. Stuttgart (1956.)
Sexuologie	Sexuologie. Geschlecht, Mensch, Gesellschaft in 3 Bdn. Hrsg. Peter G. Hesse, Hans Grimm. Bd 2. Leipzig 1976.
Shapiro, Joan	Männer sind wie fremde Länder. Verständigungshilfen für Frauen. Aus d. Amerikan. v. Susanne Aeckerle. (Nördlingen 1992).
Solerti, Bernd	Intime Liebesfreuden. Konstanz (1967).
Stall, Sylvanus	Was ein junger Mann wissen muß. Einzig autoris. dt. Ausg. v. P. von Giżycki. Konstanz o.J. (um 1905). (Puritas-Bibl. Aufklärung u. Reinheit.)
Starke, Kurt, Werner Friedrich	Liebe und Sexualität bis 30. 2. Aufl. Berlin (Ost) 1986
Steinhäuser, Martin	Homosexualität als Schöpfungserfahrung. E. Beitr. z. theolog. Urteilsbegründung. (Stuttgart 1998).
Stephan, Cora	Ganz entspannt im Supermarkt. Berlin 1985

Stern, Bernhard	Medizin, Aberglaube und Geschlechtsleben in der Türkei. Mit Berücksichtigung d. moslem. Nachbarländer u.d. ehemaligen Vasallenstaaten. Eigene Ermittlungen u. ges. Berichte. Bd. 2. Berlin 1903
Stifter, Karl F.	Die dritte Dimension der Lust. Das Geheimnis d. weibl. Ejakulation.(Frankfurt/M, Berlin 1988)
Stöwer, Ulrich	Antinous, Geliebter. Frankfurt/M 1983
Suhr, Werner	Die stärksten Apelle. Sex contra Facts. Düsseldorf, Wien (1963).
Sullivan, Andrew	Völlig normal. Über Homosexualität. Aus d. Amerikan. V. Sylvia Höfer. München 1998
Szewczyk	Hans Szweczyk, Horst Burghardt. (Hrsg.) Sexualität. Fakten, Normen, gesellschaftliche Verantwortung. Berlin 1978.
Taguchi, Yosh	Private parts. An owner's guide. Ed. by Merrily Weisbord. (Toronto 1988).
Tennow, Dorothy	Über die romantische Liebe. München 1987
Tonton, Karl	Über sexuelle Verantwortlichkeit. Ethische u. medizinisch-hygienische Tatsachen und Ratschläge. Ein Vortrag vor Abiturienten. Leipzig 1908. (Flugschriften d. Dt. Ges. zur Bekämpfung d. Geschlechtskrankheiten. H. 10.)
Valensin, Georges	Lexikon der Sexualaufklärung. (A. d. Franz. übers. U. Höllischer. Bearb. Günter Hunold. München 1968)
van Dijk, Lutz	„Ein erfülltes Leben - trotzdem…" Erinnerungen Homosexueller 1933-1945. Elf biograph. Texte. Vorwort v. Wolfgang Popp. Reinbek 1992
Viorst, Judith	Mut zur Trennung. Menschliche Verluste, die das Leben sinnvoll machen. A. d. Amerikan. V. Uschi Gnade. 3. Aufl. (Hamburg 1988).
Vollhaber, Thomas	Das Nichts, die Angst, die Erfahrung. Unters. z. zeitgen. Schwulenliteratur. Berlin 1987
Vollmer, Christoph	Was Verliebte wissen wollen. Gütersloh 1969
Walter	Walter. Viktorianische Ausschweifungen. A. d. Engl. v. Reinhard Kaiser. M. e. Essay v. Steven Marcus. Frankfurt/M (1991).
Weber, Gerhard, Danuta Weber	Du und ich. 5. Aufl. Berlin, Jena 1965
Wegener, Hans	Wir jungen Männer. Das sexuelle Problem des gebildeten jungen Mannes vor der Ehe. 145.-150. Tsd. Königstein, Leipzig (1917)

Weier, Johann	De praestigiis daemonorum (Dt.) Frankfurt/M 1586
Weininger, Otto	Gedanken über Geschlechtsprobleme. Hrsg. Robert Sandek, 4.Aufl. Berlin 1922
Wenn ich nicht	Wenn ich nicht lieben darf, dürfen's andere auch nicht. Vom Umgang d. Männer mit sich u. d. anderen. Hrsg. Siegfried Rolf Dunde. Reinbek 1987
Werner, Rainer	Homosexualität. Herausforderung an Wissen und Toleranz. Berlin (Ost) 1987
West, Ludwig E.	Homosexuelle Probleme. Im Lichte der neusten Forschung allgemeinverständlich dargestellt. Berlin (1902)
Westheimer, Ruth K.	Sex für Dummies. Für mehr Spaß beim Sex. Übers. v. Dieter Jirmann-Heidl. (Bonn 1999)
Wille, Bruno	Philosophie der Liebe. Aus d. Nachlaß hrsg. v. Emmy Wille. Pfullingen (1930).
Wörterbuch	Wörterbuch der Sexuologie und ihrer Grenzgebiete. Hrsg. von Karl Dietz u. Peter G. Hesse. (4. verb. u. erw. Aufl.) Rudolstadt (1971)
Wood-Allen, Mary	Was ein junges Mädchen wissen muß. Übers. v. P. von Gizycki. Konstanz o.J. (um 1910) (Bibl. d. Aufklärung u. Reinheit.)
Wrage, Karl Horst	Intimgemeinschaft und Empfängnisregelung. (Gütersloh 1965).
Zeitschrift	Zeitschrift für Sexualwissenschaft. Leipzig 1908. Bd. 1 (mehr nicht ersch.)
Ziegler, Alexander	Die Konsequenz. Gütersloh 1982
Zilbergeld, Bernie	The new male sexuality. New York (usw.) (1993).(Bantam-Book).
Zinn, Alexander	Das Glück kam immer zu mir. Rudolf Brazda – das Überleben eines Homosexuellen im Dritten Reich. Frankfurt/New York (2011).
Zurstiege, Guido	Mannsbilder - Männlichkeit in der Werbung. E. Unters. z. Darst. von Männern in d. Anzeigenwerbung der 50er, 70er und 90er Jahre. (Opladen 1998). (Stud. z. Kommunikationswiss. Bd. 34)

ISBN: 978 - 3 - 906206 - 01 - 1
© 2013 Verlag Christoph Brunner, Basel
Dieses Buch wurde gedruckt bei CCS von der Osten GmbH, D-79539 Lörrach
Bestellungen / Orders to: ChristophBrunner@hotmail.com